How Schools Around the World Tackled the Corona Disaster？

コロナ禍に世界の学校はどう向き合ったのか

── 子ども・保護者・学校・教育行政に迫る

編著　園山大祐・辻野けんま

東洋館出版社

巻頭資料

　9か国の①1週間の陽性者数、②1週間平均の陽性率、1週間の死亡者数について、Our World in Data（https://ourworldindata.org/）の③データを基に色調を変更し再作成した。期間は、2020年3月1日〜2021年12月31日の22か月間。9か国は第二部で取り上げるドイツ（黒）、スペイン（ピンク）、スウェーデン（パープル）、フランス（青）、イギリス（オレンジ）、シンガポール（灰）、ブラジル（緑）、日本（赤）に、アメリカ（黄）を加えたものである。

　陽性者数と死亡者数のグラフの縦軸は変化の割合を見やすくするために10の累乗数としているため注意されたい。データの中には後日修正が行われ、数値が増減する場合もある。

①欧州は20年末から21年春まで長期間高い波のままであった。日本の波は欧州各国に比べて小さい。緊急事態宣言による人流を止めた効果と思われるが、その間日本は2回流行を繰り返している。21年9月以降ワクチン接種による効果が日本においては効いている。欧州ではオミクロン株とワクチン接種が早かったために効果が弱まったために感染者数が増えている。ブラジルは死者数同様に一定して高いまま。シンガポールは長らく抑えられていたが、オミクロン株の流行はみられる。出版時の2021年1月末段階ではすでにピークアウトしている。

②アメリカ、スペイン、イギリス、あるいはスウェーデンが陽性率のピークが激しい。そして日本の特徴は2020年3月初期と、21年11月あたりにピークがある。日本はアメリカ、スペイン、またはイギリスのピークの後に流行が来ている。

③死者数ではブラジルとアメリカはとにかく一定して高いままである。ドイツの波におおよそフランス、イギリス、スペインが並ぶ形で、週によっては10人以下に抑えられているスウェーデンは欧州の中では異質に映る。なお低く抑えられている日本もおおよそ欧州に近い波の打ち方にみえる。波も小さいのが特徴。シンガポールはやはりかなり抑え込みに成功していたが、21年末のオミクロン株の流行がうかがえる。

（グラフ解説・園山大祐）

①陽性者数の変遷（週ごと）

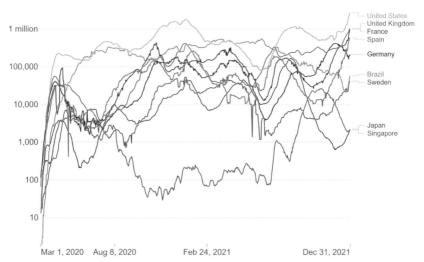

Source: Johns Hopkins University CSSE COVID-19 Data

②陽性率の変遷（日ごと）

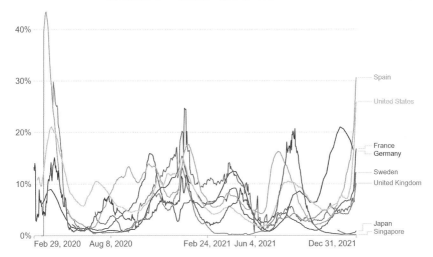

※ブラジルはデータがなく割愛されている。また、シンガポールは全期間ではない。

③死亡者数の変遷（週ごと）

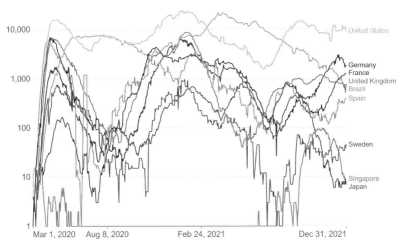

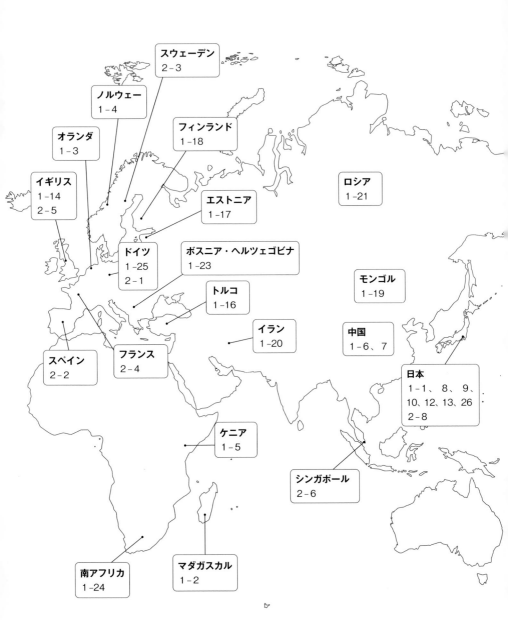

スウェーデン
2-3

ノルウェー
1-4

オランダ
1-3

フィンランド
1-18

ロシア
1-21

イギリス
1-14
2-5

エストニア
1-17

ドイツ
1-25
2-1

ボスニア・ヘルツェゴビナ
1-23

モンゴル
1-19

トルコ
1-16

中国
1-6、7

イラン
1-20

スペイン
2-2

フランス
2-4

日本
1-1、8、9、
10、12、13、26
2-8

ケニア
1-5

シンガポール
2-6

南アフリカ
1-24

マダガスカル
1-2

カナダ
1-15

アメリカ
1-11

ブラジル
2-7

ニュージーランド
1-22

目　次

巻頭資料①　9か国の陽性者数、陽性率、死亡者数の変遷――― ii

巻頭資料②　世界地図――――――――――――――――――― iv

はしがき　園山大祐 ―――――――――――――――――――1

第1部　コロナ禍で世界の学校はどうなったか

1　**日本**　コロナ禍での生きづらさに目を向ける
　　－保護者の立場から－　布川あゆみ――――――――――― 6

2　**マダガスカル**　ラベ家の視点からみたコロナ禍の生活
　　ラスルナイヴ・アンドリアマナシナ・ルズニアイナ、
　　アンドリアリニアイナ・ファナンテナナ・リアナスア――― 10

3　**オランダ**　小規模校だからできる、教師の臨機応変な対応
　　福田紗耶香――――――――――――――――――――― 19

4　**ノルウェー**　コロナ禍の幼稚園の「挑戦」「理想」「敬意」
　　中田麗子 ――――――――――――――――――――― 23

5　**ケニア**　学校閉鎖中の学習格差に着目して
　　－政府の迅速な対応－　小川未空 ―――――――――― 30

6　**中国**　感染予防、育徳中学校の一年半を振り返って
　　－校長の語りから－　劉宛玥――――――――――――― 40

7　**中国**　ある私立小学校のオンライン授業の実践
　　－杭州市の事例－　傅悦 ――――――――――――――― 45

8　**日本**　コロナ下の学校と教師　斎藤里美――――――――― 53

9　**日本**　コロナ禍での「提言書」から広がった新たな出会い
　　久保敬 ――――――――――――――――――――――― 57

10　**日本**　各学校がどのように対応してきたのか
　　－教職員の視点から－　池田賢市 ―――――――――― 65

11　**アメリカ**　教員団体交渉を通じたコロナ対応
　　－学校の感染症対策における当事者参加の重要性－　髙橋哲－70

12 **日本**　先手が決め手　障害の在る子どもたちのために
村山哲 ——————————————————————————— 77

13 **日本**　保健室からみえたこと　江藤真美子 ——————— 81

14 **イギリス**　コロナ禍における英語を追加言語とする（EAL）
子どものサポートに着目して　小山晶子 ——————— 86

15 **カナダ**　弱い立場にある生徒のニーズに応えるために
リアーネ・テイラー ——————————————————— 91

16 **トルコ**　ネットとテレビ番組で学習権を保障
シュレ・ユルマズ・オズデン、ムスタファ・バイラクジ、
ジャンス・バイラクジ ————————————————— 98

17 **エストニア**　ICT立国における教育
－テクノロジーと困難を前に支え合う姿－　丸山英樹 —— 103

18 **フィンランド**　ICT教育先進国における遠隔教育の限界
星野優 ——————————————————————— 109

19 **モンゴル**　コロナ禍における教育体制
－長期休校への対応－　ハスバートル・アナラ ———— 114

20 **イラン**　COVID-19と教育－対応と主な課題－
ハッサンレーザ・ジーナバディ ————————————— 118

21 **ロシア**　学校教育にCOVID-19がもたらした新たな課題
ジャーナ・ブルック ———————————————————— 122

22 **ニュージーランド**　迅速かつ優先順位をつけた対応と
残された課題　田邉匠 —————————————————— 127

23 **ボスニア・ヘルツェゴビナ**　学校におけるCOVID-19への対応
－複雑な政治状況から－　ウナ・カリッチ ——————— 133

24 **南アフリカ**　コロナ禍の社会と学校教育
－トップダウン式対策とボトムアップ式対策の往還－
坂口真康 ——————————————————————— 143

25 **ドイツ**　ベルリンの2人の小学校教師が見た
コロナ禍の学校　　クラウディア・レネート、
ジルケ・バール、ザビーネ・マイゼ、辻野けんま —— 153

26 **日本** 校長・教頭・指導主事・大学教員の
オンライン座談会：コロナ禍の学校経営
辻野けんま・森久佳ら————————————— 161

第**2**部 **コロナ禍のなかでの世界の教育**

第1章 **ドイツ** コロナ禍においても当事者の参加が
重視される学校教育 辻野けんま・布川あゆみ ————172

第2章 **スペイン** 学校から家庭への学びがもたらした
学校教育への「問い」－COVID-19禍における教育施策－
有江ディアナ————————————————— 187

第3章 **スウェーデン** コロナ禍で問い直される学校教育
林寛平・田平修———————————————— 204

第4章 **フランス** パンデミック宣言が学校教育に
もたらしたこと－通学継続と格差是正策－ 園山大祐 — 224

第5章 **イギリス** 社会経済的な格差是正を目指した
コロナ禍における学校の取り組み 植田みどり——— 238

第6章 **シンガポール** 新型コロナウイルス禍で変わらぬものと
変わりゆくもの シム チュン・キャット——————— 254

第7章 **ブラジル** 対面授業再開までの長い道のり
二井紀美子————————————————— 271

第8章 **日本** コロナ禍で明らかとなった教育制度の特質
中丸和————————————————————— 287

終 章 コロナ禍に世界の学校はどう向き合ったのか
辻野けんま————————————————— 304

付録 ９か国の政策対比表———————————— 310

あとがき 園山大祐———————————————— 318

執筆者一覧 ————————————————————— 322

はしがき

　2021年末現在で、新型コロナウイルスによる2億8千万人の感染者と541万人の死者を数えるとは[1]、2019年12月に中国の武漢でウイルスが発見されたときに、だれが想像できただろうか。2020年3月11日のパンデミック宣言後も、感染予防の生活が長期化することを予測できただろうか。当初は2009年の新型インフルエンザのパンデミック宣言同様に、収束すると考えた人は多いのではないだろうか。

　2002年に発見されたSARSコロナウイルス（重症急性呼吸器症候群）の新型であるSARSコロナウイルス2（SARS-CoV-2＝本書ではCOVID-19、新型コロナウイルスと呼称）は、2012年のMERSコロナウイルス（中東呼吸器症候群）同様に収束には数年かかると言われている。

　宣言前のドイツとフランス出張を通じて、危機感を募らせた編者二人が、日頃の研究仲間および調査でお世話になる教育関係者や保護者とともに研究を始め、一冊の本にまとめることにした。その成果の一部は、すでに日本比較教育学会、日本教育行政学会、日本教育政策学会等を通じて報告がされている[2]。パンデミックから1年半が経過した2021年夏ごろ、海外を含めた教育動向の記録を残すことの意義を痛感した。世界には、休校が長引いている国も少なくない。またワクチン接種等にみる南北格差も鮮明であり、今後も出口が見えない状況であった。2021年末現在においても、ユネスコによれば世界には1千万人（0.7%）の児童生徒が休校によって学習の継続が保障できない状態にある[3]。ユネスコの同統計によると宣言後の2020年3月16日の時点では、6667万人（42.3%）であり、国全体の一斉休校は109カ国に及んでいた[4]。その1月後には117カ国とさらに増え、1億人を超える児童生徒が登校できなくなる。この時点から編者が最も懸念したことは、アフリカ、南米、アジアと北米、オセアニア、欧州、東アジアの地域間の学習権の格差拡大にある。マスク外交から、ワクチン外交へと格差が鮮明になることは、現在の国際情勢から予測されるため、デジタル教育への切り替えにも、デジタル先進国のノウハウが輸出されることになり、教育という極めて内政・文化にかかわる事項にまで踏み込んだ教育産業の貿易「デジタル教育に

よる新たな植民地化」が始まることを心配した。その実態の一部を本書で紹介できればと考える。パンデミック宣言後の、各国の初動を明らかにすることで、そこでみられた教育課題は、近代化の象徴である公教育（学校）の長所と短所を浮き彫りにさせた。その内実は、受益者側である子どもや保護者、学校に携わる教職員、教育行政官、教育研究者など複眼的な視点も含めた第1部と、より政策動向と教育行政に焦点を当てた8か国の第2部の2部構成とすることで幅広い読者に共有できるよう心掛けた。

　前半の第1部（全26章）では、コロナ禍の日常のエピソードを交えた各国の様子を描きつつ、日本の読者に参考になる点を強調し、現場の励みになるような話を多く取り入れるよう試みた。できるだけ具体的に、教育行政、学校の校長、あるいは教師、そして生徒と保護者からの声を交えて、世界中で同時に起きたパンデミック下の学校風景を紹介する。子ども、保護者、教職員に勇気を与えられるような内容を目指した。国や制度が違えども、同じような苦労や工夫がみられ、読者にも共感いただければ幸いである。

　他方で第2部（全9章）では、日本の動向を客観視するためにも、同時期の世界の動向を時系列にまとめ、なおかつ、日本からみた特色、特長を描き、日本への示唆となる点に注目した。国際比較研究がほとんど一般書籍化されていないことは憂慮すべきことである。公衆衛生や疫学はもちろんのこと、教育学においても長期に世界が感染症に見舞われた経験は、スペイン風邪（1918年）以来である。その百年前のスペイン風邪において、どのような教育対応がされたのかは、記録がほとんどなく、管見の限り教育史家からの提言もなく、教訓として生かされようとしていない。近年、日本以外の地域には、SARSコロナウイルスやMERSコロナウイルスといった感染症による学校閉鎖などを経験した国と地域は存在するものの、日本語で読める十分な書籍はなく、専門家会議等でも参考にされている話は漏れ聞こえてこない。この意味においても編者らは、各国の教育事情を記録することの重要性を認識した。2020年3月11日のパンデミック宣言から2021年10月末日までを主な対象にまとめている。欧州、アジア、南米地域の8か国（ドイツ、スペイン、スウェーデン、フランス、イギリス、シンガポール、ブラジル、日本）を中心に取り上げた。第1部においても、カナダ、トルコ、エストニア、フ

ィンランド、モンゴル、イラン、ロシア、ニュージーランド、ボスニア・ヘルツェゴビナ、南アフリカなどは、比較的網羅的な政策動向に焦点を当てた内容となっている。

なお、この間の陽性者数、陽性率、死亡者数の流行を8か国にアメリカを加えた9か国の統計を巻頭資料Ⅰに示しているので、第2部と併せてご覧いただければ幸いである。ただし、こうした統計には注意も必要であり、PCR検査や治療を受けられるのは先進国でも政策に違いがあるため、陽性者数やCOVID-19による死亡者数には国家間で差が大きい。あえて一斉休校やロックダウン（緊急事態宣言、外出禁止令など）等の措置との関係で参考程度の資料として掲載する次第である。

以上が、全体の趣旨である。取り上げた24カ国（巻頭資料Ⅱの世界地図参照）の内訳は、アジア（日本、中国、モンゴル、シンガポール）、北米（アメリカ、カナダ）、南米（ブラジル）、アフリカ（ケニア、マダガスカル、南アフリカ）、中東（イラン）、オセアニア（ニュージーランド）、欧州（オランダ、ノルウェー、イギリス、トルコ、エストニア、フィンランド、ロシア、ボスニア・ヘルツェゴビナ、ドイツ、スペイン、フランス、スウェーデン）となっている。それぞれの国や地域は、なるべく偏らないように心掛けたが、これまでの研究とのつながりを基調としたため、不十分な点もあることをお許しいただきたい。また緊急出版という限られた期間ということもあり、コロナ禍の大変ななか、海外の研究仲間にご無理をお願いした点も、こうした結果となっている。期限までに原稿をいただけなかった方には、今後改めて機会を提供できればお願いしたい[5]。

読者には、新鮮な眼で読んでいただき、忌憚のないご意見や感想をいただければこの上ない喜びである。この未曾有の危機を世界共通の人類史の課題として、子どもたちの広義の学びを保障できるよう、一緒に知恵を出し合い、乗り越えられるよう、力を合わせていければと切に願う。世界保健機構（WHO）のスローガン「No one is safe until everyone is safe（すべての人が安全でない限り、誰ひとり安全ではない）」にあるように、世界中すべての児童生徒が安全に学習できる環境が用意できない限り、パンデミック（pandēmos「すべての人々」）の収束とはならない。日本国内に関心が行き

がちである今こそマクロな視点でコロナ禍に世界の学校はどう向き合ったのか読者と一緒に考えてみたい。

編者を代表して：園山大祐

1　https://www.who.int/emergencies/diseases/novel-coronavirus-2019
　　（2021年12月30日閲覧）
2　各国の情報を補うため、本書の編者・園山が所属する大阪大学人間科学研究科教育制度学研究室の公式サイト内に特設サイト「コロナと教育（日欧比較）」（https://educational-policy.hus.osaka-u.ac.jp/covid-19/index.html）を立ち上げている。
3　https://en.unesco.org/covid19/educationresponse　（2021年12月30日閲覧）
4　例えば、ユネスコのこの統計において、日本は国からの要請であったため、全国休校の国として数えられていない。
5　編者のひとりである園山の研究室のホームページ（脚注2）には、海外の論稿など掲載しているので、そちらも併せてご参照願いたい。

第 1 部

コロナ禍で

世界の学校は

どうなったか

日本の小学校における健康診断の様子。ソーシャルディスタンスを取りやすくするよう、床に待機場所を示すなど工夫された（第1部第12章）

スウェーデンの中学校における在宅学習で調査した内容を教室からオンラインで発表する様子。スウェーデンではマスクの着用を個人の判断に任せるなど、周辺国に比べ緩やかな対策を継続してきた。（Saltsjöbadens Samskola提供、第2部第3章）

◆**第1部　コロナ禍で世界の学校はどうなったか**

1　日本

コロナ禍での生きづらさに目を向ける
－保護者の立場から－

東京外国語大学アカデミック・サポート・センター　**布川あゆみ**

　コロナ禍、それまで耳にしたことのない学校用語に出会った。たとえば一斉休校、自宅学習、分散登校、黙食などがある。一方でそれまでよく耳にしていたものが中止・規模縮小と表現されることも少なくなかった。集団登校の中止、学年をこえた活動（縦割り班活動）は規模縮小などであった。

　これらのことは、新型コロナウイルス感染拡大防止のために、四度の「緊急事態宣言」が発令された東京都のある小学校（公立）の中で見られたものである。地域の感染状況や学校の置かれた環境・状況などに応じて、この間の学校の取り組みは相当に異なっていることが予想される。しかしながら、これまで耳にすることのなかったコロナ禍での学校用語に、当初こそ戸惑ったものの、「当たり前」として日常に定着しつつある今、改めてコロナ禍の教育について、保護者の一人として振り返ってみたい。

1．一斉休校期間中の苦悩

　一斉休校が始まりしばらくの間は、学校から課題の指示などはなく、規則正しい生活を送り、体調に留意するようにとのメッセージが保護者宛メーリングリストで流れてきた。先生方も突然のことに戸惑われていたことが伺えた。保護者としても、1日中子どもが家にいるという状況に対して、何をして時間を過ごさせるとよいのかわからず、戸惑い、困惑した。

　加えて、当時、私は出勤の必要があり、また夫も多忙をきわめ、子ども（当時小3）を長時間一人で留守番させることも多かった。子どものそばについていられない状況もあり、子どもは時間をもてあましてしまった。あわ

ててiPadを買い与え、YouTube視聴デビューする契機となった。動画視聴は飽きることなく、静かに家の中で過ごせる救世主であった。しかし、子どもからはどんどん表情が消えていった。「みんな、なにしてるかな」、「学校行きたいな」とつぶやくようになった。お友達とテレビ電話をさせてもらい、少し元気になるも、またすぐに表情が暗くなってしまった。どうしたものかと思い悩みながらも、仕事の忙しさと下の２人の子ども（当時５歳と０歳）の育児も重なり、特に何もできず時間だけが過ぎていった。

　５月を迎えるころには、それまで復習に重点をおいた課題から、これからは予習に重点を置いた課題を出しますと、学校よりメールが届いた。自宅学習用の大量のプリントを学年ごと、指定された時間に学校まで取りに行った。この変更は、文科省から発出された「臨時休業中の学習の保障等について」などを考慮しての取組であったと考える。子どもの学習を止めないよう、混乱期にありながらも、先生方が懸命に考えてくださった課題であった。

　しかし、ここから休校期間があけるまでは、親子で新しい単元に取り組むことの難しさに直面した。課題をこなしていくために、学校から時間割表も配られていたが、子どもが一人で教科書を読み、新しい単元を理解し、時間通りに進めていくことは難しかった。親が横について教えるということが前提になった課題の出し方だったと思うが、日中、その肝心の親が家におらず、私が帰宅すると子どもは途方にくれていた。家に一人では置いておけないと思い、（感染のリスクと不安を抱きながらも）子どもを連れて出勤し、仕事の合間に子どもの課題をみるようになった。

　休校期間中の子どもとのかかわりは当時も、今も反省しかない。学校が子どもの居場所となっていた我が家のような家庭では、あの当時、どうするとよかったのか、今でもよくわからない。

2.　ドイツとの比較から気になる日本の教員の多忙化

　休校期間があけ、分散登校が始まると、子どもは一気に明るい表情になった。感染対策のため、当初は最低限のおしゃべりのみ可という状況だったが、みんなと一緒にいられることは、子どもにとって大きな安心感につながった

ようだった。一方で、学校再開後は先生方の負担が増大していることが気になった。子どもの学校での分散登校は、出席番号別に一クラスを半分にして、時間交代制で子どもたちは分散して登校していた。ここではクラス担任が同じ内容を一日に2回繰り返すことが「当たり前」となっていた。

　ドイツ研究を専門とする私は、同時期にドイツでみられた分散登校が一体どうなっているのか気になり調べてみた。1つのクラスが半分に分けられるという点は日本と共通していたが、そのうちAグループは月、水のみ登校、Bグループは火、木のみ登校と分けられ、金曜日は全員登校しないという方式がとられていた。要は、教員の感染リスクも考えられ、同じ内容を一日二回繰り返すことは前提とされていなかった。当時ドイツでは、基礎疾患があったり、妊娠中であったり、高齢であるなどの場合には、教員も出勤を免除されることが通知されていた。ドイツとの比較から、日本では先生の出勤が当たり前に求められており、教員の感染リスクが十分に考えられていないという違いに、気づいた。加えて、同じ内容を1日に二度教員が繰り返すということも、子どもの学校ではあまりに当たり前に求められており、教員の負担感は十分に考慮されていないこともみえてきた。

　その後も感染予防のための手洗いソープの管理・補充、健康観察表のチェック（押印）などが新たに教員の日々の業務として加わっており、もともと多忙で知られる日本の学校の先生の多忙化がますます進んでいるようにうつった。その一方で、休校期間中を思えば、保護者としては学校に毎日子どもが通え、子どもの安心できる居場所があること、子どもが生き生きとしていること、かつ学習も進めてくれることなどから、学校のありがたみを実感する日々でもあり、まさにジレンマであった。

3．コロナ禍1年半の積み重ね

　2021年9月末、緊急事態宣言が解除され、東京都には新たに「リバウンド防止措置」がとられた。その措置も終了し、この原稿を執筆している11月現在、東京都は、「基本的対策徹底期間（11月30日までの予定）」にある。感染対策に気を付けながら、それまでとは異なる形での実施という限定はつ

くものの、子どもたちのさまざまな活動（クラブ活動など）、学校行事、地域でのスポーツ活動などが戻ってきている。

　2021年10月に、子どもが通う小学校では、コロナ禍で初めての授業参観が行われた。保護者は、出席番号順（奇数、偶数別）に2時間目と3時間目の授業を交代制でみることができた。感染対策のため、教室に入れる保護者は各家庭で1名、10分までと、コロナ禍での新しい参観ルールはあったものの、実に約1年半ぶりに教室に入ることができる日とあり、多くの保護者が足を運んでいた。子どもたちの学ぶ姿や、休憩時間にお友達や先生方とおしゃべりしたり、校庭を元気に走り回ったりしている、普段の姿を目にできたことは、感慨深いものがあった。

　またその日の午後は、初めて自宅からオンライン上でクラス別に集まるという機会も設けられていた。この日までに、一人一台端末「Chromebook（クロームブック）」が配られ、事前に家庭に持ち帰り、家庭でのネットのアクセス状況を確かめるという2段階のステップが踏まれていた。小4になった子どもは、慣れた手つきで「Teams（チームズ）」に参加し、先生の指示にしたがって動作テストを確認し、発言をしていた。オンライン上での課題提出もさっと終えられた。この間、親のサポートは一切いらなかった。

　コロナがなければ、このような土曜日を、子どもも、先生も保護者も経験することはなかったであろう。コロナによって子どもたちの日常、教師の日常、保護者の日常も大きく変わった。しかしこの1年半近くの困難のなかで、子ども、教師、学校が一つ一つ積み重ねてきたことがまさにこの一日にあらわれていたようにみえる。

　子どもの通う学校を見ていると、現場でその都度難しい判断に迫られながら、一つ一つ懸命に取り組まれてきたことがうかがえる。しかし同時期に他の学校や、他の国でどのように対応していたのか、できていたのか（いなかったのか）。どのような議論がなされていたのか。これらを知ることで、この困難な時を生きる子どもたちの生きづらさや、それを支える教員の生きづらさ、保護者自身の生きづらさに目を向け、それをより多角的に問い、構造上の問題に目を向けていくことにもつながるのではないか。そう、ひとりの保護者として、そしてまた研究者のひとりとして考えさせられる。

◆ 第 1 部　コロナ禍で世界の学校はどうなったか

2　マダガスカル

ラベ家の視点からみたコロナ禍の生活

大阪大学大学院人間科学研究科　ラスルナイヴ・アンドリアマナシナ・ルズニアイナ
大阪大学大学院人間科学研究科　アンドリアリニアイナ・ファナンテナナ・リアナスア

　マダガスカルでは2020年3月20日にCOVID-19の最初の症例が報告され、当日から15日間緊急事態宣言が出された。首都アンタナナリボをはじめとする感染者が多い地域では、学校が閉鎖され、外出禁止令が出された。現在までの感染者数は43,632人で、死亡者は964人である[1]。緊急事態宣言は2021年9月3日に終わったが、この1年半の間で緊急事態宣言下とならなかったのは合計わずか181日だった（図1参照）。

図1　マダガスカルにおけるCOVID-19の感染者数、緊急事態、学校の状況

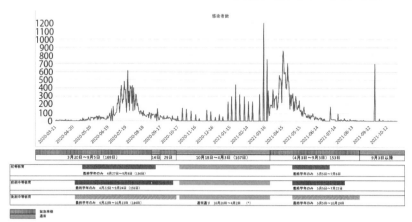

（*）年末の休みと復活祭の休みを含めて
（出所）WHO、教育省のデータをもとに筆者作成

　この間学校は約357日にわたって閉鎖されていたが、最終学年の生徒は、

厳格な健康・衛生対策を施した上で学校に戻るべきだと判断された。

図2　マダガスカルの学校の様子
（撮影：園山大祐、2018年2月、画像加工）

　政府は、生徒の自己学習のためのコンテンツを作成するために経験のある
教師を募集した[2]。その後、「私も賢くなりたい」というラジオ番組や「みん
なの教室」[3]と「勉強するテレビ」（TVMbosy）[4]というテレビの番組を制
作した。小学校の4年生までにはフランス語、算数、マダガスカル語の3つ
の基礎科目の番組を提供し、小学校と中学校の最終学年にはすべての科目を
提供した。ラジオ番組は小学生と中学生向けは週4回、合計で2時間、高校
生向けは週2回、合計1時間で、国営ラジオで放送された。最終学年の生徒
はさらに30分の放送時間を得た。テレビで放送した後、番組のエピソード
は、YouTubeやFacebookで、広く発信された。中学生にはさらにマダガ
スカル語、フランス語、数学を自習する教科書が配布された[5]。

1．ラベ家の事例

　本章では以上の状況を踏まえ、コロナ禍の前とその最中に、公立小学校の
生徒たちがどのような生活をし、どのような教育を受けてきたか、親はそれ
をどのようにとらえているか明らかにする。公立小学校に通うラベ家の一番

上の 3 人の兄弟とその母親を対象にオンラインでインタビューを行った。ラベ家は 7 人家族で、 4 人の娘と 1 人の息子がいる。父親のラザ（44歳）は自営業で、母親のミラナ（34歳）は専業主婦である。母親は英語教師として大学を卒業したが、子どもたちの世話をするために働かないことにした。

２．３人の子どもたちの日常

　長女のミサは11歳で、現在中学 1 年生、長男のハリは10歳で小学 5 年生、次女のファラは 8 歳で小学 3 年生である。コロナ禍が始まったとき、 3 人とも公立の小学校に通っていた。

　COVID-19が発生した2020年 3 月は、 2 学期[6]の終わりだった。ミサは4 年生、ハリは 3 年生、ファラは 2 年生で、彼らは最終学年の子どもではないため、 2 学期、 3 学期を経ることなく、また試験を受けることなく、自動的に進級した。2021年 4 月 3 日の 3 回目の緊急事態宣言の時も、最終学年の生徒だけが学校に行くことになった。大規模の私立学校と違い、公立学校にはオンライン教育を受ける手段がなかった。多くの生徒は、ラジオ、テレビ、インターネットがあれば、政府が提供するテレビやラジオの番組に頼って勉強しなければならなかったが、そうした環境がなければ勉強の機会を得ることは困難だった。ミサ、ハリ、ファラの 3 人は家にいて、テレビや教育省のFacebookページでそのような番組を見ていたが、あまり興味を示さなかった。その理由の 1 つは、母親が家で教える時間があり、それで十分だと思っていたからである。

　子どもたちは毎朝 7 時に起床し、ハリは朝食を買いに行く。朝は、主にフランスパンやマダガスカル独特の米粉のケーキを食べることが多く、一緒にお茶も飲む。朝ごはんを食べた後、歯を磨いたり、掃除したりする。ミサは母と昼食の準備を手伝い、米を炊いたり、おかずの下準備をしたりする。ファラは 2 人の妹の面倒を見ている。10時から12時まで勉強して、昼ご飯を食べて、一休みして、近所の子どもたちと外で遊ぶ。夕方 6 時頃に「日が暮れたときに」家に戻ってきて、勉強するか、アニメを見るか。勉強とアニメが対等になるが、それはフランス語、たまに英語のアニメであり、勉強の一

部とされている。

3．子どもの生活の時間的・空間的な比較

　子どもたちが学校よりも家での生活を楽しんでいるのは、マダガスカルでは当たり前のことであるが、その理由には驚いた。質問されたファラは、「家にいると、お母さんの家事を手伝うことができますから。まだお米を炊くことはできませんが、買い物をしたり、米の中に残っている籾米を取り除いたり、炊く前にお米を洗ったりしています」。ファラとハリは家での母親の教え方を楽しんでいたが、長女のミサは「お母さんだと、なんでもマダガスカル語で説明されるので長すぎて嫌でした。学校では、先生がフランス語で説明してくれますし、たくさん話さないので、覚えやすいです」と言っていた。子どもたちは、外出禁止令後も週末は同じような日常生活を送っていた。週末には母親と一緒に過ごすことを楽しんでいた。

　ミサは2020年10月に5年生に進級し、3回目の緊急事態の間も学校に行くことができた。学校では朝始まる時と休憩の後、教室に入るたびに手を洗わなければならないこと以外には何も変わらなかったという。生徒たちはマスクを2枚ずつ与えられた。1つの机には通常の3人ではなく2人で座っていた。生徒たちはマスクを着用しなければならないが、先生は生徒たちの作業を確認するために近づくときだけマスクを着用した。先生は子どもたちから離れているので、話をするときにもマスクをする必要はなかったという。ミサは2021年7月に小学校の国家修了試験に無事合格した。

　首都に住んでいた母親は同じ7月に、170キロ離れた別の地域の高校の教師として採用された。父親のラザは仕事で首都を出られないが、母親のミラナと子どもたちはそこに引っ越した。インタビューでは、子どもたちは首都での生活、新しい家、新しい学校での生活を比較して質問に答えることが多かった。母親が学校で忙しくしている時はあるが、外出禁止令中に身につけたスキルや習慣が役に立った。小学校は1週間おきに午前と午後の勉強が交互に行われる。ほとんどの場合、母親は朝仕事に行く前に、昼食を用意するが、子どもたちは朝学校に行く前や昼帰ったあとに自分で料理を作ることもあると言った。

　外出禁止令時の生活について尋ねると、以前通っていた学校での生活と比較することもあった。ハリと違って、ミサとファラは前の小学校の経験があまりよくなかった。ミサは、学校生活をどのように過ごしたかを次のように語っている。「私は前の学校では何も好きではありませんでした。先生たちも嫌いです。宿題が終わらなかったり、黒板に指名されてうまくできなかったりすると、私たちを罰します。授業がわからないと跪かせるし、（中略）授業中にタバコを吸うし、（中略）そう、禁止されているのに、隠れて吸っています」。公立学校の現状を考えると、このような行動はほとんどの場合気づかれず、間違っていることに気づくのにある程度の教育が必要だと考えられる。実は、そのような学校の生徒の多くは、社会的に厳しい環境にいる人々の子どもであり、その多くは近隣の貧困地域の出身者である。ミサ、ハリ、ファラの3人は、同級生に比べて恵まれた環境にあり、異文化の中で育っているように考えられる。ミサが続けて、「私には友達がいませんでした。いけない言葉を言ったり、私も含めて他の人をいじめたりしました。彼らは悪い生徒です。勉強もできません」。ファラの方がましであるが、同じような経験をしていたという。

4．家庭で教育を受ける

　母親のミラナは、外出禁止令が長かった最初の緊急事態が最も困難だったと説明した。「夫は働くことが許されず、私も仕事がなく、生活必需品の米もなく、学校も閉鎖され、家族を養うこと、子どもたちをコントロールすること、特に外に出ないようにすることが最も困難でした」。マダガスカルの家は大体2〜4つに分かれて、異なる家族が住んでおり、浴室やトイレ、庭などの設備は共有する。隣の子どもが庭に遊びに来るため、親は子どもたちがウイルスに感染することを心配している。

　子どもたちが学校に行かなくなってからは、ミラナが教えていた。普段入手できない、シラバスに沿った教科書を古本屋で買い、インターネットで教材を探し出した。「買った本は基本的に売っていません。学生も普段持っていません。それを使って家で子どもたちに教えています」。政府のテレビ番

組について、ミラナは質には満足していなかったが、「試験に出るかもしれない」ということが、子どもたちに見続けさせる1つの動機になったという。

　外出禁止令の中で、ミラナは新しい生活スタイルを確立し、子どもたちが勉強したり、遊んだり、家の手伝いをしたりできるような時間割を作った。「朝は家事を手伝い、子どもたちはそれぞれ特定の家事を分担します。10時になると勉強を始め、12時半のランチタイムまで勉強し、休憩を挟んで午後3時まで勉強し、その後は午後6時まで自由に遊びます。夕方になると、コンピューターでアニメを見たり、フランス語や英語を学んだりします」。子どもたちはこの期間を「長い休み」と考えており、「学校に戻りたがらない」という。マダガスカルの子どもたちは、学校が休みの時に、両親が仕事に出かけるため、家で子どもだけで過ごすことが多く、時間割はあまり決まっていない。ほとんどの時間を近隣の子どもたちと遊んで過ごすことが多い。

5．母親が家庭教育から得たポジティヴな経験

　ミラナは小学校の教師の仕事への理解を深め、子どもたちと充実した時間を過ごし、家事の大変さを子どもたちに評価してもらうことを経験した。「子どもが学校で叱られたという話を聞いて、腹が立ちました。ひざまずかなければならないと言われたり、棒で叩かれたりしたこともありました。（中略）でも、今回は大勢の子どもたちを同時にコントロールして教えるのは大変なことだと分かりました。今この子どもたちを見て、先生が子どもたちを叱った理由はわかりました」。ミラナの子どもたちが学校に戻ったとき、「先生のやり方がお母さんのやり方と違う」と話していたという。子どもたちが「家にいたときに新しい発見」をしたことにミラナが喜んでいた。

　家族で過ごす時間が増えたことで、「家族の繋がりが強くなり、お互いに愛し合うようになりました。（中略）家族の交流の時間も増えました」。例えば、家事の分担については、「子どもたちは起きたときに各自で自分のベッドを片付けますが、家事は私が最初に誰が何をするか提案します。子どもたちの間で交渉が始まり、最終的には私に報告します。交渉の結果、時間割を作成し、それに沿って全員の家事が割り当てられました」。マダガスカルに

おいて、子どもというのは親の言うことを聞くだけで、親と子どもが対話する機会は少ないと考えられる。しかし、この事例では、子どもたちは議論して共通の合意を見つけるように促されている。

　子どもたちが家事に理解を示すようになった。「例えば、床磨きが大変なことを理解し、家を大切にするようになりました。（中略）同様に、食事の準備 も簡単ではないことを理解しました」。より積極的に手伝うようになったという。ミラナによると、5人の子どもたちと一緒に新しい場所に住み、子どもたち全員が学校に通うようになり、家事や食事の準備を一緒にしたがるようになり、家族の中での充実した時間が増えたと主張した。小さな子どもであれば自分が参加していないとき家事の大変さを意識することはほとんどないと考えられるが、この事例では、子どもを家事に参加させるのは、責任の取り方を教えるための母親の戦略の一つであった。

6．ラベ家の事例から学べるマダガスカルの教育の在り方

　勉強とテレビ、特にアニメ等は勉強と対等に扱われているのはマダガスカルの教育では言語が非常に重要視されており、フランス語を知らなければ学校では生きていけないからである。フランス語は教育で重要な位置づけを持っているものの、テレビやインターネット等がなければ、日常生活ではめったに使わない言語である。親はフランス語ができれば、家ではフランス語で話す努力をするが、それができなければテレビに頼ること以外はない。学校でも先生のフランス語の説明が短いのは知識が不十分であるからだとよく言われている。この家庭にはたまたまテレビがあり、パソコンもあったが、普通の家庭にはない。そのような教育を家庭で受けながら、一番貧困層の生徒が通っている公立学校に通うと異文化を感じることは当たり前だと考えられる。どのような友達と付き合うかなど、家庭によっては男の子と女の子に期待される行動にも違いがあり、ハリには影響は見られなかったが、女の子であるミサとファラへの影響は大きいと考えられる。

　ラベ家の子どもたちは、普通のマダガスカルの子どもたちとは言えないため、政府が提供した教材が大事だと考えていなかった。しかし、恵まれてい

ない子どもたちは、教える親もなく、塾にも通わない。このような無料の教材を入手することでより公平な教育になるだろうと考えられる。コロナ禍で見聞きしたテレビやラジオ番組はこれまで指摘されていた、マダガスカルの教員不足と質の改善になんらかの影響を与えるであろう。主な障壁はテレビの所有率とインターネットへの接続だが、携帯電話の普及率が高い今は、それほど大きな障壁ではない。

　マダガスカルでは昔から母親が子どもの教育に重要な役割を果たすと考えられており、研究者はそれが子どもと過ごす時間によるものだとの仮説を立ててきた。コロナ禍の現状を見ると、子どもが家庭で勉強する際に母親は学びのタイミングを設定している。父親は能力が母親と同じぐらいであるものの、子どもたちの教育にはあまり触れなかった。コロナ禍で経済的に困窮していたにもかかわらず、母親は子どもたちに十分な教育を与える方法を模索し、その結果に満足しているようである。

　これは、彼女の学歴と関係があるかもしれない。ミラナの視点では、COVID-19は親にとっても子どもたちにとっても、特に相互理解の面で良い学びの機会となっている。母親として、また教師として、「外出禁止令は多くのことを教えてくれました。子どもたちはいつも家にいたので、親しくなりましたし、子どもたちを教えることで彼らのことをもっと知ることができました」。

　ラベ家の事例は母親も高学歴で、中間層だと考えられる。子どもたちは家事もこなし、充実した勉強もでき、子どもの生活を楽しむこともできて、マダガスカルにおいて、家庭教育の成功例であった。富裕層と貧困層の家庭はコロナ禍でどのように子どもの教育をされているか、興味深い。本稿では、生徒が自分の経験を思い出すために、過去について質問した。このような後方視的調査（Retrospective Study）では、子どもたちが自分の状況を合理化していたり、記憶のバイアスを持っていたりする可能性があるため、子どもたちの考えを解釈する際には注意が必要だと言われている。しかし、コロナ禍の不自由な生活下における子どもたちが自分の住む世界をどのように意味づけているかを理解する視点は重要だと考える。

おわりに

　マダガスカルのように、日本においても家族の絆が深まったり、学び方や調べ方について成長した親子は多いのではないだろうか。

　あるいは、日本における外国人児童生徒にも参考となるのではないか。マダガスカル人にとっては母語ではないフランス語を学校で使用するが、教授言語であるフランス語は、一般家庭では使わない。そのため休校が長期化したことは、教授言語と家庭言語が異なる言語マイノリティにとっては深刻な問題である。日本でも外国籍児童生徒や、障がいがある児童生徒のような教育マイノリティも同じ問題が生じたのではないだろうか。家庭の文化資本の差異によって、オンライン教材や練習帳を通じた学びの保障は、エッセンシャルワーカーの家庭などでは、自立した学びが可能な児童生徒に限定されるのではないだろうか。

　ラベ家の事例は、パンデミック以前までの当たり前とされた学校を中心とした学習（生活）リズムの突然の遮断は、子どもたちや保護者、そして教師に何をもたらしたのか、慎重に受け止めなければいけないことを示している。

1　WHO（2021）Number of new coronavirus cases in Madagascar https://covid19.who.int/region/afro/country/mg（2021/9/11）

2　MEN（2020）Appel à Manifestation d'Intérêt : Production de contenus pédagogiques d'auto-apprentissage – Ministère de l'Education Nationale. https://www.education.gov.mg/appel-a-manifestation-dinteret-production-de-contenus-pedagogiques-dauto-apprentissage（2021/8/11）

3　MEN（2020）Minisiteran'ny Fanabeazam-Pirenena - Publications ¦ Facebook. https://www.facebook.com/menmalagasy/posts/835008510673987（2021/8/11）

4　TVM（2020）TVMBosy video list. https://www.facebook.com/tvmbosy/videos/（2021/8/11）

5　MEN（2020）CEG Ambanintsena: Lancement officiel de la remise des livrets d'apprentissage pour les élèves du secondaire - Ministère de l'Education Nationale. https://www.education.gov.mg/ceg-ambanintsena-lancement-officiel-de-la-remise-des-livrets-dapprentissage-pour-les-eleves-du-secondaire（2021/8/11）

6　1学期は2019年10月28日から2019年12月20日までで、2学期は2020年1月6日に始まり、2020年4月8日に終わる予定だった。

3 オランダ

小規模校だからできる、教師の臨機応変な対応

九州大学大学院人間環境学府 **福田紗耶香**

1．オランダの教育制度

　オランダに住むすべての5歳から16歳の児童生徒には義務教育法が適用され、就学義務（Leerplicht）が課される。これは、国籍を問わない。16歳を超えていても、基礎就業資格を取得していない16歳から18歳の若者は、義務教育の対象となる。

　オランダの教育制度の大きな特徴は、憲法で保障された「教育の自由（Vrijheid van onderwijs）」によってそれぞれの宗教、イデオロギー、教育的信条に基づいた学校を設立し、教育方法を選択する権利が保障されていることである。宗教や特定のメソッドを持つ学校は私立、そうでない学校は公立と呼ばれるものの、条件を満たす学校は平等に公的財政支援を受けるため、実態としては公立と私立の差異はほとんどない。ホームスクーリングに関しては、法律上明確には認められておらず、正当な理由がある場合のみ例外として認められる。

2．COVID-19に伴う学校閉鎖の措置

　オランダ政府は、2020年3月15日に会見を行い、3月16日から4月6日までの期間、初等教育、中等教育、中等職業教育の学校および全日保育所を閉鎖すると発表した。ただし、エッセンシャルワーカーを親に持つ子どもたちは、学校や全日保育所に無料で受け入れるとされた。また、教員は子どもたちが家で教育を受けることができるように、遠隔授業の準備をするよう求められた。しかし、3月31日の会見で、政府はすべての対策を4月28日ま

で延長することを決定し、学校閉鎖が延長された。4月21日には、5月11日から基礎学校と全日保育所は段階的に再開していくことが事前に発表された。再開に当たっては、学校側が段階的な児童生徒の受け入れを準備できるよう、遠隔授業や、遠隔と対面のハイブリッドな授業の計画を支援する情報プラットフォームの開設、感染防止のガイドラインも初等教育審議会や社会雇用省によって調整されている。

　さらに、2020年12月15日から、同国二度目となるロックダウンが敷かれた。このため、12月16日から2021年1月17日までの学校閉鎖が決定され、遠隔での授業となった。その後、2月9日までのロックダウン延長決定に伴い、学校閉鎖も延長された。基礎学校と全日保育所、特別支援（初等）学校は、2月8日に再開され、中等教育、中等職業教育の学校は少し遅れて、3月1日から再開された。

　基礎学校再開のために、教育文化科学省、教師、学校理事、教育委員会の代表は実践的ガイドラインを作成している。ガイドラインには、例えば子どもの送迎の際に保護者は校内に入らないこと、濃厚接触者となった教員と児童生徒は5日間隔離し、その後検査をするかさらに5日間の隔離をすること、またその間は遠隔授業を提供することなどが示されていた。

3．学校閉鎖期間の体験事例

　ロックダウン期間中、保護者や子どもたちはどのような体験をしたのだろうか。多様な学校の中の一例ではあるが、オランダの南ホーランド州に住むご家庭の体験を紹介したい。

　今年10歳になるAさんの学校では、最初のロックダウンが発表される記者会見直前の金曜日に、ロックダウンを見越して、学校に置いている教材を一部持ち帰るように保護者に伝えられたという。記者会見当日には、教師から保護者宛てにメールが届き、1週間の学習計画が送られ、3月17日からはワークブックを中心とした学習が始まったそうである。Aさんの学校では、通常時からインターネット上の教材を用いた演習も取り入れられていたため、遠隔授業になってもインターネットを介した学習方法をすぐに活用すること

ができた。それから毎週金曜日に翌週の学習計画がメールで届き、3月末にはICTを用いた授業が始まった。遠隔授業においては、保護者の支援も重要になる。Aさんのご家庭では、お母さんが中心的に支援していたが、親も子も息抜きが必要であると感じ、お父さんにも手伝ってもらうことでバランスをとったそうである。複数人が子どもに関われるような環境を作る工夫も必要なのだろう。

　Aさんのお母さんは、Covid-19の流行で以前と変わったことも話してくれた。オランダでは、基礎学校低学年の子どもたちは一人で登下校することはなく、親が毎日送り迎えをする。仕事のため親が送り迎えをすることができない場合は、ご近所や祖父母など信頼のおける大人に頼むのが通常である。したがって、親同士、また保護者と教師のコミュニケーションの機会でもあるが、今でも、保護者の校内への入場制限がある。以前は何かあれば先生に直接話しかけることができたが、それができなくなり、この一年間は先生が「遠く感じる」そうである。先生との距離が感じられるなど、保護者にとっての不安は残っている。保護者と教師のコミュニケーションが密なオランダの地域性がよく表れた課題かもしれない。

　二つ目の事例として、最初のロックダウン当時、3歳でプレイグループに通っていたBくんの保護者は、園内への入場制限がある中でも、折を見て30分程度の面談をしてくれたり、Bくんが楽しみにしていた誕生日には、手作りの冠やバースデーカードを家に届けてくれたりしたことなど、教師の臨機応変な対応に感謝したと話してくれた。Bくんが4歳になり基礎学校に入学した後も校内への入場制限は継続されたが、Bくんの学校生活や円滑な発達のために必要があれば教室に保護者を入れて話し合うなど、子どもの生活を第一に考えた柔軟な対応があったことに対しても、保護者として安心感を覚えたそうである。学校生活にまだ慣れない低学年の児童ほど、一人一人の状況に合わせたきめ細かな対応が必要であるということも背景にあるかもしれない。

　オランダの事例からは、緊急時に授業形態を素早く切り替えて試行錯誤しながら学習環境を整えていく対応の臨機応変さと、緊急時においても子どもの日々の体験をなおざりにしないという学校の姿勢が垣間見えた。オランダ

は、感染症拡大以前からパートタイム労働やリモートワークの浸透など、働き方がフレキシブルだったこと、そして普段からICTを取り入れた授業を行っていたことで、ロックダウンという緊急事態にも、保護者、学校共に素早い対応ができたのだろうと思われる。Eurydiceによると、2018年時点で基礎学校の約98%に電子黒板が設置されており、99%の教師が授業でデジタル学習教材を使用していた。授業中の説明においては60%以上の割合でデジタル学習ツールが使用されていたことが分かっている。教育におけるICT活用に関しては、以前から政府も学校も積極的に取り組んでいたといえよう。また、特に初等教育レベルでは、規模が小さい学校が多いため、より柔軟な対応が可能になっている。また、感染症対策としてのルールは決めつつも、子どもの生活のために必要であれば、例外を認めるという柔軟さもこうした緊急時には重要な要素であるといえるだろう。

　しかしながら、コロナ禍の学校教育の問題点も徐々に明るみになってきた。児童生徒の学習の遅れが懸念されているのだ。オンライン授業や繰り返される学校閉鎖の影響などにより、学習に集中できなかったり、学習意欲を維持することが難しかったりして、学校成績の低下や留年する児童生徒が増加しており、コロナ禍の学校教育の課題として注視されている。今後、児童生徒の学習困難を改善するためにオランダではどのような対策がなされるのか、注目していきたい。

引用・参考文献

Rijksoverheid, 'Aanvullende maatregelen onderwijs, horeca, sport', https://www.rijksoverheid.nl/actueel/nieuws/2020/03/15/aanvullende-maatregelen-onderwijs-horeca-sport, 2020年3月15日（最終確認2021/11/17）

Rijksoverheid, 'Scholen geven vooral afstandsonderwijs rondom kerstvakantie', https://www.rijksoverheid.nl/actueel/nieuws/2020/12/14/scholen-geven-vooral-afstandsonderwijs-rondom-kerstvakantie, 2020年12月14日（最終確認2021/11/19）

Eurydice, 'Netherlands: Teaching and Learning in Primary Education', https://eacea.ec.europa.eu/national-policies/eurydice/content/teaching-and-learning-primary-education-32_en, 2019年1月24日（最終確認2021/12/16）

◆**第1部　コロナ禍で世界の学校はどうなったか**

4　ノルウェー ────────────

コロナ禍の幼稚園の「挑戦」「理想」「敬意」

信州大学教育学研究科　中田麗子

　北欧ノルウェーでは、2021年9月25日の土曜日、約1年半ぶりに"国が再開"した。コロナ禍における距離や集まり、外食等の制限がほぼ撤廃されたのである。感染した人については引き続き隔離が要請されるが、政府は「より準備が整った状態の通常の日常生活」に移行するとした（Regjeringen, 2021）。この日は、"国の再開"を祝う人々の様子が報道された。

　本稿では、ノルウェーの幼稚園（幼保一体化された施設）[1]が、コロナ禍初期に閉鎖され、再開し、感染予防対策を行いながら現在に至るまでの期間、どのような経験を経てきたのかを、当時のメディア報道と、幼稚園関係者3名の方のインタビューをもとに紹介したい[2]。

1．閉鎖期間中の課題と挑戦

　ノルウェー政府は、2020年3月12日に新型コロナウィルス感染拡大を受けた厳しい制限に着手し、全国の学校と幼稚園を閉鎖することを決めた。幼稚園は、約1か月閉鎖されたあと、学校より一足早い2020年4月20日に再開した。

　コロナ禍初期は、ノルウェー政府が子ども向けの記者会見を開いたり、公衆衛生機構がウェブサイトに子どものための新型コロナウィルス解説動画を掲載したりするなど、子どもを一市民として尊重するノルウェー社会を印象付けた（林他，2020）。

　しかし、小さい子どもがいる現場が直面する課題はユニバーサルかもしれない。例えば、乳幼児が家にいる状態で仕事をするのは、どこの国の保護者にとっても至難の業である。全国幼稚園保護者委員会の代表をつとめるラー

シェン氏は、幼稚園閉鎖期間は「在宅勤務と、子どもや家族と一緒に家にいることの組み合わせをどのように乗り切るかが最大の課題だった」と言う。同時に、「子どもと一緒にいる時間が長くなったことは、大きな、ポジティブな変化だ」とも話してくれた[3]。

　幼稚園は、エッセンシャルワーカーの子ども等は通園できたが、多くの子どもは自宅待機の状態だった。このような中、先生たちは、子どもや保護者のために試行錯誤しながら様々な実践を届けていた。例えば、ある幼稚園では、113人の子どもたちに遊びのパッケージを届け、お誕生日の子どもがいると手作りの王冠を持っていって家の前でお祝いをしたという（Storvik, 2020a）。オスロ郊外の幼稚園で教諭として働くエルメンホルスト先生は、急にすべてがオンラインで行われることへの教職員の戸惑いについて触れながらも、「子どもたちは私とスカイプで話すことをとてもエキサイティングだと思っていて、多くの子が、この機会を使って自分の部屋やおもちゃを見せてくれた」と語ってくれた[4]。また、自身も短い動画を作ることに成功したと嬉しそうに話してくれた。動画は、「イースターのニワトリが幼稚園のお庭に宝物を隠したから、探しに来てね」という内容で、実際に子どもたちが保護者と園庭まで宝物を探しに来られるようにしたそうだ[5]。

２．再開で「理想の幼稚園」？

　幼稚園が再開すると、感染防止ガイドラインに従って日々の活動が組織された。子どもたちは少人数グループに分けられ、教職員間の交流や協働は制限された。感染防止ガイドラインでは後に「信号機モデル」が適用されるが、これは平常時に近い緑レベル、小グループ編成を求めるもっとも厳しい赤レベル、そしてその中間の黄レベルの3段階に分けて必要な対応が記されたものである。小グループ編成の場合、ひとつのグループは、子ども3人と教職員1人（3歳未満）、あるいは子ども6人と教職員1人（3歳以上）で構成されなければならず、園の開所時間も短縮された。

　小グループ編成が求められた時期に特徴的だったのは、「理想の幼稚園が実現した」という声が多数あったことだ。従来から、上記の人数比に該当す

る教職員数の規定があったのだが、それを開所時間の間ずっと実現していた園は限られており、運用とのギャップがあった。感染防止ガイドラインを厳密に運用したことによって、ペーパー上の人数規定が現実になったというわけである（中田, 2021a）。その結果、少人数の子どもに、終日ゆっくり向き合えるという理想の状況が多くの園で作り出された。

　ノルウェーの教員組合が出している幼稚園専門誌の特集では、教職員が子どもの遊びに参加して一緒に熱中できるようになったこと、1日中少人数の子どもに関わることができるようになったこと、子どもがやりたいことに寄り添えるようになったこと、野外活動が増えたことなどを先生たちが報告した（Utdanningsforbundet, 2021）。

　エルメンホルスト先生は、ある男の子の事例を話してくれた。彼と他の子どもや大人との間には対立が起こりがちで、先生たちも対処に試行錯誤していた。ところが、コロナ禍で少人数編成になると、彼はとても落ち着き、長いこと集中して遊びに取り組み、一緒に座ったり歌ったりする様子が見られたという。先生は、彼は周りの人が少ない方が落ち着くのだ、ということに気づき驚いたという。そこから、一人一人の子どもの可能性が花開くためには、その子にあった環境を整えてあげることが大事だと思うようになったそうだ[6]。

　一方で、すべてが「理想」通りにいったわけではないことにも留意が必要だ。小グループ編成になり、空間やおもちゃの共有が制限されたことによって、「誰と遊ぶか」「何で遊ぶか」など、子どもたち自身が決められることが少なくなった。ノルウェーの幼稚園では、子どもが自分自身や幼稚園での活動について選択したり決定に参加したりすることに価値が置かれている。ノール大学の調査[7]では、回答した幼稚園教職員の過半数が、感染防止対策が子どもの参加に影響を与えたと考えているという（Storvik, 2020b）。また、エルメンホルスト先生は、コロナ禍における幼稚園政策は、子どもの利益よりも保護者の仕事を優先していたと感じる、と述べた。例えば、他のすべての社会施設が閉鎖されていた時期に、幼稚園はいち早く再開された。これは、保護者の就労を維持させるために必要なことではあったが、子どもたちへのリスクが過小評価されたのではないかという。また、政府が就労政策を優先

させるとは明言せず、「子どものため」「脆弱な子どもの居場所」が前面に出されたことにも違和感があったという[8]。

3．給食問題〜幼稚園でもランチパック

　ノルウェーでは、伝統的に学校給食が提供されず、しばしば政治的な論争にもなっている（中田, 2021b）。一方、幼稚園では食事が提供されることが多かった。しかし、コロナ禍の感染防止対策により、子どもたちは自分たちでランチパック（通常サンドイッチなど）を持参するようになったという。これについては、家庭と幼稚園で認識の差があり興味深い。

　ラーシェン氏は、幼稚園で朝食を食べる習慣があった家庭からは、サンドイッチを作って持っていかなければならなくなった点について不満の声が聞かれたという。また、自身の家庭においても、子どもと朝食をとるのは新しいルーティンになったという[9]。

　一方、幼稚園の先生たちにとっては、園で食事を提供しなくなったことは、その分の手間が減ることを意味する。エルメンホルスト先生は、自身は園で食事を提供することは良いことだと思うとした上で、食事を作ることにかかるリソースは大きいし、提供が不要であった期間は子どもたちと一緒にいる時間が増えたという[10]。

　ノルウェーの学校給食論争は、栄養面、財政面、そして家庭の役割などの観点から論じられてきた。幼稚園給食問題がこの後どのように展開するか、注目に値する。

4．オンラインの活用はこれからも

　コロナ禍ではデジタル機器やオンライン会議が活躍した。エルメンホルスト先生は、幼稚園がオンライン会議の機会をより活用できるようになったという。同僚や自治体担当者との会議、また保護者との面談も今ではオンラインで行える[11]。ラーシェン氏も、保護者会が中止になったことも多かったが、オンラインで行えばよいのではないか、と述べた[12]。

　乳幼児教育が専門のオッテシュタ教授は、コロナ禍初期は大学教員もデジタル機器やオンライン授業への移行に苦労したが、やってみればいろいろな利点も見られたと述べた。学生が幼稚園現場で実習を行う期間中には、学生、幼稚園の先生、大学教員が集まって行うディスカッションがオンラインで行われたという。遠方の幼稚園で働きながら修士課程で学ぶ学生に対しても、コロナ禍ではほぼオンラインで指導を行い、学生たちは満足していたようだという[13]。

　SNSで積極的に発信する事例も見られた。幼稚園の補助員として長らく働いていたヨハンセン先生は、幼稚園が閉鎖された直後からフェイスブック上で「幼稚園のヒーローたち」というページを立ち上げ[14]、メディアにも取り上げられた（Sillesen, 2021）。このページは、幼稚園で働く教職員が互いを応援しあおうという趣旨で、経験をシェアしたり、互いの投稿にポジティブなリアクションをしたりするといった様子が見られた。ヨハンセン氏は、感染者が出た園についても随時情報提供しており、参加メンバーからは、応援と労わりの意味で「ハート」マークのリアクションが大量に送られている。このページのロゴには「思いやりも感染する」と記されている。2021年11月現在、このグループには1.1万人のメンバーが参加している。

　以上のように、ノルウェーの幼稚園現場がコロナ禍でどのような経験を経てきたのかを見てみると、国が"再開"しても幼稚園がまたコロナ禍前に戻るわけではないという気がしてくる。コロナ禍で広がったオンラインの取り組み、実現した「理想の幼稚園」、給食をめぐる家庭と幼稚園の綱引きなどは、幼稚園現場に変化をもたらすだろう。応援と敬意と労わりの気持ちを送りながら、その変化に注目していきたい。

【謝辞】インタビューに協力してくださったAnn Merete Otterstad氏、Constanse Elmenhorst氏、Einar Olav Larsen氏に心よりお礼申し上げます。Tusen takk！
（本研究は、JSPS科研費19H00618、20K02699の助成を受けたものです。）

1　ノルウェーの保育・幼児教育施設はすべてバーネハーゲ（barnehage、「子どもの庭」の意）と呼ばれる。日本語の先行研究ではこれを「保育所」「子ども園」「保育施設」と訳しているものもあるが、本稿では、キンダーガーテン（kindergarten）が幼稚園と邦訳されることに鑑みて、原語の意に沿い「幼稚園」と訳す。

2　本稿を執筆するにあたって、3名の方に口頭または筆記によるインタビューを行った。Ann Merete Otterstad氏（オスロ・メトロポリタン大学幼稚園教育学教授）への口頭インタビューは2021年10月14日にオンラインで実施した。Constanse Elmenhorst氏（フィヨードヴァンゲン幼稚園教諭）には質問に対して筆記で回答してもらい（2021年10月31日付）、口頭インタビューを2021年11月1日にオンラインで実施した。Einar Olav Larsen氏（全国幼稚園保護者委員会代表）には質問に対して筆記で回答してもらった（2021年10月29日付）。

3　Einar Olav Larsen氏への筆記インタビューより。

4　Constanse Elmenhorst氏への筆記および口頭インタビューより。

5　Constanse Elmenhorst氏への口頭インタビューより。

6　Constanse Elmenhorst氏への筆記および口頭インタビューより。

7　Nord Universityの研究者による345の幼稚園を対象にした質問紙調査。

8　Constanse Elmenhorst氏への筆記および口頭インタビューより。

9　Einar Olav Larsen氏への筆記インタビューより。

10　Constanse Elmenhorst氏への筆記および口頭インタビューより。

11　Constanse Elmenhorst氏への筆記および口頭インタビューより。

12　Einar Olav Larsen氏への筆記インタビューより。

13　Ann Merete Otterstad氏への口頭インタビューより。

14　Facebookページより
（https://www.facebook.com/groups/895328810880357）。

引用・参考文献

林寛平・中田麗子・佐藤裕紀（2020）「【北欧の教育最前線】「コロナ休校」に備える北欧諸国」教育新聞. https://www.kyobun.co.jp/close-up/cu20200307/（最終閲覧日2021年11月10日）

中田麗子（2021a）「【北欧の教育最前線】コロナ禍と「理想の幼稚園」」教育新聞. https://www.kyobun.co.jp/close-up/cu20210410/（最終閲覧日2021年11月10日）

中田麗子（2021b）「「オスロ朝食」からランチパックへ」北欧教育研究会・林寛平・本所恵・中田麗子・佐藤裕紀編著『北欧の教育最前線―市民社会をつくる子育てと学び』明石書店.

Regjeringen（2021, September 24）*En normal hverdag med økt beredskap.* https://www.regjeringen.no/no/tema/Koronasituasjonen/en-normal-hverdag-med-okt-beredskap2/id2872184/?topic=2692388（最終閲覧日2021年11月10日）

Sillesen, M.（2021, Januar 15）*Terje hyller barnehageheltene under*

pandemien. Utdanningsnytt. https://www.utdanningsnytt.no/
barnehagelaerer-forste-steg-korona/terje-hyller-barnehageheltene-under-
pandemien/269700（最終閲覧日2021年11月10日）

Storvik, L. F. (2020a, April 02) *Barnehageansatte kom hjem med
bursdagskronen til Mathea (4) under koronakrisen.* Utdanningsnytt. https://
www.utdanningsnytt.no/barnehagelaerer-forste-steg-koronakrisen/
barnehageansatte-kom-hjem-med-bursdagskronen-til-mathea-4-under-
koronakrisen/237658（最終閲覧日2021年11月10日）

Storvik, L. F. (2020b, Mars 01) *Ikke alt var bra med koronabarnehagen.*
Utdanningsnytt. https://www.utdanningsnytt.no/et-ar-med-koronabarnehage-
forste-steg-korona/ikke-alt-var-bra-med-koronabarnehagen/273023 最終閲覧
日2021年11月10日

Utdanningsforbundet (2021) Ett år med koronabarnehage. *Første Steg:
tidsskrift for førskolelærere*, 2021, nr.1, Oslo: Utdanningsforbundet.

◆ **第1部　コロナ禍で世界の学校はどうなったか**

5　ケニア ───────────────────────────

学校閉鎖中の学習格差に着目して
－政府の迅速な対応－

大阪大学人間科学研究科　**小川未空**

はじめに

　2021年11月21日現在、ケニアにおけるCOVID-19の累積感染者数は、人口約4,760万人に対して254,688人、関連死者数は5,325人である[1]。現在までに4回のピークがあり（第一波：2020年7〜8月頃、第二波：2020年11月頃、第三波：2021年3月〜4月頃、第四波：2021年8月頃）、日本政府は、2020年7月に感染症危険情報を「渡航中止勧告」（レベル3）へ引き上げ、以降継続している（2021年11月現在）。人口100万人あたりの感染者数は約4,800人で、アフリカにおいても感染拡大は一定程度抑えられている[2]。しかし、COVID-19パンデミックが人びとに与えた影響は甚大であり、教育セクターでは37週間の学校閉鎖が実施され[3]、その間に子どもたちの日常生活は一変した。

1．学校閉鎖

政府による対策

　2020年3月12日、国内で最初の感染者が確認され、その3日後に全国での学校閉鎖が発表された。24日には、教育省により対応計画が出されたが（Republic of Kenya [RoK] 2020a）、その時点での感染者数は16人であった[4]。2020年5月には、テレビやインターネット、ラジオによる遠隔学習が進められた（RoK 2020b）。最も困難な状況にある学習者（most vulnerable and poor learners）への配慮が示され、ラジオやテレビの配

布のほか、生理用ナプキンや奨学金などの支援も計画された。

学習格差の実態

　しかし、学校閉鎖中の不平等の悪化を指摘する報告は多い（Ngwacho 2020）。子どもが自宅で学習を継続できなかった割合については、都市農村間での差はあるものの、男女差はほとんどないという指摘もみられる（RoK and United Nations Kenya 2020）。その一方で、女子の方が男子よりも家事手伝いの割合が多いことや、身体的・性的ハラスメントの被害、児童婚、FGM（Female Genital Mutilation）といった課題に直面しやすいといった懸念も数多い（ibid.）。たとえば、女子の学習時間は著しく制限され、毎日勉強していたのは３人に１人程度で、４人に１人は全く勉強しなかったという（The Girls' Education Challenge Independent Evaluation Team 2021）。また、家事などの時間が減少し、反面、家業を手伝う割合が増えたという報告もある（ibid.）。これは、家庭内で一般に娘に期待される無償労働ではなく、生計に関わる有償労働が増えたということであり、困窮状態をうかがい知る指摘である。このように、パンデミックに伴う生活困窮のために、学習よりも食料を優先しなければならなかった者は多い（Mabeya 2020）。

　UWEZO[5] Kenyaは、全国3,735世帯を対象とした調査から、オンライン学習へは22％のみがアクセスできたと報告している（UWEZO 2020）。20％の保護者は、遠隔学習の必要性にすら気付いていなかった。認知の度合いには地域差があり、たとえば都市部などでは９割以上だったが、北東の乾燥地などでは２割に満たなかった所もある（UWEZO 2020）。また、ネットワークも電気もプリペイド方式が多く、否応なく通信量や電力消費量の壁が立ちはだかる。主要通信会社は、教育コンテンツについて一時無料にする措置などを取ったものの、そもそも家庭あたりの子どもの数とスマートフォンなどの端末数、ならびに電気の問題も考慮すると、多くの家庭にとってオンライン学習は現実的ではない。特に農村部では、停電やネットワークのダウンといった供給側の問題もあった。

　一方、ラジオ学習については、貧困層でもアクセスしやすいという認識がある。ある報告でも、子どもたちの大半がラジオを通じて遠隔学習にアクセ

スできたという回答が得られている（Mabeya 2020）。ただし、多くの場合、その頻度は不定期であり、また、学習に必要な教材は準備できなかったという（ibid.）。

　遠隔学習にアクセスできない場合、教科書や家族の支援などによって学習が進められたが（The GEC Independent Evaluation Team 2021）、一方で、教科書にすらアクセスできない事例もある。たとえばスラムの児童は、国家試験を目前に控えながらも「教科書は１冊も持っていないし、母の携帯電話は故障していて使えません。学習を続けて試験に備えたいのですが、私の手元にあるのはノートだけで、学習は進んでいません」と話している（Chebet 2020）。その限られた学習さえ、日中は幼い子どもたちが遊ぶ声に邪魔され、また、電気がないため夜間にも勉強はできない。

　これは、極度の貧困層の事例だろうか。これまでの調査経験[6]を振り返って、筆者は必ずしもそう思わない。自宅に持ち帰ることのできる教科書を有している生徒は少なく、多くの場合、授業中に教員が読み上げた内容を書き写したノートが手元にあるだけであった。自習といえば、そのノートを黙々と読み進めるか、あるいは、そのまま別のノートに書き写すかといった具合であったためである。

教員の状況

　さて、政府による教員への政策は手厚かった。パンデミック以前より、ケニア政府は教育セクターに重点的な予算分配を行なっており、たとえば2019年の教育セクターへの予算はGDPの4.2％であり（RoK 2020c）、日本の2.8％（2018年）を上回る（OECD database）[7]。教育は、国民にとっての重要な関心事項であり、政府もこれも優先的に扱ってきた背景があるだろう。学校閉鎖中も、政府から教員への給与が支払われ、また、教員およびその家族はCOVID-19関連の治療を無料で受けられる（Onyango 2020）。2021年３月に開始されたワクチン接種では、限られた供給量のなか[8]、医療関係者に続いて教員が優先接種対象となった。これに警察/軍関係者が続き、後日58歳以上が追加された。政府が教員、ひいては教育をかなり重視していることがうかがえる[9]。

　また、教員からは、2020年５月に政府のCOVID-19対策への提言が提出

された（The Kenya National Union of Teachers [KNUT], et al. 2020）。この提言では、大規模な調査から、遠隔教育が貧困層に届いていないなどの政策課題を指摘している。また、国家試験の延期や早期の学校再開への懸念、学年暦の改訂、そしてその改訂プロセスに教員や保護者らの同意を得ることなどが提案された。独自の調査を基に政府政策に対する具体的な主張を行なうなど、かなり能動的な働きがみられる。

　草の根レベルでは、NGOなどの支援を受け、教員の家庭訪問による学習活動の継続が報告されている（Sinoya 2020）。たとえば、ある国際NGOの訓練を受けた一部の教員らは、週に2回各家庭を周り生徒たちの学習を支援した（写真1）。そのほかにも、WhatsappやZoom、Facebookなどを利用して、様々な形のオンライン教育を提供し続けた教員もいたという（KNUT et al. 2020）。

Children learning from their home in Kirindon, with the assistance of a trained teacher in Narok County, Kenya. ©World Vision Photo/Irene Sinoya.

写真1：教員のもと家庭学習を行なう様子
出典：Sinoya 2020（東洋館出版社がモザイク加工）

　しかし、一般にインターネットへのアクセスは教員にとっても容易ではなかった。7割以上がインターネットへアクセスできず、9割以上がオンライン学習へ参加できなかったという（Kathula 2020）。教員とのコミュニケーションがあった者は半数以下だったという報告もあるように（Mabeya 2020）、学校閉鎖中の教育活動は一部にみられるものの、現段階で得られる

メディア報道や量的データに基づけば限定的だったことが分かる。

２．学校の再開

　本稿で確認したように、政府の迅速な対応とは裏腹に、学校閉鎖中に学習を継続できた者ばかりではなかった。政府も政策が全ての学習者をカバーできていないことを認識しており、ネットワーク環境を整え、タブレットやラジオ、ソーラー電池の配布といった対応を行ってきた。しかしこれらがケニア全国に不足なく行き渡ることはなく、貧困家庭/農村地域における著しい学習損失は否めないだろう。教員らの調査が報告しているように（KNUT et al. 2020）、遠隔学習は結局のところ一部の生徒にのみ有効であったため、学校再開時にシラバスの進捗はないものとされた。

　2020年10月12日、国家試験を控える学年（初等教育中間考査学年、初等教育最終学年、中等教育最終学年）を対象に対面授業が再開し、2021年1月4日には全学年で再開した。10月時点の学校再開は、第二波の到来もあり人びとの懸念も強くみられた（Gathuru and Mweyeri 2021）。感染症対策を各学校で行うことが容易でなかったためでもある。たとえば都市部の公立校では、もともと1教室あたりの児童数が100人を超えることも多く、ソーシャルディスタンスの確保が難しい。また、頻繁な手洗いやうがいが必要とはいえ、蛇口が整備されている学校は少なく、降雨量が豊富な西部地域でさえ乾季には井戸が枯れることもある。飲料水さえ貴重な乾燥地では、より一層の水不足が想像できる。ほかにもマスクの着用は、慣れない児童にとって暑く息苦しいため、勉強に集中できない要因ともなっている（Fröhlich and Wasike 2021）。

　また、日々の授業料でどうにか運営されていた下位私立校では、学校閉鎖中の経営破綻もみられ、学校再開時に戻るべき学校を失った者も多い（Gathuru and Mweyeri 2021）。10月時点で少なくとも200以上の私立校が閉鎖され、約55,000人が就学先を失ったという（Nyamai 2020）。公立校へ転入するにしても、受け入れるキャパシティのある学校は多くない。

　ほかにも、貧困などに起因する要因で学校へ戻ることのできない事例があ

る（Kimuge et al. 2021）。入試を控える最終学年でさえ出席率は80〜90％程度であったという（Muchunguh 2020）。最も影響を受けているのは女子生徒で、妊娠や結婚による中途退学がみられる。実際、2020年1月から9月の間に、10〜14歳の289人が妊娠し、15〜19歳の5,717人が妊娠したという。

　また、学校再開時、シラバスは進んでいないばかりか、むしろ学力の低下がみられた。学校閉鎖に伴う学習損失は、単純に閉鎖期間に比例するものではないという指摘がある（Angrist et al. 2021）。たとえば、1月に学年度が始まるケニアでの3月時点の閉鎖は、その年度の学習をほとんど終えていない状態である。このことが、たとえば9月に学年度が開始していた他国と比べると、時間の経過とともに学習効果が直線的に悪化するという。また、学校閉鎖の週数が増えるほどに、学習損失が複合的に増加することも推定された。実際、学校再開後の女子生徒のテストスコアを閉鎖前と比較した報告によれば、著しい低下がみられたことが指摘されている（The GEC Independent Evaluation Team 2021）。さらに、学校閉鎖中に教育を再開した教員らによれば、ほとんどの学習者らが閉鎖以前の学習内容を完全に忘れていたという。ある教員は、「当初、多くの生徒が自分の名前を書くことさえできなかったので苦労しました。私は教師として、母音を教えることから始めなければなりませんでした」と指摘している（Sinoya 2020）。

　もちろんその一方で、上位の私立校ではスムーズに学校が再開できたことも付言しておきたい。もともと1教室あたり25人程度の児童数であったことや、オンラインなどでの授業を進めることができたため、通常の学年度通りの学習が行われた（Muchunguh 2020）。

　このような教育格差は従来から厳然と存在していた課題ではあるが、学校閉鎖によってより明確に露わになったといえるだろう。

おわりに

　2021年11月現在、ケニアは長期の学校閉鎖による遅れを取り戻そうとしている[10]。感染者数の急増により一部地域では再度の学校閉鎖が実施された

ものの、対面での授業は継続している。各年度は、休暇期間の短縮によって少しずつ圧縮されているが、それでも年間2か月程度の休みは確保されている。

　このような遅れの取り戻しが進められている一方で、それは「学費の頭痛（School fee headache）」とも表現される困難を人びとにもたらしている。短縮された学期は、すなわち、頻繁な学費徴収を意味することにもなる。筆者が調査を行なう農村地域においても、たとえば農作物で生計をたてる多くの人びとにとって、雨季や乾季、あるいは植えた作物の収穫時期によって経済状況は大きく左右される。そこに頻繁な学費徴収が実施されれば、学費の未払いによる中途退学も起こりうる。政府も人びとも努力している。しかし、学校が再開してもなおパンデミックは多大な影響をもたらし続けている。教員や生徒らがこの苦境をどのように乗り越えていくのか、今後の展開をしっかりと確認していきたい。

1　Reuters researchデータベース（https://graphics.reuters.com/world-coronavirus-tracker-and-maps/）
2　ただし、アフリカの人口あたり検査数は著しく少ないため、実態よりも感染者数の報告が少ない可能性はある。たとえば、ケニアでは人口1,000人当たり累積検査数30回、同時期の南アフリカで182回である。ヨーロッパと比べると、イギリスで約2,165回、イタリアで1,019回、スペインで901回などであった（Our World in Data Total COVID-19 tests per 1,000 people, May 11, 2021. https://ourworldindata.org/coronavirus-testing（2021/11/21アクセス））。検査体制の脆弱性が指摘されているが、一方で、症例数が少ない背景には、結核やHIVなどの感染症に対する資源や知見が活用されていること、政府の規制措置が迅速かつ強力であること、若年人口が多いことなども指摘されている（Chitungo et al. 2020）。
3　UNESCOデータベース（https://en.unesco.org/covid19/educationresponse#schoolclosures）
4　近隣のウガンダやマラウイでは、感染者を国内で確認する前に学校を閉鎖している。ウイルスの流入を前提とした議論がアフリカでも進められていたといえる。
5　Uwezo（スワヒリ語で「可能性」の意味）は、ケニア、タンザニア、ウガンダを主な対象とするNGOであり、パンデミック以前から、子どもたちの学力把握のために大規模な世帯調査を実施してきた。
6　ケニア西部（非乾燥地）の中等学校において断続的に調査を行なってきた（小川

　　　　2020)。乾燥地/半乾燥地と比べると生活環境はかなり良く、就学率も高い。
　7　Public spending on education, Primary to tertiary, % of GDPより
　8　プログラム開始時の見込みでは、国民約4,760万人に対して410万回分のワクチ
　　　ンであった（Ministry of Health 2021）。
　9　しかし、教員らのワクチンへの拒否感も強く、ワクチンの安全性や有効性につい
　　　ての疑念があると推察されている（Mutua et al. 2021）。優先接種が開始されて
　　　からも接種率は低く、2021年8月には、教員の接種率が33%であることを受けて、
　　　予防接種が義務化されるようになった。定められた1週間にワクチン接種を拒否
　　　すれば、懲戒処分が与えられるという（Wasike 2021）。
　10　ケニアの学年暦は、通常1月に始まり12月に終わる。2020年12月の発表された
　　　改訂版では（Ministry of Education 2020）、2020年度を2021年7月までに終
　　　了し、2021年度を7月〜2022年3月、2022年度を4〜12月とする予定である。

引用・参考文献

小川未空（2020）『ケニアの教育における格差と公正―地域、学校、生徒からみる教育
　の質と「再有償化」』明石書店

Angrist, N., de Barros, A., Bhula, R., Chakera, S., Cummiskey, C., DeStefano, J.,
　Floretta, J., Kaffenberger, M., Piper, B. ,and Stern, J. (2021) Building back
　better to avert a learning catastrophe: Estimating learning loss from
　COVID-19 school shutdowns in Africa and facilitating short-term and long-
　term learning recovery. *International Journal of Educational Development*,
　84, 102397.

Chitungo, I., Dzobo, M., Hlongwa, M., and Dzinamarira, T. (2020). COVID-19:
　Unpacking the low number of cases in Africa. *Public Health in Practice*
　(Oxford, England), 1, 100038. https://doi.org/10.1016/j.puhip.2020.100038

Kathula, D. N. (2020) Effect of Covid-19 Pandemicon the Education System in
　Kenya. *Journal of Education*, 3 (6), 31-52.

Ministry of Health (updated August 2021) *National COVID-19 Vaccine
　Deployment Plan, 2021: National Vaccine & Immunization Program
　Acceleration of COVID-19 Vaccination program in Kenya.*

Mabeya, M. T. (2020) Distance Learning During COVID-19 Crisis: Primary and
　Secondary School Parents Experiences in Kenya. *East African Journal of
　Education Studies*, 2 (1), 173-186. https://doi.org/10.37284/eajes.2.1.249.

Mutua, P. M., Mutiso, J. M., Simabuni, J. A., and Gicheru, M. M. (2021)
　Teachers' perception on COVID-19 Vaccine: implications on COVID-19
　prevention in Kenya. *Journal of Vaccinology*, 3 (1),1-5.

Ministry of Education (2020) *School Calenders for Years 2020, 2021, 2022
　and 2023: Revised term dates for pre-primary, primary and secondary
　schools and teachers training colleges.* Office of the Principal Secretary,
　State Department of Early Learning and Basic Education.

Ngwacho, A. G. (2020) COVID-19 pandemic impact on Kenyan education sector: Learner challenges and mitigations. *Journal of Research Innovation and Implications in Education*, 4 (2), 128-139.

Republic of Kenya [RoK] (2020a) *Concept Note for Support on Preparedness and Response to Covid-19*. Ministry of Education, State Department for Early Leaning and Basic Education.

Republic of Kenya [RoK] (2020b) *Kenya Basic Education Covid-19 Emergency Response Plan*. Ministry of Education, State Department of Early Leaning and Basic Education.

Republic of Kenya [RoK] (2020c) *Economic Survey 2020*. Kenya National Bureau of Statistics.

Republic of Kenya [RoK] and United Nations Kenya (2020) *Covid-19 Gender Assessment: Gender perspective: An Assessment of the Gendered effects of the Covid-19 pandemic on households*.

The Kenya National Union of Teachers [KNUT], Universities Academic Staff Union [UASU] ,and Kenya Human Rights Commission [KHRC] (2020) *Effects of Coronavirus Pandemic on Education: Mitigation Measures, Analysis and Recommendations on Reopening of Schools, Colleges & Universities*.

Uwezo (2020) *Are Our Children Learning? The Status of Remote-learning among School-going Children in Kenya during the Covid-19 Crisis*. Nairobi: Usawa Agenda.

【インターネット資料】

Chebet, C. (2 May 2020) For slum children, online learning is just a dream. *The Standard* (https://www.standardmedia.co.ke/article/2001369850/for-slum-children-online-learning-is-just-a-dreama) last accessed on 7 November 2021.

Fröhlich, S. and Wasike, A. (6 January 2021) Kenya: Back to school after COVID disruption. *Deutsche Welle* (https://www.dw.com/en/kenya-back-to-school-after-covid-disruption/a-56146044) last accessed on 7 November 2021.

Gathuru, G. and Mweyeri, M. (27 September 2021) The Impact of Covid-19 on Education in Kenya. *The Institute of Economic Affairs* (https://ieakenya.or.ke/blog/the-impact-of-covid-19-on-education-in-kenya/) last accessed on 7 November 2021.

Kimuge, S., Kakai, O., Kipkura, E., Ojamaa, B., Matoke, T. ,and K' Onyango, O. (5 January 2021) Kenya: Thousands of Learners Fail to Report Back As Schools Open. Daily Nation (https://allafrica.com/stories/202101050132.html) last accessed on 7 November 2021.

Muchunguh, D. (16 October 2020) Schools Reopening Exposes Country's Huge Inequality Gap. *Daily Nation* (https://allafrica.com/stories/202010160796.html) last accessed on 7 November 2021.

Nyamai, F. (18 October 2020) Why 55,000 Learners Have No School to Return to. *Daily Nation* (https://allafrica.com/stories/202010190072.html) last accessed on 7 November 2021.

Onyango, P. (27 August 2020) Teachers to be treated for Covid under scheme. *The Standard* (https://www.standardmedia.co.ke/education/article/2001384112/teachers-to-be-treated-for-covid-under-scheme) last accessed on 7 November 2021.

Sinoya, I. (8 September 2020) Education Amid COVID-19: Home Based Learning Boosts Literacy in Rural Kenya. *World Vision* (https://www.wvi.org/stories/kenya/education-amid-covid-19-home-based-learning-boosts-literacy-rural-kenya) last accessed on 7 November 2021.

The GEC [Girls' Education Challenge] Independent Evaluation Team (15 September 2021) Learning losses in Kenya and Nepal due to Covid-19 school closures. (https://girlseducationchallenge.org/blogs/blog-article/learning-losses-in-kenya-and-nepal-due-to-covid-19-school-closures/) last accessed on 7 November 2021.

Wasike, A. (17 August 2021) Kenyan teachers given 7 days to get COVID vaccine or face punishment: Despite being prioritized, only 33% of teachers in Kenya have been vaccinated against COVID-19. *Anadolu Agency* (https://www.aa.com.tr/en/africa/kenyan-teachers-given-7-days-to-get-covid-vaccine-or-face-punishment/2338403) last accessed on 7 November 2021.

◆**第1部　コロナ禍で世界の学校はどうなったか**

6　中国 ─────────

感染予防、育徳中学校の一年半を振り返って －校長の語りから－

大阪大学大学院人間科学研究科　**劉宛玥**

インタビュー概要

　中国中部人口約300万人の都市、学校規模生徒数約2000人の公立中学校長にインタビューした。中国は感染例を初めて報道した地域だが、その後は徹底的な対策を行っている。中学校における対策の具体について聞いた。

１．厳格な組織的防疫

──2020年2月から、新型コロナウイルス感染症が流行し始めて以来、貴校の生徒・教師、または職員の中で感染者はいましたか？

李校長：2020年2月から今まで、防疫の施策に厳しく従っていて、本市も低リスクの地域[1]なので、生徒も教師も他の職員も、新型コロナウイルスにかかったことは一切ないです。

──教師が新型コロナにかかる状況があったら、学校にはそれに対する対応策がありますか？

李校長：はい、ありますよ。もし教師が新型コロナ感染症にかかった場合、学校はそれに関する規定類に従って、市の衛生防疫部門に報告し、感染者である教師本人、および濃厚接触した教師・生徒・学校の職員などが厳しく隔離され、規定日数後に隔離が解除されます。

──学校は、市の教育委員会が頒布した防疫マニュアル・防疫規則を実施するとき、現況に合わせて調整したことがありましたか？学校の防疫対策はこの一年半ぐらいの中で何か変化がありますか？

李校長：調整したことはないですね。市と区の要求に厳格に従っています。

防疫の対策は大きな変化はないですよ。あ、今年の夏休みで、本校の生徒と教師へのワクチン接種が二回行われました。

——現在の新型「デルタ株」ウイルスの流行に対して、貴校の防疫規則で何か特殊な変化はありましたか？

李校長：特殊な変化はないですね。中・高リスクの地域から戻った教師と生徒には、14日間の隔離をしなければなりません。そのうえ、48時間以内のPCR検査陰性の証明があれば、学校に戻ることができます。

２．積極的なオンライン授業と課題

——休校、またはロックダウンの間、授業の進度はどう保障されましたか？学校の運営がどう維持されましたか？

李校長：2020年2月からの新学期、全市の学校は休校となり、ロックダウンしました。その時は「空中教室」が行われました。Tencent教室、Ding Talk[2]などのプラットフォームを利用して、カリキュラムに従ってオンラインの授業を始めましたよ。すべての学科が備わっていて、教学の研究活動、会議もオンラインの形になりました。20年4月28日学校が再開して以来、2021年9月までずっと正常に授業を行っています。大規模な活動（運動会、学校設立記念活動、才能開発コンテストなど）を減らし、クラス単位で、分散して小規模にして各活動を展開しています。

——保護者のオンライン授業への態度はどうだったでしょうか？オンライン授業は保護者に新たな負担をお願いすることになりますか？

李校長：保護者は大方オンラインを支持していますね。オンライン授業は保護者に新しい負担を課しましたね。まず高い親子のコミュニケーション能力を持つこと。二つ目は科目を補習する能力を持つことです。

——教師たちのオンライン授業への態度はどうでしたか？そして、教師たちにとって、オンライン授業の最大の問題点とメリットは何ですか？

李校長：教師はオンライン授業に賛同していますね、ほとんど。最大の問題はですね、うーん、生徒の学習状態を有効に把握するのが難しいことですね。その他は、教師と生徒の間のインターアクションの効果があんまりよくない

ですよ。その時、生徒の高い学習能力に頼ります。メリットはたくさんありますね。例えば、授業を録画して何回も再生できるし、生徒の学習に対して重点、難点を突破することに有効です。

——オンライン授業の間、生徒の学習成果をどのようにテストしたのですか？試験はどのように実施されましたか？

李校長：オンライン授業を受けているとき、生徒の学習成果は主に宿題から反映しています。宿題が終わって、生徒はその写真を撮って教師に送ります。教師はオンラインで検査して、宿題を解説します。試験もオンラインでやっていましたよ、宿題と同じ形で。

３．教師たちの不満は特になかった

——コロナの時期、学校運営の難題は何かありましたか？何に一番悩んでいましたか？そして、どのように乗り越えましたか？

李校長：コロナの時期ですね、主にいろいろな防疫情報の統計は一番複雑ですよ。個別の保護者はあんまり協力してくれませんでした。それでも、全市統一のオンライン・システムが開発され、直接オンラインの情報登録ができるようになったので、この問題が解決されました。

——コロナの時期、一部の生徒・教師などに心理問題が現れたことに対して、学校内部では生徒・教師などの心理健康をケアするメンタル心理カウンセラーがいますか？

李校長：はい、学校には非常勤のメンタル心理カウンセラーがいます。2020年休校の時、生徒と保護者のいらだちなどの問題に対して、二つの心理健康講座が開かれました。そのうえ、24時間メンタル心理カウンセリングのホットラインがあります。

——学校が全員のPCR検査とワクチン接種を組織しましたか？教職員優先の状況がありましたか？

李校長：ワクチン接種は学校全員に実施します。PCR検査は中・高リスクから戻った人だけに実施します。ワクチンは足りていますので、教職員優先の状況ではないです。

——コロナの時期で教職員への特別手当、加配、または別の形の優待政策はありましたか？

李校長：いいえ、優待政策はないですよ。通常の給料をもらっています。教育関係者として、医療関係者のようにコロナと闘う最前線に立てないけど、教師が子どもを教え育てることをちゃんとやって、自分の責任と義務を履行します。教師たちには文句が一切ないです。優待政策がほしいと言った人もいないですよ。

——通学の生徒に対して、校外と校内の防疫はどう保障しますか？

李校長：本校のすべての生徒は通級生徒です。学校内では、私たちは厳格に防疫措置を実施します。教室、食堂、トイレなどの場所、毎日2回消毒。学校は大規模活動を組織しない、人を集めない。学校がアレンジした専用のバスがあり、放課後、生徒は学校から家に直接に戻ります。専用バスは途中で他の人員が乗ることを禁止しています。生徒は学校の門に入ってから、学校から出るまでの間、すべては教師の管理下です。学校から出た後、保護者はその管理を引継ぎます。学校側は保護者に最新のコロナに関する情報と防疫規則を送って、そして保護者がそれを実行するように促します。

(以上、学校名、校長名は仮名である。2021年9月4日インタビュー実施。)

登校する子どもたち

４．インタビューを終えて

　コロナ禍で長時間家にいなければならない状態になったのは、私たちにとって新しい挑戦だと思います。一人暮らしの孤独感と不安、無気力感もあれば、家族と毎日24時間一緒に同じ空間にいるときの拘束感もあるのでしょう。私自身も、学校に行けなく、重要な試験も受けることができず、自己否定して、今の生活に何の意味があるのか、自分はこれから何になるのかと、自分に問いました。しかし、よく考えてみると、今の時間は、真実の声を心から聞く時間だと思います。思考のための時間です。私にとって、これは自律性を鍛え、家族との問題をちゃんと解決する時間です。

　しばらく会いたい人に会えない、したいことができない時なのですが、長い人生の中での短い時期です。現在、科学技術のおかげで、電話、ビデオ、オンライン教育などもできます。この世を変えると言えば大げさに聞こえるかもしれませんが、今日より明日を少し良くすることぐらい、私にはできると思います。

　最後に、健康は第一だとすごく感じました。健康であればこそ、夢をかなえる可能性が高くなるので、在宅の運動、食事のバランスなども重要だと思います。この困難な時期に子どもたちの成長を見守る教師と保護者に勇気づけられました。

1　中国には新型コロナウイルス感染症の拡大の実際の状況によって、低リスク、中リスク、高リスクの地域に分けられています。低リスク地域とは、確診症例がなく、または14日間に新しい確診症例が出ていない地域です。中リスク地域とは、14日間に新しい確診症例があるが、累計の確診症例は50例以内で、14日間に集中的な感染がない地域を指しています。高リスク地域とは、累計の確診症例は50例以上、14日間に集中的な感染がある地域です。
　关于依法科学精准做好新冠肺炎疫情防控工作的通知_部门政务_中国政府网（www.gov.cn）
　国家卫生健康委员会办公厅（www.gov.cn）
2　Tencent教室とは中国のオンライン教育のプラットフォームの一つです。Ding Talkとは、主に企業管理に用いられるオンライン・システムです。
　腾讯课堂_职业培训、考试提升在线教育平台（qq.com）
　DingTalk, Make Work and Study Easy

◆ **第1部　コロナ禍で世界の学校はどうなったか**

7　中国

ある私立小学校のオンライン授業の実践
－杭州市の事例－

大阪大学大学院人間科学研究科　**傅悦**

インタビューの概要

　浙江省杭州市にある、児童数1514人の大規模私立小学校の副主任と教諭に、コロナ禍における学校の様子や教員の働き方を振り返っていただいた。学校独自のシステムを構築し、授業動画の制作や子どもの学習状況を確認する意欲的な取組は、個別最適な学びを進める学習環境を整備する「投資」ともとれる。教員の負担増とはなったが、オンライン環境を構築したことで、コロナ禍を超えて学習環境を改善した様子がうかがえた。

インタビュイー：国語の鐘（しょう）先生とCOVID-19対策行政管理部門の王副主任（いずれも仮名）。（2021年9月7日実施）

1．コロナ以前からの独自のプラットフォーム開発が完成　学習履歴の蓄積へ

――学校での授業からオンライン授業への移行についてはどう対応していましたか？

王副主任：COVID-19が流行り出したのは2020年の年始だから、その時、教育部（※日本の文部科学省に相当）は新学期の延期について発表した。1月27日にオンライン授業の手配を準備するための行政会議が開かれた。その時がちょうど冬休みだったので、授業開始日の延期と新学期は一時的にオンライン授業に切り替えるということを直接子どもたちに知らせた。私たち教師は学校が始まる前にもうすでにオンライン授業の内容を準備していたの

で、学期が始まったら直接オンライン授業に移行した。

——オンライン授業はいつ終了しましたか？

王副主任：2020年の4月22日か23日に子どもたちは正式に学校に戻って授業を受けるようになった。だから、オンライン授業は2か月くらいしか続かなかった。

——たった2ヶ月しか続かなかった理由は何ですか？

王副主任：COVID-19は4月末頃にはもうかなり収まっていたから。特に浙江省では、新しい感染者がほとんどいなかった。

——新学期にオンライン授業に切り替えることが決定したとき、子どもと保護者への通知はかなり突然だったかと思うのですが、保護者は、子どもが家で一人になることが心配だとか、家での勉強がちゃんとできるのかを心配するような反応はありましたか？

王副主任：当時は子どもたちだけでなく、COVID-19が最も流行っている時期には、ほとんどの会社も一時期オンラインに切り替えたので、ほとんどの保護者は仕事に行けず、家で自粛してたから、そのような反応はなかった。私たち教師は、自分たちで授業用の録画を用意したり、子どもに宿題を出したり、提出した宿題のフィードバックを返したりしてたから、保護者たちも安心できた。そして、学校にいる時と同じように、授業の時間割を決めて、科目ごとに毎日の授業時間を決めていたから、その時間帯は、子どもはその授業のみを受けるようになっていて、システムは子どもが出席しているかどうかを自動的にチェックすることもできる。

——オンラインではどう子どもたちに宿題を出していましたか？特定のソフトウェアを使っていますか？

王副主任：理系の授業では、マイクロレクチャーを通じて当日の宿題を画面に提示する。子どもはその日の宿題を終えたら、Ding Talk[1] というソフトウェアを通じて提出してもらう。教師はその宿題をオンラインでチェックすることができる。

——学生はどのような形式で宿題を提出していましたか？

王副主任：写真を撮ってアップロードする形だった。たとえば、当日の宿題に練習用の用紙がある時は、ファイルを子どもに直接送信して、子どもに自

宅で印刷させてから、写真を撮ってアップロードしてもらう。理科の授業で
やる実験や、体育の授業なども写真やビデオを撮って提出してもらっていた。

钟先生：提出された宿題をチェックし、間違っているところがあったら、先
生が直接写真の上に修正して、またそれを子どもに送って、子どもが修正で
きたら再度提出してもらう。

——そういうアップロード機能も全部Ding Talkというソフトウェアについ
ていますか？

王副主任：うちの学校では独自のシステムを開発した。このシステムには、
当校の教師と子どもに適したプラットフォームがある。このプラットフォー
ムにアクセスすると、教師は授業映像を公開することができて、子どもはそ
れを受講することも、宿題を提出することもできる。このプラットフォーム
の開発には前々から時間をかけていたから、2019年にCOVID-19が流行り
出してからすぐこのプラットフォームを利用することができた。

——では最初にこのシステムを作ろうとした出発点は何でしたか？

王副主任：当時は、子どもの学習データや資料を収集し、子どもごとにポー
トフォリオを作成して、より個人化された教育を提供することが目的だった。
でもCOVID-19の影響でどの学校もそういうオンランシステムの重要性に
気づき始め、独自のプラットフォームを作り始めていると思う。

２．負担を減らす政策と精神状況の丁寧なケア

——オンライン授業の期間中に試験やテストはありましたか？

王副主任：その時期の子どもたちの心理状態は非常に大事なことだったから、
試験やテストをまったく行わなかった。学校に戻った後も含めて、その学年
の試験の回数も減らしたし、期末評価も点数を付けずにランクだけで評価し
てた。授業の時に、もし質問が出された場合でも、子どもたちにその場で回
答させて、その場で説明する。その時期、子どもはずっと家にいて、外との
接触が少なくて、通常よりも精神状態に問題が発生するリスクが高かった。
この小学校では、試験が主な教育目的ではないから、試験とかはそこまで重
視していない。そして、子どもたちが家にいてもちゃんと運動をするように

促していた。

――中国の子どもたちは勉強のプレッシャーがかなり大きいというイメージがありますが、想像していたのとは少し違うように感じます。

王副主任：そうだね、最近、双減政策[2]を強調しているからね。

钟先生：ただ、教師の負担はいまだに大きい。学校と子どもがこれらの変更に適応して受け入れるのにも時間がかかる。

――オンライン授業への切り替え通知を受け取ってから、実際に学校が始まるまでに1か月もかかりませんでしたが、オフラインからオンラインに切り替えたことは、教師にとって教育の準備にもやはり負担がかかりましたか？

王副主任：間違いなく負担はあった。

钟先生：しかし、例えば、国語の教科書では1つのユニットに4つのテキストがあって、同じ学年の国語の教師は一人一つのテキストを準備する。こうすると負担は軽くなる。大変なのは宿題のチェック。朝から晩までずっとパソコンの前に座って宿題の提出を待って、宿題をチェックしてフィードバックする必要があるから。

王副主任：こういう形式的な変更がかなりのチャレンジだった。以前は対面だったが、今はオンラインに変わって、コンテンツをデジタルに変換する必要がある。少し年配の教師もいるので、こういう操作にはあまり詳しくない。若い教師の方がより操作に慣れやすい。

钟先生：授業に使う映像作成とかを含めて、教師は授業映像を作ることを学ばないといけない。

王副主任：映像作成するのに丸一日かかることもある。

――当時、すべての授業は録画型でやりましたか？

王副主任：はい、子どものネット環境を考慮する必要があるし、ライブ型だと教師はパソコンの前でクラスの子ども全員に授業しないといけないから、そのプレッシャーが大きいと思う。問題が発生するかもしれないから、1人でも問題が発生したら、クラス全体の授業の進行に影響が出る。録画型は一時的な問題が発生しても、後でまた見ることができる。そして録画したものを使用すると、すべての子どもにとって教育資源は同じだし、COVID-19が終わってもその映像は永久に使用できる。

——それは、元々同じ教師に教わっていたある科目が、録画型授業になってから別の教師に教わることもあるということですか？

王副主任：はい。

——先生によって教え方は違ったりすると思いますが、これについてはどのような対応をなされていますか？

钟先生：たとえば、クラスの子どもが別の教師の授業を受けた後、もし何かわからない点があれば、そのクラスを担当する先生はその問題を説明するための別の動画を録画する。

王副主任：でもそのようなことは、理系よりも文系の授業の方が多い。例えば、科学の授業は科学を教える教師全員で一緒に準備して、授業用の動画も全員で一緒に作るから、理系の授業ではそのような問題があまりない。

——オンラインに切り替えた後、子どもとリアルタイムでやり取りすることができなくなると思いますが、子どもは授業の内容をどのくらい理解しているかについてはどう把握していましたか？

王副主任：当時、オンラインでのQ＆Aがあった。毎週異なる科目の教師が担当し、子どもはこの時間中いつでも教師に連絡することができる。

钟先生：また、子どもの授業ノートをチェックすることもある。その日の授業ノートをアップロードしてもらって、ちゃんと授業を受けているかどうかを確認する。子どもが真剣にノートを取っていない場合、教師は子どもに電話で連絡する。

王副主任：それ以外にも、毎週子どもが動画を視聴した合計時間をシステムで計算して、視聴時間が少ないと、子どもはちゃんと授業を受けていないことがわかる。これらのデータはシステムにすべて記録され、異常がある場合は、担任の先生から子どもの保護者に連絡する。

——オンライン授業期間、小学校側は保護者とどう連絡を取っていますか？

钟先生：保護者にも確認できるように、宿題を毎日Ding Talkのチャットグループに送る。

王副主任：ほとんどの子どもが写真を撮ったり、アップロードしたりするには、保護者の携帯を使わないとできないので、保護者はその日の宿題の内容をだいたい把握していると思う。

——オンライン期間中も毎週クラスミーティングがありますか？

王副主任：はい。クラスミーティングもオンラインの形でやる。目的としては、子どものメンタルヘルスを保つこと。

鍾先生・王副主任：クラスの優秀な子どもたちに自宅での勉強生活を分かち合ってもらって、その後はフリートークをする。たまに、テーマを決めて、学年単位で何かを行うこともある。

——一般的に小学校には心理カウンセリング室が設置されていると思いますが、オンライン授業期間中に心理カウンセリングはありましたか？

鍾先生：クラスには保護者が忙しい子どももいるので、仕事があり子どもを監督できないこともある。これらの子どもについては、担任の先生が定期的に子どもたちに電話をかけて近況などを色々と聞く。

——オンライン授業を経た後、期待された教育結果は達成されましたか？

王副主任：やはり期待しているのと少し差があった。結局のところ、そんなに多くの子どもをオンラインで教えるため、すべての子どもを追跡するのが難しかった。そして、授業の要点を約20分の動画で明確に説明するのも難しかった。

鍾先生：だから、学校に戻った最初の一週間は新しい内容を教えないで、オンライン授業の内容を一週間くらいかけて復習した。

王副主任：家での勉強の仕方や時間の概念などは学校とは違うので、一番重要だったのが子どもたちを学校の状態に戻してあげることだった。

——学校に戻った頃に、学校はどのような感染拡大防止対策を取られていましたか？

王副主任：当時、教師も子どもも全員マスクを着用することと、ソーシャルディスタンスを守るように教室の机は離して置くこと。

鍾先生：そして教室は毎日消毒していた。

——当時、国旗掲揚式などの団体活動はまだやっていましたか？

王副主任：最初の頃はやってなかった。このような団体活動については、主に教育部からの指示で組織している。体育の授業も含めて、最初はみんなマスクをつけていたが、呼吸器系の病気で心筋障害を起こさないようにするため、教育部からは体育の授業ではマスクをつけないように指示が出た。でも

一週間か二週間くらい経ったら、全部普通通りに戻った。

——現在学校では感染拡大防止対策として何をなされていますか？

王副主任：子どもは毎朝学校に来てから、体温を測定して報告する必要がある。そして、子どもは毎日学校に入る時に市民カードを機器にスワイプするようにしている。市民カードをスワイプすると、健康QRコードが提示されるから、その健康QRコードが緑かどうかを毎日確認してる。

钟先生：あとは学期が始まる前の14日間は省から出てはいけないという規定もあった。そしてそれについて保証書も提出しないといけない。

下校する子どもたち

3．インタビューを終えて

　COVID-19期間のオンライン授業は少し前には中国のSNSなどでも話題になっており、授業中に発生した問題やハプニングなどを面白く捉えた話題もたくさんあり、オンライン授業は効率が悪いと勝手に思っていました。しかし、実際に話を伺ったところ、子どもにプレッシャーをかけないようにしつつも、例えば、ノートのチェックや、録画の視聴時間を記録するなど、オンライン授業の対策や工夫もたくさんされています。中国ではノンフォーマル教育やホームエデュケーションなどがまだ認められていませんが、こういった対策でオンライン授業と遠隔教育の未来の可能性を感じました。しかし、

今回インタビューさせていただいた小学校はかなり優秀な学校であり、この学校に通っているほとんどの子どもたちはある程度経済力のある家庭です。オンライン授業で使うパソコンやスマホなどの電子機器に困る子どももかなり少ないと思われます。そもそも、この小学校のいる杭州市は浙江省の省都でもあり、アリババや網易の本社があり、ネットテクノロジーや経済がかなり発展している都市でもあります。実際、中国のそこまで発展していない地域では、パソコンがなくオンライン授業が受けられない子どもがいるという報道もたくさんありましたので、地域によっては現状がかなり変わってくると思います。そして、今回のインタビューで一つ思ったのが、小学校に限らず、中学校や高校でも、オンライン授業期間中に子どものメンタルヘルスがかなりの問題になっています。これは学校からのプレッシャーや外に出られないのが原因だけでなく、逆に親の喧嘩など家庭問題で学校が逃げ場になっている子どももいるため、学校に行けず自殺してしまう子どもに関する報道もあります。これはオンライン授業期間中だけでなく、普段からも深刻な問題で、これに関して学校側がどう対応してあげるかがこれからの課題の一つではないかと感じました。

1　https://www.dingtalk.com/ja-jp
2　中国では『双減政策』、あるいは『双減』と呼ばれ、子どもたちが通う『塾』と、学校で課す『宿題』の双方を減らす政策を指す。

◆ 第1部　コロナ禍で世界の学校はどうなったか

8　日本

コロナ下の学校と教師

東洋大学文学部　**斎藤里美**

新型コロナウイルス感染症（COVID-19）の世界的拡大は公教育にも大きな影響を及ぼしている。日本国内でも2020年2月27日、安倍晋三首相（当時）がすべての初等中等教育機関に対して臨時休業を要請する考えを表明した。これを受けて、同年3月2日（月）から全国のほぼすべての小・中・高校で臨時休業が始まり、およそ3カ月におよぶ一斉休校となった。ここでは、全国一斉の臨時休校から始まったコロナ下の学校と教師の姿にふれる。

1．臨時休校とその影響

3月2日（月）から春休みまで臨時休校が要請されたとのニュースが流れたのは、2月27日（木）の夕方だった。すぐさま全国の小・中・高校の教員は準備に追われた。子どもたちへの説明や準備にかける時間が28日（金）しかなかったからである。台東区では、保護者への周知、家庭学習の課題づくり、低学年児童を学校で預かるための準備等にあてるため、やむなく休校を3月3日（火）からとした。台東区の教員は土日も出勤して対策を練ったという（針谷2021）。その後、3月末までと予定していた休校措置は、感染の拡大により延長され、文部科学省の調査によれば、全国の約8割以上の小・中学校が5月末までの休業を余儀なくされた（文部科学省2020a：2）。

この休校期間に、家庭における学習状況の把握や学習支援を学校はどのようなかたちで行っていたのだろうか。文部科学省によれば、小学校では多い順に、「電話・FAXによる連絡」（91%）、「登校日の設定」（78%）、「家庭訪問の実施」（76%）、「一斉電子メールによる連絡」（71%）、「ホームページ等を通じた連絡」（59%）と続く。教員たちは思いつく限りの方法で家庭

や子どもへの連絡を試みたのである（文部科学省2020b：3）。

　その後、東京都内では6月1日から分散登校が始まった。足立区では各クラスを3つのグループに分け、3日に1日登校する3部制をとった（押尾2020）。さらに、オンラインによる授業や朝の会、学級会を試行した学校もあった。しかし、全日本教職員組合が実施した調査によれば、ある教員は保護者についてこう書いている。「家庭学習が難しい子は課題を提示されてもできにくい。家庭で支援が受けられる児童はできる。課題は保護者に大きく左右され、おうちの人のかかわりを評価しているよう。真面目な保護者は教え方が難しいと悩むし、それを申し訳なく思う」（全日本教職員組合2020：6）

登校し、間隔を空けながら校舎に入る新1年生たち（東京新聞2021年6月2日）

2．学校再開

　東京都内の公立小・中学校が通常授業に戻ったのは、6月22日からである。学校再開が決まり、これを喜んだのは子どもや保護者はもちろん教師も同様であった。しかし、実際に学校が再開されてみると、子どもや保護者からは不安や失望の声も聞かれるようになった。大字（2021）は保護者の声を次のように紹介している。「子どもが学校がつまらないと言い出したんです。今までこんなことは一度もありませんでした。理由を尋ねると、楽しみ

にしていた1年生のお世話がなくなり、給食は一言もしゃべってはいけない。夏休みの日光林間学園も中止。運動会や学芸会もどうなるかわからない。このままだと思い出に残るようなことが一つもなく卒業になるのではないか。そんなことは、いやだ」（大字2021）。小学校長である大字は、「私には大切なものが見えていなかったようです。あらためて学校再開後の教育活動を振り返ってみると、子どもたちの成長のためにこれまで大事にしてきた活動が、すっぽりと抜け落ちていたことに気づきました」（大字2021）と書いている。学校という場がもっていた意味があらためて問い直されたのである。

　文部科学省（2020b）によれば、「学校再開後に行っている又は行う予定の工夫」として多くみられるのは小学校で「学校行事の見直し」（96％）、「長期休業期間の短縮」（95％）であり、これに「ICTの活用」（68％）、「授業における学習活動の重点化」（68％）、「時間割編成の工夫」（55％）が続く。ほとんどの学校で学校行事を見直し、夏休みなどを短縮している。

　ベネッセ教育総合研究所は、2020年8月末から9月末にかけて全国の公立小・中学校教員にコロナ禍での小学校・中学校における学習指導の実態と教員の意識について調査を行った。これによれば、「児童生徒同士の関係性が作れない」と答えた教員の割合を休校期間別にみると、小学校では休校期間44日以下の学校で32.6％、45〜54日で35.9％、55日以上で43.5％となっている。他方、中学校では休校期間44日以下の学校で39.2％、45〜54日で34.6％、55日以上で36.9％とあまり違いは見られない。休校期間の長期化は特に小学校に大きな影響を与えていることがわかる。またこの調査では、教員に「感染拡大後によりいっそう強く感じるようになった考え」を聞いているが、「学校は他者と学び合う場である」が最も多く小学校教員の91.5％、中学校教員の87.2％であるのに対して、「学校は知識を身につける場である」が最も少なく小学校教員の31.0％、中学校教員27.2％であった。ここでは「他者と学ぶ」ことと「知識を身につける」ことが対照的にとらえられている。コロナ禍とそれに伴う休校が教員の意識をこのように変化させたとしたら、この変化の意味をあらためて考える必要があるだろう。

引用・参考文献

・大字弘一郎（2021）「コロナ下の日々を通して」理数教育研究所、『2021年度東京懇談会研究紀要　コロナ禍における学びの保障〜直面する課題と今後の教育の方向〜』特別号、https://www.rimse.or.jp/report/pdf/kondankai_33.pdf（2021年11月1日閲覧）

・押尾賢一（2020）「新型コロナ禍の小学校の教育」理数教育研究所『2020年度　東京懇談会研究紀要　教育現場が直面している諸課題についての研究』Vol.3.　2020年8月。
https://www.rimse.or.jp/report/pdf/kondankai_20.pdf（2021年11月1日閲覧）

・全日本教職員組合（2020）「新型コロナ感染拡大にともなう子どもと学校実態調査アンケート集計結果について」
http://www.zenkyo.biz/modules/zenkyo_torikumi/detail.php?id=781（2021年11月1日閲覧）

・針谷玲子（2021）「コロナ禍における安全な学校教育を目指して」理数教育研究所『2021年度東京懇談会研究紀要　コロナ禍における学びの保障〜直面する課題と今後の教育の方向〜』特別号、https://www.rimse.or.jp/report/pdf/kondankai_33.pdf（2021年11月1日閲覧）

・ベネッセ教育総合研究所（2020）「小中学校の学習指導に関する調査2020〜コロナ禍の中の学校〜」
https://berd.benesse.jp/up_images/research/gakusyusido2020_digest_2.pdf（2021年11月1日閲覧）

・文部科学省（2020a）「新型コロナウイルス感染症対策のための学校の臨時休業に関連した臨時休業の実施状況について」https://www.mext.go.jp/content/20200513-mxt_kouhou02-000006590_2.pdf（2021年11月1日閲覧）

・文部科学省（2020b）「新型コロナウイルス感染症の影響を踏まえた公立学校における学習指導等に関する状況について」https://www.mext.go.jp/content/20200717-mxt_kouhou01-000004520_1.pdf（2021年11月1日閲覧）

◆**第1部　コロナ禍、世界の学校はどうなったか**

9　日本

コロナ禍での「提言書」から広がった新たな出会い

大阪市立木川南小学校　**久保敬**

2021年4月19日、保護者より「緊急事態宣言が出たらオンライン授業になると市長がテレビで言っていますが、本当ですか？」と学校に連絡が入りました。学校にはまだ特に指示文書等は来ておりませんでしたので、教育委員会からの指示があり次第、連絡することを伝えました。これから詳しく述べるように、市長・教育長へ「提言書」を出し教育委員会から訓告を受けた、一人の小学校長の自省録です。

1．提言書は自分への怒り

2021年4月19日、緊急事態宣言に伴い、松井一郎大阪市長が突然全面オンライン授業を行うと報道発表をしました。これまでも何かにつけて同様のことが起こっていました。2020年2月29日からの突然の臨時休校について2日前の夕方の報道発表で知ったり、2020年度の入学式においては時間を短縮して実施との決定が、一転、前日夜に中止となったり、全児童生徒にフェイスシールドが配られることが突然報道されたり、市長の判断に振り回されることが、これまでにも度々ありました。気がつけばこの10年、学校現場で働く者の思いや考えとは別に、どんどん決められたことがトップダウンでおりてきて、いやでも従わざるを得ない雰囲気になっていました。（こんな状況はおかしい）と思いながらも、（いつか政治や時代の流れが変わるはず、それまでの辛抱）と問題に正面から向き合わず、逃げてきたように思います。

そして、2020年早々、予想もしなかった新型コロナウイルスの感染拡大。暑い夏のマスク、冷たい冬の手洗いや部屋の換気にも耐え、様々な制約のあ

る中、新しい生活様式に合わせて、けなげに頑張る子どもたちがいます。それなのに授業時数の確保や学力調査にこだわり、子どもを追い立てようとする。オンライン授業ができる環境を整備してほしいということが言いたかったわけではなく、政治が介入し教育の独立性を蔑ろにしていることへの怒りがこの「提言書」でした。しかし、それは、市長に対しての怒りではなく、そのことを黙ってやり過ごしてきた自分への怒りでした。

　子どもたちには、たとえ自分一人の意見だったとしても、おかしいと思ったことは「おかしい」と言う勇気を持とう、「いやだと思うことにはNOと言う権利があるんだよ」などと言っておきながら、自分自身はどうなのか。言ってもしょうがないと諦める情けない大人でいいのか。自分を育ててくれた大阪市の教育が壊れてしまう。誰のための何のための教育なのか。様々な思いが頭を駆け巡り、このまま定年退職を迎えたら、一生後悔するとの想いが強くなりました。

　５月17日、松井大阪市長と大阪市教育長に宛てて、下記の「提言書」を郵送するとともに、確かに市長に「提言書」を出したことの証人になってもらおうと、３人の先輩の元教員にメールで「提言書」を送りました。それがネット上で一気に拡散し、５月18日にはメディアの取材を受けることになりました。

大阪市教育行政への提言
「豊かな学びの文化を取り戻し、学び合う学校にするために」

　子どもたちが豊かな未来を幸せに生きていくために、公教育はどうあるべきか真剣に考える時が来ている。

　学校は、グローバル経済を支える人材という「商品」を作り出す工場と化している。そこでは、子どもたちは、テストの点によって選別される「競争」に晒される。そして、教職員は、子どもの成長にかかわる教育の本質に根ざした働きができず、喜びのない何のためかわからないような仕事に追われ、疲弊していく。さらには、やりがいや使命感を奪われ、働くことへの意欲さえ失いつつある。

今、価値の転換を図らなければ、教育の世界に未来はないのではないかとの思いが胸をよぎる。

持続可能な学校にするために、本当に大切なことだけを行う必要がある。特別な事業は要らない。学校の規模や状況に応じて均等に予算と人を分配すればよい。特別なことをやめれば、評価のための評価や、効果検証のための報告書やアンケートも必要なくなるはずだ。全国学力・学習状況調査も学力経年調査もその結果を分析した膨大な資料も要らない。それぞれの子どもたちが自ら「学び」に向かうためにどのような支援をすればいいかは、毎日、一緒に学習していればわかる話である。

現在の「運営に関する計画」も、学校協議会も手続き的なことに時間と労力がかかるばかりで、学校教育をよりよくしていくために、大きな効果をもたらすものではない。地域や保護者と共に教育を進めていくもっとよりよい形があるはずだ。目標管理シートによる人事評価制度も、教職員のやる気を喚起し、教育を活性化するものとしては機能していない。

また、コロナ禍により前倒しになったGIGAスクール構想に伴う一人一台端末の配備についても、通信環境の整備等十分に練られることないまま場当たり的な計画で進められており、学校現場では今後の進展に危惧していた。3回目の緊急事態宣言発出に伴って、大阪市長が全小中学校でオンライン授業を行うとしたことを発端に、そのお粗末な状況が露呈したわけだが、その結果、学校現場は混乱を極め、何より保護者や児童生徒に大きな負担がかかっている。結局、子どもの安全・安心も学ぶ権利もどちらも保障されない状況をつくり出していることに、胸をかきむしられる思いである。

つまり、本当に子どもの幸せな成長を願って、子どもの人権を尊重し「最善の利益」を考えた社会ではないことが、コロナ禍になってはっきりと可視化されてきたと言えるのではないだろうか。社会の課題のしわ寄せが、どんどん子どもや学校に襲いかかっている。虐待も不登校もいじめも増えるばかりである。10代の自殺も増えており、コロナ禍の現在、中高生の女子の自殺は急増している。これほどまでに、子どもたち

を生き辛くさせているものは、何であるのか。私たち大人は、そのこと
に真剣に向き合わなければならない。グローバル化により激変する予測
困難な社会を生き抜く力をつけなければならないと言うが、そんな社会
自体が間違っているのではないのか。過度な競争を強いて、競争に打ち
勝った者だけが「がんばった人間」として評価される、そんな理不尽な
社会であっていいのか。誰もが幸せに生きる権利を持っており、社会は
自由で公正・公平でなければならないはずだ。

　「生き抜く」世の中ではなく、「生き合う」世の中でなくてはならない。
そうでなければ、このコロナ禍にも、地球温暖化にも対応することがで
きないにちがいない。世界の人々が連帯して、この地球規模の危機を乗
り越えるために必要な力は、学力経年調査の平均点を1点あげることと
は無関係である。全市共通目標が、いかに虚しく、わたしたちの教育へ
の情熱を萎えさせるものか、想像していただきたい。

　子どもたちと一緒に学んだり、遊んだりする時間を楽しみたい。子ど
もたちに直接かかわる仕事がしたいのだ。子どもたちに働きかけた結果
は、数値による効果検証などではなく、子どもの反応として、直接肌で
感じたいのだ。1点・2点を追い求めるのではなく、子どもたちの5年
先、10年先を見据えて、今という時間を共に過ごしたいのだ。テスト
の点数というエビデンスはそれほど正しいものなのか。

　あらゆるものを数値化して評価することで、人と人との信頼や信用を
ズタズタにし、温かなつながりを奪っただけではないのか。

　間違いなく、教職員、学校は疲弊しているし、教育の質は低下してい
る。誰もそんなことを望んではいないはずだ。誰もが一生懸命働き、人
の役に立って、幸せな人生を送りたいと願っている。その当たり前の願
いを育み、自己実現できるよう支援していくのが学校でなければならな
い。

　「競争」ではなく「協働」の社会でなければ、持続可能な社会にはな
らない。

　コロナ禍の今、本当に子どもたちの安心・安全と学びをどのように保
障していくかは、難しい問題である。オンライン学習などICT機器を使

った学習も教育の手段としては有効なものであるだろう。しかし、それが子どもの「いのち」（人権）に光が当たっていなければ、結局は子どもたちをさらに追い詰め、苦しめることになるのではないだろうか。今回のオンライン授業に関する現場の混乱は、大人の都合による勝手な判断によるものである。

　根本的な教育の在り方、いや政治や社会の在り方を見直し、子どもたちの未来に明るい光を見出したいと切に願うものである。これは、子どもの問題ではなく、まさしく大人の問題であり、政治的権力を持つ立場にある人にはその大きな責任が課せられているのではないだろうか。

令和3（2021）年5月17日
大阪市立木川南小学校
校　長　久　保　敬

２．多忙化する教育現場

　学校教育への違和感を覚えるようになったのは、2002年4月から施行された学習指導要領の改訂、いわゆる「ゆとり教育」の頃からではないかと思います。「総合的な学習の時間」が新設され、完全週5日制のもと1日当たりの授業時数が増えました。各教科の年間授業時数が減った割には学習内容が削減されず、「ゆとり」という言葉とは裏腹に忙しさが増したように感じました。土曜日、半日授業があった時の方が、午後には教職員の交流を行うなど同僚性を育むこともでき、ゆとりがあったような気がします。子どもたちも、土日と2日休みになったのに、月曜日、しんどそうな顔をした子どもが増えました。土日に学校教育以外の様々な豊かな体験ができる子どもはほんの一部で、多くの子どもは行き場がなく、返って生活が乱れた子どもも少なくありませんでした。また、経済的に豊かな家庭でも、そうそう土日にいろいろな体験に出かけるわけにはいきません。子どもたちは、学習塾や習い事に駆り立てられることになり、学力格差が顕著になっていったように思います。

　そして、PISA型学力という「グローバルな」モノサシで測った日本の子どもの学力低下が大きな問題となり、「ゆとり教育」の失敗が叫ばれ、2011

年施行の学習指導要領改訂につながっていきます。学習内容が大幅に増え、さらにタイトな教育課程になっていきました。また、この頃から、学校を組織として機能させるための管理職のマネジメントが強調されるとともに、PDCAサイクルに基づいた学校経営が強く求められるようになりました。達成目標を定め、計画のもとに実行し、評価指標に基づいた査定を行い、改善策を施すという一連の流れで、学校の業務を見直すことが重要視されるようになります。子どもを真ん中に置いた「教育の営み」が、教育振興基本計画に決められた施策を達成することに置き換わってしまいました。あらゆる場面で数値化した成果を求められるようになります。学校現場の教育活動は画一化し、クリエイティブかつダイナミックな学びを育む力を失っていきました。

　現在、食育、防災教育、キャリア教育、消費者教育、英語教育、スマホ・ケータイ安全教育、プログラミング教育、〇〇教育と名の付くものをあげれば切りがないほどいろいろ

月刊「ヒューマンライツ」2015年6月号より（久保敬・作）

なものがあり、コロナ禍で前倒しになったGIGAスクール構想に基づく教育のデジタル化が急速に進もうとしています。立ち止まって「学び」とは何か、「学校」とは何かを真剣に考えることなく、言われるがままに突き進んでいけば、教育の本質を完全に見失ってしまうことになるでしょう。

3．多くの方の共感や励ましの声に支えられて

　「提言書」が世間に広く拡散したことにより、「大阪市職員基本条例」の服

務規程違反を問われることになりました。そのため、木川南小学校の子どもたちや教職員、保護者・地域の皆さんに心配をかけましたが、たくさんの励ましをいただき、本当に勇気づけられました。本校5年生のある保護者の方からは次のようなお手紙をいただきました。

　「久保先生へ　いつもありがとうございます。久保先生は、子どもたちの生きづらさや保護者の戸惑い、先生方の子どもたちがよりよく生きていけるための教育のしづらさを、皆に代わって代弁してくださいました。お名前や役職を公表して意見を述べられたことは、子どもたちに正々堂々とおかしいことはおかしいと、声をあげてもよいと、子どもたちに行動で見せて、大切なことを教えてくださいました。この木川南小学校で我が子が学べることに感謝し、誇りに思います。」

　さらに、全国各地の方から共感と賛同、励ましのお便りを100通以上いただきました。神奈川県の先生は、「『そうだ！』と心の中で何度も叫び、涙が止まりませんでした。ここまで教員の置かれている状況や子どもたちへの思いを代弁してくださる校長先生がいらっしゃったことにただ感動しました。」と書いてくださいました。また、北海道の先生は、「提言のすべてが現場で働く志ある教職員の思いを代弁するものであり、大きな勇気を与え、励ましとなって届くものと確信します。友人のメールには『このような校長先生のもとで働きたい』と書かれていました。私も同じ思いです。心がふるえる感動がありました。」と書いてくださいました。決して大阪市だけの問題ではないことがわかりました。

　8月20日、教育公務員としての職の信用を傷つけたとして大阪市教育委員会より「文書訓告」を受けました。ある学習会でお話をさせてもらったとき、元高校教員の大先輩の方から「あの提言書は、あなたの教員としての『卒業論文』ですね」と言っていただきました。うれしかったです。「文書訓告」は、その論文の「合格通知」だと思っています。

　そして、オンラインで海外の教育研究者の方とも交流することができ、日本だけでなく、世界に共通する教育の問題でもあることがわかりました。

４．海外とのジョイント・セミナーに参加して

　「提言書」について朝日新聞に大きく取り上げられたのが５月21日でしたが、大阪市立大学の辻野けんま先生の仲介で、早くも５月29日には、アメリカのミネソタ大学名誉教授のクレイグ先生が自動翻訳で提言書を読んで、メッセージを寄せてくださいました。非常に深くぼくの想いを汲み取ってくださっていることに正直驚きました。「彼は、教育と学習の人間的側面、さらには教師と子どもとの相互作用に対する信念に基づいた抵抗をしており、対話を拓こうとしているのです。」と言っていただけたことを心から嬉しく思いました。そして、「『一人一人の子どもが大切』であるとか、あるいは『子どもを置き去りにしてはいけない』といった政治的な論点が、世界の多くの地域でテスト、テスト、テストと誘導されていく中で、彼は世界の多くの家族や教育者たちから支持を受けると思います。」との言葉に大きな勇気をいただきました。

　そして、８月３日には、辻野先生のファシリテートでクレイグ先生とオンラインで直接対話することができました。その後、９月19日にはドイツのザビーネ先生、マレーシアのセルバ先生、11月６日にはブルガリアのヨンカ先生、キューバのリディア先生とジョイントさせていただきました。どの回にも国内外からの参加者がおられ意見交流することができました。海外からはアメリカ、インドネシア、キプロス、キューバ、台湾、ドイツ、ブラジル、ブルガリア、マレーシア、南アフリカ、ロシアなどの研究者が参加され、国内からは学校教員や学生、市民の方々も参加されました。コロナ禍で教育のデジタル化が急速に進められる状況が多くの国でもみられること、経済が学校教育の主な関心事、目的になっており、学校が子どもの豊かな成長のための場所ではなく、生産力を高めるための人材育成の場となりつつあることがわかりました。そして、そのような教育の流れに危機感を持っている教育者の方々がたくさんおられることを実感しました。

　提言書をきっかけに、このように様々な方々と出会うことになった意味を考え、これからの自分の生き方につなげていきたいと思っています。

10　日本

各学校がどのように対応してきたのか
－教職員の視点から－

中央大学文学部　池田賢市

はじめに

　日本での感染症対策は、学校教育の大混乱によって始まったといえよう。2020年2月27日、安倍晋三首相（当時）は、新型コロナウイルス感染症予防のためとして、3月2日から春休み開始までの間、全国の公立小中学校に臨時休業を要請した。総理大臣が、各地方の公立学校に対して一律に臨時休校を要請するなどという事態はこれまでなく、そもそも教育行政上も（権限の所在等において）問題がある。このことだけでも慎重に論じなければならないが、ここでは、学校現場の実態を中心に据えて考えてみたい。

　まず、この2月27日が木曜日であったことが、学校現場をより一層混乱させることになった。臨時休校は3月2日月曜日からなので、それに向けての準備期間は2月28日金曜日の1日しかないことになる。たまたま閏年で2月29日土曜日があったのだが、どこまで作業ができるか、また、教育公務員に土日出勤を公的に首相が強制することなどできるはずもない。

　このことひとつとっても、「対策」をしようとする側がいかに学校現場のことを理解していないかがよくわかる。学年末の時期は、各学校では、1年間の総まとめや各学年の引き継ぎ業務、次年度計画の策定、教育課程の整備等、そして卒業式や入学式の準備と、多忙を極める。また、小学校6年生や中学校3年生にとっては、翌月の新たなスタートを控え、精神的にもいつもとはまったく異なる時期である。このような時期に学校に行ってはならないとする措置をとることがどのような結果を招くのか（もちろん、休校にする必要がなかったと言いたいのではないが）、現場の実情を反映させた形で丁

寧な方法が工夫されてしかるべきだったのではないか。いずれにしても、その後、緊急事態宣言の発令により、休業期間は5月31日まで延長されることとなり、入学の時期をも含んだ混乱となった。

　本稿では、各学校が新型コロナウイルス感染症にどのように対応してきたのか、そこでの問題点は何かを、主に東京都と神奈川県の教員（小学校）へのインタビュー、および日本教職員組合（以下、日教組）の公式ホームページで示されている見解等によりながらごく簡単に素描してみたい。

１．2020年３月〜５月の学校の様子

　２月28日（金）、翌週からの休業に備え、学校では子どもたちに持てる限りの荷物を持ち帰らせ、教員は、急遽、自宅学習用の課題をつくらねばならなくなった。卒業式も実施できるのかどうかもまだわからないままなので、小６や中３の子どもたち、そして保護者も落ち着かない。３月24日には、文科省から「令和二年度における小学校、中学校、高等学校及び特別支援学校における教育活動の再開等について（通知）」が出され、密な状態を避ける等の注意がなされる。その後、４月７日からの緊急事態宣言、そして結局は５月末まで宣言は延長され、ほぼ２か月間、休業となった。

　この間、教員が、自宅学習用のプリント教材や諸連絡を子どもたちの自宅のポストに入れて回るということを実施した地域もある。同時に、各家庭のオンライン環境についての調査を行い、パソコン等の機器がない家庭への貸し出し業務も行われた。そして、職員室では、感染症対策の具体が連日、話し合われることになった。これは、非常に難しい課題への取り組みとなった。５月22日には、「学校における新型コロナウイルス感染症に関する衛生管理マニュアル〜『学校の新しい生活様式』〜」が文科省から出されるのだが、そもそも学校現場では石鹸や消毒液の購入自体が予算的な課題であった。また、検温の方法や校庭の使い方、教室の中でのディスタンスの確保、給食時の席の配置等、運動会等の各種行事の実施方法、音楽の授業での歌唱や楽器の共有の仕方、体育の時間で密を避ける方法等、マニュアルでは対応できない各学校の条件に合った対策の策定が必要であった。６月に入ると「分散登

校」を実施した地域も多い。どのように「分散」させるのかについてはいろいろな方法があるのだが、いずれにしても教員の負担がかなり重くなったことは確かである。

２．教職員組合の見解

　日教組は、緊急事態宣言に対して、４月８日に書記長談話を出している。そこでは、私的権利の制限を含む感染拡大の抑止措置がとれるようになったことについて、その濫用や恣意的運用に対する懸念が表明され、また、感染症に起因する偏見や差別の払拭に向けた施策の必要性が述べられていた。この段階で偏見・差別について危険性を指摘していた点に、学校というある種の閉鎖的文化空間の特性にふだんから注意を払っていたことがうかがえる。

　子どもたちに対する措置としては、ストレスをケアする体制づくりをはじめ、「自宅で過ごす子ども、とくに貧困家庭にある子ども、特別な配慮を要する子どもなどの居場所づくりや安全確保」の優先が指摘されている。もちろん、マスクの配布や教室等の消毒についての条件整備も含め、全体としての教育支援、保護者・家庭支援のあり方が述べられている。同時に、４月17日には、2020年度における全国学力調査や体力・運動能力調査などの中止を求める談話も出されている。

　ところで、今回の感染症対策がもたらした学校現場（大学も含め）の大きな変化のひとつは、オンラインによる授業等にみるように、パソコン利用の浸透であろう。４月30日には、子どもたちへのタブレット等端末の整備（GIGAスクール構想の推進）が2000億円余の規模で組み込まれた2020年度政府補正予算が成立した。これに対して５月１日の日教組書記長談話は、オンライン等の活用に一定の有効性を認めつつも、地域の状況の多様性や教材開発等に関する人的配置の問題もあることから、拙速な導入に警鐘を鳴らしている。また、先のストレスへのケアのこともあり、教員の加配・増員が必要だとしている。基本的には、「学校を感染経路とさせないために、学校現場における労働安全衛生体制の確立」をめざした予算であるべきと主張している。６月12日には、第２次補正予算が組まれ、教員やスクール・サポ

ート・スタッフ等の加配に310億円が計上されるなど、「休業期間中、教職員が私費を投じて家庭訪問を実施したことや課題等の作成・郵送で学校予算が圧迫されている実態」（同日の書記長談話）に対して、不十分ながらもある程度の予算確保は実現されたといえる。

3．GIGAスクール構想の推進

　政府補正予算に見るように、感染症をめぐるさまざまな措置の中で、学習指導要領の改訂に伴って、「子ども一人に1台の端末」をめざすGIGAスクール構想（Global and Innovation Gateway for All）が急速に推進されることになった。これは、学校の風景と教育方法を大きく変えるものとなっている。

　確かに、臨時休業を経験する中で子どもも教員もオンラインでのやり取りやタブレット利用の授業方法にかなり慣れてきた。構想されたときには、まさか感染症対策として位置づくとは誰も考えていなかっただけに、その急速な推進と同時に、あらためてこの構想が教育現場にもたらす変容についてしっかりと議論しておかなくてはならない。タブレットを通した「いじめ」も報告されている現在、単にそのメリットをどう活かしていくかという観点のみではなく、そのようなツールの使用が、これまでの教育実践論をどう変えていくことになるのか、そして、子どもたちの思考枠組みにどんな影響をもたらすのか、賛否を超えた議論をしておく必要がある。今後、日教組がその拙速な導入に懸念を示していることの具体的な議論の展開が必要となる。感染症対策の議論の中で教育論が不明瞭にならないように注意しなくてはならない。

4．授業時数の問題

　臨時休業により学校の教育計画は大きく変更せざるを得なくなったわけだが、最も影響を受けるのが授業時数である。年間35週1015時間の標準時数（小4〜中3）をクリアすることは不可能になり、学校再開時の授業時数について、文科省は2020年4月10日付通知で、「新型コロナウイルス感染症対策のための臨時休業により、学校教育法施行規則に定める標準授業時数を

踏まえて編成した教育課程の授業時数を下回った場合には、そのことのみを
もって学校教育法施行規則に反するものとはされないこと」との見解を示し
た。加えて、5月15日には、「長期休業期間の短縮等」に際しては、子ども
と教職員の負担軽減にも配慮することを求める内容も示された。

　つまり、「実際の授業時数が標準時数を下回っても仕方ない」という見解
が示されたわけである。時数減少を補うために、特例的に「学習活動の重点
化」として、内容が似ているものをまとめたり、翌年に繰り越せる場合には
年度をまたいでの指導も可能とする等の方法が文科省より通知されている。
これは、カリキュラムの柔軟な構築を可能とするものであり、学習指導要領
の総則にあるように、各学校において適切な教育課程を編成とするという趣
旨が活かせる状態になったともいえる。ただし、実態としては、授業時数の
確保のために長期休みを短縮したり、時数を維持する教科と減らす教科とを
分けた例（国語などは維持し体育などを減らすといったような）もある。

おわりに

　オンラインで授業やホームルームを経験した教員が最初に驚かされたのは、
学校でのWi-Fi環境が極めて貧弱であったということであろう。各家庭の
ICT環境にかなりの格差があることも浮き彫りになった。それはパソコンの
有無だけの問題ではない。（もちろん、きょうだいで1台のパソコンを共有
せざるを得ない場合もある。）「自分の部屋」でオンライン参加できるのかど
うか（子どもが占有できる個室がなければ、長い時間同じ場所を独占はでき
ないだろうし、声を出すことも自由にはならないなど）といったように、コ
ロナ禍は子どもたちの居住環境の「問題」を明らかにした。

　各教員は、これまで子どもたちの「生活」をどのように把握し、それをふ
まえてどんな実践をつくってきたのか。新型コロナウイルスが学校現場につ
きつけた問いは、これだったのではないか。そして、子どもたちにとって学
校が重要な居場所となっていることも明らかになった。教職員組合の心配も
これらをふまえたものであり、今後も引き続き、ICTの活用等にみるツール
の問題等に解消（矮小化）されない対応策が求められる。

◆**第 1 部　コロナ禍で世界の学校はどうなったか**

11　**アメリカ** ─────────────────────

教員団体交渉を通じたコロナ対応
－学校の感染症対策における当事者参加の重要性－

埼玉大学教育学部　**髙橋哲**

1．日本における学校当事者不在のコロナ対応

　本章では、米国における教育行政機関と教育委員会との団体交渉を通じたコロナ対応を素材として、感染症対策における学校当事者参加の重要性を考えてみたい。なぜならば、日本の学校におけるコロナ対応にみるならば、そこには、為政者によるトップダウン型の意思決定という特色をみることができるからである[1]。周知のように、2020年3月2日より長期にわたり実施された全国一斉臨時休校措置は、新型コロナウイルス感染症対策本部の第15回会合（2月27日）において、安倍晋三首相（当時）が臨時休業を「要請」したことに端を発している。このような大胆な政治判断の背景には、「桜をみる会」のスキャンダルを回避するための「賭け」があったと指摘されている[2]。その意味で、学校の臨時休業をめぐる決定は、「政治的賭博」と化してきたのであり、それは、各自治体の首長による休校の政治的決定にも共通している。ここには、日本の感染症対策が、為政者による政治的判断（政治的賭け）によってなされ、学校の当事者、すなわち、子ども、保護者、教職員の意思が排斥されるという特徴をみることができる。

　未知のウイルスに対する緊急事態であったという理由は、このような学校当事者不在のまま、時の為政者の政治判断により学校現場が左右されることを正当化しうるのだろうか？小論ではこの問いを、教育行政機関と教員組合との団体交渉によってコロナ対応が行われた米国、なかでも、感染症被害が最も深刻な都市の一つであったニューヨーク市学区の事例をもとに、初期対応が求められた2020-21年度の学期開始時に注目して検討したい。

２．なぜ学校当事者の参加が重要なのか

　具体的な事例に入る前に、なぜ感染症対策において、学校当事者の関与が必要であるのかを確認しておきたい。国連機関においては、新型コロナウイルス感染症が学校や子どもの権利に及ぼす影響が懸念され、その対応策が提言されている[3]。

　なかでも2020年6月15日に国連人権理事会に提出された「教育に関する権利の特別報告者」の「報告書」（以下、「報告書」）[4]においては、感染症対策をめぐるすべての意思決定において、学校当事者の参加を保障することが提言されている。「報告書」は、子どもの教育を受ける権利の実現において、教員の役割が重要であることを強調し、「すべての人々の教育への権利の具体化は、そのほとんどが十分な数の訓練された教員の尽力に係っており、また、教育への権利を保障する最善の方途の決定過程に彼らが参加できるかに懸かっている」（パラグラフ57）としている。それゆえ「報告書」は、各国の教員組合の役割を重視するともに、「多くの事例において教員団体や教員組合が政策決定にあたり十分に協議、参加の機会を与えられていないことを懸念する。このことは、教育機関の休校と再開などの重要な決定においても起こっている」（パラグラフ59）と指摘する。このように「報告書」は、子どもの教育を受ける権利の保障にあたり、教員と彼らを代表する教員組合による政策決定への参加が重要であるとしている。

　実は、学校における感染症対策にあたり、学校当事者の参加が必要であることは、米国の感染症対策専門機関である疾病予防管理センター（Centers for Diseases Control and Prevention：以下、CDC）においても強調されている。CDCは、2021年5月15日改訂のガイドライン「初等中等学校における段階的予防策による運営指針」（以下、「運営指針」）[5]において、学校再開の計画策定における教職員、保護者、地域といった学校当事者参加が不可欠であると指摘する。「運営指針」は、地域で学校再開の計画を策定する際には、少なくとも「管理職、教員、生徒・保護者代表、教育支援職員（学校カウンセラー、学校ソーシャルワーカー、学校心理士、看護師）、施設管理者・用務員、通学補助職員・給食職員・保護者支援職員の代表」を参画

させるべきであるとしている。

このような意思決定に関する当事者参加は、州政府レベルにおいても試みられており、例えばニューヨーク州では、州教育省が学校再開のガイドラインを策定するにあたり、州内4箇所にタスクフォースを設置して2回の会合を行い、総じて350名の保健、教育の専門家とともに、1,650名の保護者、生徒、教員、学校管理者、教育委員会の代表が参加したと報告されている。このプロセスの下で策定されたガイドラインにおいては、各学区が「学校再開のための計画を策定するにあたり、学校のステイクホルダーと地域のメンバー（例えば、学校管理者、教員、職員、生徒、保護者、地域保健当局、地域保健関係者、そして、組合、同窓会、その他地域を基盤とする団体などの関連組織）と意見交換をしなければならない」とされている[6]。

この州ガイドラインのもとに、以下に詳述するニューヨーク市学区においても、保護者、生徒、被用者、運動団体、その他の行政機関との調整を行ったことが示されている。具体的には、ニューヨーク市教育局の主催により、2020年7〜8月にかけて保護者への説明会が隔週で開催され、また、学校関係者の参加を促す観点から、教員組合、そして管理職団体との調整を行ったことが示されている[7]。そして、以下にみるように、具体的な学校におけるコロナ対応は、教員組合との団体交渉によって決定されることとなった。

このように、国連機関と感染症対策機関において共通してみられるのは、学校における感染症対策の意思決定において、学校当事者の参加が必要条件となるという視点である。学校における感染症対策は、地域、学校ごとの柔軟な対応が求められるため、実施に関わる当事者の政策決定への参加が必要条件となることが示されている。学校当事者が教育政策決定に参加することは、従来からの団体交渉制度の有無にかかわらず、感染症対策において本来的に求められる必須のプロセスなのだといえよう。

3．団体交渉を通じた教員組合の役割 ─ニューヨーク市学区を中心に─

周知のように、米国においては、コロナ以前から公立学校教員の給与、勤

務時間、その他の労働条件は、多くの場合、各学区と教員組合支部との間で締結される団体交渉協約によって定められている。それゆえ、米国内においては、学校におけるコロナ対応にあたり団体交渉が首尾良く機能したことが示されている。コロナ期の臨時的な取り決めとして、例えば、ミシガン州デトロイト学区では、コロナ対応として対面とリモートの双方を担当する教員に500ドルを追加報酬として支給し、また、オクラホシティ学区では、ワクチンを接種した教員に1000ドルの特別報酬が支給されるなどの対応がなされるなど、調査対象となった148学区の40％が、教員に追加報酬を支給したことが報告されている[8]。

　小論が素材とするニューヨーク市学区の団体交渉協約は、市教育局（Department of Education）と教員総連盟（United Federation of Teachers：以下、UFT）との間で2008年から2019年を期限として締結され、その後、2022年9月まで効力が延長されている[9]。団体交渉にもとづく労働条件の決定は、コロナ対応においても貫徹されており、2020-21年度の開始にあたり、学校での感染症対策のあり方、および、教員の働き方が団体交渉によって決定されたのである。

　初期のコロナ対応にあたり、ニューヨーク市学区においては、2020年8月25日に対面とリモートの混合学習（blended learning）に関する「8月協定」[10]が市教育局とUFTの間で結ばれ、さらに9月25日に新型コロナウイルスに対応した労働条件を示す「9月協定」[11]が締結され2020-21年度がスタートすることとなった。同学区では、2020-21年度の学校教育が全面リモート、あるいは、混合リモートで行われたため、「8月協定」においては、全ての教員が、①全面リモート担当、②混合対面担当、③混合リモート担当のいずれかに配置されることが定められた。「9月協定」においては、2020年7月31日に市教育局より発効された「ガイドライン」に沿って教育活動を行うことが定められ、教員組合が教育局の方針に合意している。「ガイドライン」においては、正規の勤務時間を6時間50分とした上で、以下のような特殊な時間単位が確保されることとなった。

　第一に、授業開始前に1日30分間の「授業コーディネート時間」が付与される。この時間は、混合対面教員と混合リモート教員等が相互調整等を行

う時間として設定される。第二に、1日30分間の「準備時間」が設定された。これは、学校の終業直前に設定され、事実上、教員の勤務時間を30分短くし、授業準備等に充てることが想定されている。第三に、1日20分間のオフィスアワーが設定され、対面、あるいはオンラインによって生徒、保護者とコミュニケーションをとる時間が確保される。

　また、この団体交渉の過程においては、教職員の権利と安全を守るためのルールについても検討されている。先にみたように、米国内の多くの学区において、教員への追加報酬が支給されたのに対し、ニューヨーク市学区においては、コロナ対応の特別措置として教員に有給での休暇を広く認めた点に特徴をみることができる。2020年9月1日に教育局とUFTにて取り決められた「覚書」[12]においては、給与全額支給の休暇対象者として、「書面による陽性証明者」、「感染症状が出ている者で、陽性証明が出ていない者」、「政府命令による隔離にある者」、「免許を有する保健サービス提供者により自主隔離を推奨された者」については、2週間を上限として給与を全額支給した上で休暇を取得することができるとされている。さらに、給与の全額支給はされないものの、「政府による隔離命令にある者をケアしなければならない者」、「免許を有する保健サービス提供者により自主隔離を推奨された者をケアしなければならない者」、そして「18歳以下の子どもを学校閉鎖、あるいはチャイルドケアの利用不能によりケアをしなければならない者」については、1日$200、合計$2000を超えない範囲で給与の3分の2を保障するとされている。

　加えて、ニューヨーク市学区の団体交渉協約において興味深いのは、上記のルールを基本としながらも、学校ごとの特例が認められている点である。これは、「学校を基礎とする選択」（School Based Option：以下、SBO）と呼ばれる仕組みであり、校長と学校内の組合代表（chapter leader）によって、変更案が検討され両者が合意に至った後に、学校の教職員による投票により55％以上の賛成があった場合に基本ルールの変更が認められる。「9月協定」によって導入された「授業コーディネート時間」、「準備時間」、オフィスアワーの運用に関しても、SBOを通じた協約内容の変更が推奨されており、学校の特殊事情に応じた対応が認められている。

このように、新型コロナウイルス対応の協約には、特殊状況に対応するために教員に新たな裁量時間が与えられるとともに、教員自身の健康と安全を守るためのルールが定められている。また、これらのルールを画一的に適用するのではなく、SBOの仕組みを通じた学校当事者参加による弾力的な運用が促されている。

4．学校当事者参加の重要性

先にみた国連機関、感染症専門機関が強調するコロナ対応における学校当事者の参加という観点からみたならば、時の為政者が政治的判断によって学校の休業や感染症対応を決定するという光景は、日本的特徴というよりも、感染症対策の例外、ないし異常性を示している。そしてそれは、コロナ以前からも看取された日本における学校自治の不在と教員組合軽視の風潮を象徴しているといえるだろう。地域、学校ごとに臨機応変な対応が求められる感染症対策において、学校当事者の意思決定への参加は、望ましというよりも、むしろ必須なのである。大阪市でみられたオンライン授業への切り替えにみる学校現場の混乱は、このような学校当事者排除のコロナ対応の悲劇を象徴しているといえるだろう[13]。学校当事者の意思を反映させることが、感染症対策としてのみでなく、子どもの成長、発達を促し社会変化に対応しうる創造的で多様な学校運営を創出することつながると思われる。

1　臨時休業措置をはじめとするコロナ対応の日本的特色については、髙橋哲「教育政策決定におけるアクター／セクター間連携に関する日米比較―コロナ禍において教育行政は誰と協業したのか―」『教育制度学研究』第28号、2021年、38頁。

2　古賀茂明『官邸の暴走』角川新書、2021年、103頁。

3　国際機関の提言を分析するものとして、世取山洋介「新型コロナウイルス感染症の拡大と子どもの権利」『法と民主主義』第549号、2020年、35頁；中川律「学校再開後の子どもたちへの教育は、どのようなものであるべきなのか？」『時の法令』第2109号、2020年、56頁など。

4　Report of the Special Rapporteur on the Right to Education, "Right to Education: Impact of the COVID-19 Crisis on the Right to Education," A/HRC/44/39 (June 15, 2020).

5　The US Centers for Diseases Control and Prevention, "Operational

Strategy for K-12 Schools through Phased Prevention," Updated on May 15th, 2021 (https://www.cdc.gov/coronavirus/2019-ncov/community/schools-childcare/operation-strategy.htm: last visited on Dec 15th, 2021).

6 New York State Education Department, *Recovering, Rebuilding, and Renewing: The Spirit of New York's Schools Reopening Guidance*, 2021, p. 15.

7 NYC Department of Education, *2020-2021 New York City Department Education's School Opening Plan Submission to the New York State Department of Education*, 2020, pp. 11-12.

8 Patricia Saenz-Armstrong, "COVID-Related Incentives for Teachers during the 2021-22 School Year," Dec. 9th, 2021 (https://www.nctq.org/blog/COVID--related-incentives-for-teachers-during-the-2021--22-school-year: last visited on Dec. 15th, 2021).

9 団体交渉をめぐる法的根拠と基本協約に関しては、髙橋哲「団体交渉モデルによるアメリカの教員勤務時間管理法制」『季刊教育法』第208号、2021年、12頁。

10 DOE-UFT, "Memorandum of Agreement on Blended Learning," August 25, 2020.

11 DOE-UFT, "Memorandum of Agreement," September 25, 2020.

12 DOE-UFT, "Personnel Memorandum NO. 2, 2020-2021," September 1, 2020.

13 感染拡大に伴い2021年5月に大阪市長が自宅でのオンライン学習を決定したことに対して、現職校長が「提言書」により現場の混乱を訴えたことが報じられている（朝日新聞朝刊2021年5月21日、31頁）。本書の久保（61頁）を参照のこと。

◆ 第1部　コロナ禍で世界の学校はどうなったか

12　日本

先手が決め手
障害の在る子どもたちのために

新潟県妙高市立特別支援学校　**村山哲**

1．児童生徒の障害特性に配慮した行事の可能性

　新潟県妙高市に位置する総合支援学校（特別支援学校）である当校は、小学部・中学部・高等部で編制されている全校40名弱の小規模な知的障害特別支援学校である。同市内には児童養護施設があり、3分の1の生徒が在籍している。

　正直、新型コロナウイルス感染症の陽性者が国内で確認された時は、「対岸の火事」であった。しかし、全国の学校一斉休校の報道から、事態が一転した。私たち教職員にとっては初めてのことであり、手探りの教育活動がスタートした。

　まず一番に職員間で協議したことが、間近に迫った卒業式である。市教委の指示を仰ぎながら、卒業生のみ学部別で実施、参列する保護者は1名のみ、来賓なし、必要最低限の職員で開催することとした。幸い、初めて会う人・初めての環境が苦手である児童生徒にとっては、少人数・落ち着いた環境で卒業式が挙行できたことで心配していたトラブルもなく卒業式を終えることができた。本来であれば、練習を繰り返し、式の流れに慣れ本番を迎える訳だが、練習もなしに教職員の支援を、受けながらでも式を終えた児童生徒の見えない力を感じた1日でもあった。

　卒業式を終えたのもつかの間、次に取りかかったのが年間行事計画の見直しである。修学旅行・校外学習・職業体験・現場実習・PTA行事等を、次の点で見直した。（高等部生の現場実習については、後に詳しく説明させていただく。）

① 実施する必要があるか？ないか？

② 実施する場合、実施時期の変更は可能か？その場合、どの時期に移動させるか。

③ 時期をずらせば、予定通りの計画で実施できるか？場所の変更は必要か？

　1学期間は全ての行事を中止とし、修学旅行・現場実習は2学期以降へ延期とした。

　また、全校で実施していた運動会・文化祭は、学部ごとに平日の開催とした。運動会は6月に実施したため、保護者の参観を見合わせた（なお、2021年度は保護者2名まで参観可となった）。文化祭は、10月下旬に実施し、保護者2名までの参観とし、感染リスクの軽減を図った。

　そうなると、教育課程、年間指導計画の訂正が必要となる。

　ここまでは、どの学校でも、同じであったと思う。しかし、特別支援学校には基礎疾患の在る児童生徒も在籍している。また、市教委より、「学校から新型コロナウイルス感染症を出さないように細心の注意を図ること」という指導もあった。休校が開け児童生徒が登校して来たときに何ができるか？何をすれば良いのかを学校全体または各学部で検討した。基本的には、文科省・県教委・市教委からの通知・通達を基に校内体制を整えて行くことになったが、マスクが着用できない児童生徒、自分の体調を言葉で伝えられない児童生徒の対応には気を遣うこととなった。そのため、国・市の補助金を活用して空気清浄機の購入なども進めた。しかし、スクールサポートスタッフ等の配置はなかったため、児童生徒の下校後は教職員全員で校内の消毒を行うこととなった。

　また、水泳授業を楽しみにしている児童生徒もいるが、着替えにも支援が必要なこと、活動中の身体支援が多いこと等、水泳授業実施に向けたガイドラインがクリアできないため、昨年・今年と水泳授業は実施できなかった。

2．「先手」で対応する就労に向けた体験の確保

　次に、就労に向けた高等部の取組である。新型コロナウイルス感染症のた

め教育実習を経験せず教職に就くことに不安の声が上がっているのと同様に、事業所・作業所等での実習を経ず社会に出て行けなければならない状況が発生することが予想された。先にも述べたように、慣れない人、新しい環境が苦手な生徒が多い。いざ、就労・施設利用をはじめても続かないようでは、生徒の将来が心配である。1学期に1回目、2学期に2回目の実習を行い、最終的な就労先を決めていく流れであるが、1学期は、校外に出る活動が全くできなかった。そのため、地域の罹患状況、事業所・福祉作業所の受け入れ条件等を、再三確認した。合わせて、近隣の特別支援学校の実習予定を確認し、他校の日程が決まる前に「先手」を打つこととした。決めた日程には感染症が収まっていることを前提に、事業所・福祉作業所との実習受け入れの約束を取り決めた。

　当校の所在地域は、休校期間が全国でも短くゴールデンウィーク前には、学校が再開できた。また、昨年度は陽性者の発生がみられない期間も多く続いたが、校外に出ること、生徒を受け入れてもらうことはできなかった。しかし、1学期に実習ができないからといって何もしないわけにはいかなので、本来であれば高等部1年生を対象にする校内での実習を2・3年生も対象として乗り切った。（今年度は、予定通り実施できた。）

　コロナ禍において、特別支援学校（小学部・中学部・高等部全体を通して）として一番苦慮した点が、児童生徒の経験・体験を積ませることができなかったことである。一例を挙げると、新潟県妙高市にある当地区は移動手段が自家用車中心である。したがって、電車を利用したことない児童生徒が多い。そのため、電車の乗り方を経験させる必要がある。また、公共施設の使い方を学びながら様々な環境に慣れることも必要であり、どのような障害が在っても、様々な場所で「落ち着いて過ごすことができる」ことが卒業後の進路に大きく関わってくる。コロナ禍における体験・経験不足をどのように埋めていくかが今後の課題となる。

　一方、コロナ禍のために良かった点もある。それは、行事や校外学習ができなくなったため、日常の活動に時間を多く使えたことである。教育活動を見直すことで、個別の指導計画における年間重点目標・学期の短期目標を意識した学習活動を充実させることができた。行事の準備や校外学習の事前学

習が無かったことで学級担任や教科の担当は、余裕をもって教材研究に時間を使えた。

　しかし、1年間、学校行事・学部行事・校外学習が可能になった際には、今まで通りではない、新たな計画立案が必要となった。この点は、負担軽減と負担増の両面が垣間見られた。

　これからは、アフターコロナの観点に立ち、教育活動を進めていく必要がある。

　今までのところ、当校の児童生徒から陽性者は発生していない。今後、臨時休校等の緊急事態が発生しない保障はどこにもなく、どのような状況に陥っても児童生徒の学びを止めてはならない。そのためにも、GIGAスクール構想を有効活用していかなければならないが、知的障害特別支援学校に在籍する児童生徒がタブレットPCを家庭で活用することには多くの課題も聞こえてくる。

　これまでとは違う、今できることを見極め、より児童生徒のためになるように、様々なハードとソフトを駆使し、地域の特色を生かしながら、保護者・地域と共に歩んで行かなければならない。

◆ **第１部　コロナ禍で世界の学校はどうなったか**

13　日本

保健室からみえたこと

福岡市立小学校養護教諭　**江藤真美子**

１．パンデミックが変えた学校生活

　2020年２月末の全国一斉休校を皮切りに、COVID-19による全世界を巻き込んだパンデミックが、大きく学校のシステムを変えてしまいました。長い学校の歴史の中で、こんなにも学校生活が様変わりしてしまうことになるなど誰が想像ついたでしょうか。当時は、毎日、何かしらの対応を求められる日常を時々、立ち止まっては、まるで未来を描いた映像を見ているかのようで、まったく現実感がありませんでした。それくらい、学校で起こっていた出来事は、私たち教員が想定していた最悪のシナリオを遥かに超えていたように思います。とにかく子どもたちの命を守ることを最優先に、そして、先の見えない不安に疲弊していく子どもたちの心を守るため、私たち教員が行っていかなければならないことはなんなのかを自問自答する毎日でした。感染予防のための分散登校や時数短縮の中、学力保障も当然、学校には求められていましたし、同時に、集団の場である学校内での感染を心配する保護者の方々が、安心して任せられる学校としての役割もあり、私たち教員の苦悩は続いていました。その中で唯一、私たち教員を奮い立たせてくれたものは子どもたちの笑顔でした。大変な状況の中でも、私たち"先生"を信頼し、私たちが教えた手洗いや新しい生活様式について一生懸命やってくれていた子どもたち。その信頼に応えるためにも、正しい情報やエビデンスのある予防方法であるかどうか、これらをしっかりと吟味、取捨選択しながら、時には職員会議で議論し、情報のない中を手探りで、学校の全ての職員で取り組んだ毎日でした。

　COVID-19によるパンデミックによって世界は一変しましたが、学校の中

も大きく変わってしまいました。学校生活の中で一番変わったことは、やはり「学校の生活様式」ではないでしょうか。新しい生活様式として、感染予防を徹底するために人との距離をあけることや必ずマスク着用、何かに触ったらすぐに、手を洗ったり、消毒をしたりすることを求められるようになりました。そのため、子どもたちは友だちとじゃれ合ったり、手をつないで遠足に行ったりすることができなくなってしまいました。子どもたちが当たり前にする行動自体を悪いことのように止められ、楽しい行事や時間が少なくなって、コミュニケーションをとる時間が減ってしまいました。それだけでも子どもたちはストレスを感じていたのですが、さらに、マスクでクラスメートの表情が見えにくいこともあり、子どもたちはメンタル面で感染による不安だけでなく、クラスメートが自分のことをどう思っているのか不安になって、不登校になる子どもも出てきました。不登校や教育相談の件数は増え、子どもたちの心のケアを今まで以上に対応していくことが必要となりました。

①子どもたちと何気なく話をしながら、いじめや悩みの早期発見に努めています。

②2021年1月14日～3月7日の緊急事態宣言後の登校、家と校舎に入る前のダブル検温。

2. 保護者のイライラを背負う子どもたち
SC・SSWの重要性

　また、学校の中でのICT化が一気に進んだことも大きく変わった点だと思

います。不登校の子どもたちがオンラインで授業に参加できる機会ができたことはよかったと思いました。しかし、オンライン上の双方向でのやり取りはまだまだ課題も多く、実態が"見えない不登校"の児童が確実に増えたことは否めません。また、ICT化で多様性への対応がきるようになった反面、タブレットのグループラインでのいじめ問題などが新たに出てきていました。社会不安や学校生活の変化によるストレスが、子どもたちの心に大きくのしかかっているようでした。

　そして、コロナ禍、子どもたちにとって、大きな問題となっている「虐待」や「子どもの貧困」なども、より一層増えていきました。そのため、毎朝行われる朝の会での健康観察は、今まで以上に重要なルーティンとなりました。丁寧に健康観察を行う背景には、家庭の問題を早期に発見するという大きな目的もありました。コロナ禍の社会の変化は、家庭の経済状況やリモートワークという働き方にも大きく変化をもたらしました。経済的に厳しくなったことやリモートワークで逆にストレスを抱えた保護者のイライラが、大きく子どもたちにのしかかってくることもあり、昼の給食をたよりに朝ご飯をがまんさせていたり、上靴や学用品などを買ってもらえないなど、コロナ禍以前も問題になっていた「子どもの貧困」問題が、さらに深刻化していきました。ヤングケアラーやネグレクト・暴力等の虐待もさらに増えていて、市の関係機関や児童相談所などと連携することが多くなりました。だからこそ、そんな状況になる前に早期発見し、辛い状況の保護者にしっかりと寄り添い、経済的不安や育児の不安について話を聞き、行政の支援につなげていくように努力しています。そうすることで、子どもたちにとって、優しく安心できる大好きな親に戻ってくれることも多いからです。私たち養護教諭は、保健室の中でケガの処置や体調不良の対応を通して、体の傷跡や様子から子どもたちの家庭環境を知る機会が多くあります。だからこそ、一人でも多くの子どもたちの命を守れるように、そして、子どもたちが安心して育つ環境に各家庭がなるよう、行政の支援や福祉についてしっかりと知識を持ち、SC（スクールカウンセラー）やSSW（スクールソーシャルワーカー）といった学校の中の専門家たちとも連携を取っていくことがますます必要となってきています。

３．保健室から正しい予防情報の収集・周知

　保健室から感じたコロナ禍で一番大変だったことは、情報がないことでした。当初、情報と対応の指示がなく、各学校での判断に任せるといった現場対応を求められていました。しかし、消毒方法や感染予防対策の方法等、一体どの情報が正しいのか、子どもたちの命に関わることなのに、情報はメディアからのみでしたので、学校現場はかなり混乱していました。そんな時に、私たち養護教諭の強い味方になったのは養護教諭研究会の存在でした。日本の学校には、養護教諭研究会や校長会など、毎月、地域の学校の同職種が集まって情報を共有する組織があります。養護教諭研究会は教育技術等研究会の一研究団体として位置づけられていて、校長会や教頭会なども教育研究団体としてあります。そこで、各学校での事例や対応について、常日頃からの情報を集めることができ、学校同士の連携も日常的に行われていたことが今回、とても助けられました。学校の中での協力体制と近隣校同士の協力体制、両方の意味で「チーム学校」が機能したことが、あの大変だったパンデミックを乗り切れた最大のポイントだったと思います。あの頃、養護教諭は学校の中の唯一の保健や環境衛生の専門職として、大きな判断と指導者としての立場を求められました。未知の感染症を学校の中に持ち込ませない、そしてクラスター等の感染拡大を防ぐため、細心の注意を払って決断する毎日でしたので、非常に孤独やプレッシャーを感じたという養護教諭も多かったです。私自身も大変な重圧の中、判断に迷うことも多く、残業続きでとても苦しい時期を過ごしましたが、校長のリーダーシップや同僚の仲間同士助け合う雰囲気に救われました。その他にも、学校薬剤師の先生が、消毒薬の正しい情報を薬剤師のネットワークから情報を集め、専門的に指示し、学校医の先生方も様々な医学的情報の中から感染予防についてアドバイスをしてくださったので、こんなに心強いことはありませんでした。だからこそ、こんなパンデミックの際は、各学校で日頃から開催されている学校保健委員会が重要であることに改めて気付かされました。地域・PTA・学校医等が集まる学校保健委員会で、こういった場合にどう連携をとっていくかを話し合っておくべきでした。

　また、学校に地域の会社や保護者の方から、一番物資が足りない時期に「学校は困ってるんじゃないですか」といって、たくさんのマスクや消毒液を寄付しに来てくださいました。本当に助かり、学校が地域の方々からこんなにも支えられているということに改めて感謝する日々でした。

4. 養護教諭の役割と未来へ向けた健康教育

　養護教諭は、教育職の中でも医療や心理、環境衛生関連などに最も近い立場として、さまざまな社会問題に対応するため、職務内容が次々と追加されています。だからこそ、養護教諭の職務内容はあいまいま部分もあり、"専門性"とはなんなのかといった難しさを感じることもあります。世界的には、教育職としての養護教諭のような職業の位置づけは少ないですが、実際の現場では、今回のコロナ禍のことも含め、ますます養護教諭という職業が時代に求められていることを実感しています。そして同時に、養護教諭としてもっと感染症や災害時などの有事を見据えた健康教育を推進していく必要があることも痛感しています。いつの時代になっても原理原則は同じです。子どもたちの健康と未来、そして笑顔を守っていくこと、それが養護教諭の使命だと思っています。そのためには、子どもたちの未来に備えて、生き抜くために身につけておくべき、心の教育、自殺予防教育、子どもの人権、様々な視点の防災教育などを行っていくべきだと考えています。今後日本では、災害とパンデミックが複合災害として起こることも警告されているからです。

　COVID-19によるパンデミックによって、学校生活をはじめ、たくさんのことが急速に変わってしまいました。きっと、心が取り残された子どもたちがまだまだいます。これからも変革が続いていくと言われています。だからこそ、私たち養護教諭は、ひとりの子どもも取り残されたままにならないように、いつでも開かれた保健室で、笑顔で子どもたちに寄り添いながら、未来を見据えた準備も同時に、今日の教訓として行っていきたいと思います。

◆**第 1 部　コロナ禍で世界の学校はどうなったか**

14　**イギリス** ―――――――――――――――――――

コロナ禍における英語を
追加言語とする（EAL）子どもの
サポートに着目して

東海大学教養学部　**小山晶子**

1．英語を追加言語とする（EAL）子ども

　イギリスでは、移民背景の子どもは、第二世代・第三世代と広がりつつあるが、出自によって区分されるエスニック・マイノリティよりも、近年の学校では、英語を追加言語とする児童および生徒としてEAL（イー・エー・エル）と呼ばれている。これらの子どもたちは、イギリス生まれの子もいれば、外国生まれの子もいる。EALは、出生地や国籍の違いから生じるカテゴリーではなく、「第一言語が英語ではない」という基準で分類される。近年EALのカテゴリーが重視される背景として、英語の習得度が子どもの学業達成に深く関わっている点が指摘されている（Strand and Lindorff 2020）。イギリスの自治体や学校によるEALを含めた不利な状況にある子どもに対する特別な支援の在り方について学ぶことは、日本のコロナ禍において同様の子どもに対する支援を考えるうえで参考となり得る。

2．イギリスにおけるロックダウンと学校閉鎖期間

　イギリスでは、ロックダウンに伴い、2020年 3 月から 6 月まで（第 1 段階）、さらに2021年 1 月から 3 月まで（第 2 段階）の間、学校が閉鎖された。第 1 段階当初は、完全な学校閉鎖を予定していたが、保護者が医療従事者、警察、教師、交通、金融、流通などの社会サービスを維持するために重要な職種（critical work）に就いている場合、また公的な保護措置の下にある社

会的に脆弱な子どもと若者（vulnerable children and young people）や特別な教育的ニーズの子どもは、通常通り学校に通うことができた。EALの子どもについても、このような条件に該当すれば通学できた。第2段階では、第1段階よりも多くの子どもが通学しており、関係者の話によると、約20％～40％の生徒が登校していたようである。

　第1段階では、事前の準備期間もなく学校閉鎖に追い込まれたため、学校が、家庭に配布物を届ける作業を定期的に担うこととなった。配布物には、学習プリントや文具のほかに、PCやWi-Fi機器、さらには食べ物も含まれていた。PCやタブレットは、配布された時期が大幅に異なり、第2段階に辛うじて間に合うといった地域や学校もみられた。学校閉鎖期間中は、教員が通常よりも頻繁に家庭と電話でコンタクトを取り、健康、福祉、人権といった側面から子どもの安全や保護についての確認をするために、日中の過ごし方など、家庭環境の把握に努めた。第2段階では、教員も生徒も、登校する対面組と自宅から参加するオンライン組に分かれて授業が実施された。そのため、第1段階に比べて、大きな混乱は避けられたようである。

3．不利な状況にある子どもに対するサポートとEALの子ども

　学校閉鎖期間が生じてしまったことにより、子どもの学力格差を広げないための施策として、不利な状況にある子どもに対する特別な支援の必要性が早い段階から指摘された（Education Policy Institute 2020）。不利な状況にある子どもとは、複数の条件が挙げられているが、その多くが過去6年間に無償学校給食（FSM）の受給対象となっている。無償学校給食の対象者は、それ以外の子どもに比べて、学業達成度が低い傾向がみられ、それはエスニック・マイノリティの子どもについても当てはまることが明らかにされている（Office for National Statistics 2020）。政府は、2020年6月に、初等および中等レベルのあらゆる学校を対象に、子どもの学力格差を広げないためのキャッチアップ・プランとして、10億ポンドの予算措置（2020／21年度）を決定した。学校は、この補助金を、少人数指導、チューター制度の導入、授業時間の延長、サマースクールの開催に充てている。例えば、

39校の初等および中等アカデミーで構成されるArkグループでは、大学進学を控えた学生にギャップ・イヤーのディプロマ・プログラムを設け、12名の学生をチューターとして雇用した。さらに卒業生の50名以上を補助教員として雇うことによって、特に数学と英語の科目に遅れがみられる生徒に対して、1対1あるいは小グループでの支援を行った[1]。

　EALの子どもが、学校に通えないことで直面した負の側面として、学習言語としての英語に触れる機会の減少が挙げられる。自宅にいても英語に触れる機会を増やすために、オンラインでの動画教材が活用された。初等学校のEAL児童を支援しているリーズ市のスタッフからは、児童の会話力を向上させるため、靴下で指人形を一緒に作り、その人形を使いながら話すことを促す動画が有効であったとの話を聞いた。オンライン教材については、教員間の情報共有ができるプラットフォームが、教育省のサイトや、市あるいは学校でも設置されたようである。リーズ市内のある中等アカデミーにおけるEAL生徒担当教員によると、学校内の教員が共有できるプラットフォームを設置したことによって、EAL生徒を含むあらゆる生徒に対する教育的支援に関する情報を、教員間で共有することが可能となり、EAL生徒支援についても学校全体で取り組むことができるようになったと話してくれた。

4．家庭でのサポートによる有効性の認識とその負担への配慮

　不利な状況にある子どもの多くは、自宅からオンライン教材へのアクセスに必要となる機器の欠如とそれらを使いこなすスキルの不足という困難に直面した（Lucas et al. 2020）。EALの家庭では、インターネット接続のための機器を受け取る一方で、英語能力の不足が、それらを使い教育的なコンテンツや資料にアクセスする手法や、その手段を理解するための障壁となった。そこでリーズ市では、学校閉鎖期間も休めない仕事に就いている保護者に、自宅での子どもの学習をどのように実現させているかについて、5分から10分程度の短い動画の作成を依頼した。これらの動画で複数のケースを紹介することによって、宿題の手伝い方、家庭での学習環境の整え方についてのアイデアがEALの家庭にも共有された。

　学校閉鎖期間中の保護者による子どもの教育的サポートについては、その重要性が唱えられたにもかかわらず、実際に関わった保護者は55％程度にとどまっていた（Lucas et al. 2020）。EAL支援を担うリーズ市のスタッフによると、無料でアクセス可能なe-Bookの多言語化が充実したことから、家庭でも英語以外の言語を使った読み聞かせを推奨し、第一言語の語彙を増やすように保護者に促したと話していた。このように、家庭での教育的サポートに期待が寄せられる一方で、社会的に脆弱な保護者に対する過度な負担やプレッシャーについての注意も促されおり、期間を限定して家庭でのサポートを依頼すること、またその際の保護者に対するケアの必要性についても唱えられた（Lally and Bermingham 2020）。

5．コロナ禍でみえたEALの子ども支援の新たな局面

　突如生じた学校閉鎖期間における対応については、学校および教員が時間と労力を費やして子どもの学習権の保障を試みた様子が浮かび上がった。特に、教員間の情報共有がオンライン上で可能となったため、EALをはじめとする児童生徒の状況をあらゆる教員が把握し、学校全体で取り組むことの有効性が共有された事例は、印象的であった。例えば、EAL生徒支援のための教材が、他の生徒にも教育的効果が高いことが認識されたとの話も聞いた。EALの家庭とのコミュニケーションについても、多言語で翻訳および通訳可能なオンラインツールを用いて、スムーズに行われたようである。ICT環境の拡充により、EALの教育的支援についても新たな局面が訪れている。

1　詳細については、Arkグループのホームページ（https://arkacademy.org）を参照。

引用・参考文献

Education Policy Institute（2020）Preventing the disadvantage gap from increasing during and after the COVID-19 pandemic, Proposals from the Education Policy Institute, May 2020.

Lally C. and Bermingham R.（2020）COVID-19 and the disadvantage gap, rapid response published on 1 September, 2020, UK Parliament.

Lucas M., Nelson J. and Sims D.（2020）Pupil engagement in remote learning, NFER.

Office for National Statistics（2020）Child poverty and education outcomes by ethnicity, February 2020.

Strand S. and Lindorff A.（2020）English as an Additional Language: Proficiency in English, educational achievement and rate of progression in English language learning, University of Oxford, The Bell Foundation and Unbound Philanthropy.

◆**第1部　コロナ禍で世界の学校はどうなったか**

15　**カナダ**

弱い立場にある生徒のニーズに応えるために

ブロック大学教育学部　**リアーネ・テイラー**

　COVID-19のパンデミックは、世界的に見てもほとんどの人が逃れられない経験である。しかし、地域や国の公衆衛生ガイドライン、教育方針など、ウイルスの拡散を最小限に抑えるためのアプローチが異なるため、COVID-19の影響は個人、集団、コミュニティによって異なるものとなっている。カナダでは、初等・中等教育は州の責任で行われている。パンデミックの際にはあらゆる段階の学校教育が中断されたが、その方針や実施方法は全国的に大きく異なっていた。ほとんどの州では、2020年3月中旬までに学校と保育園が閉鎖され、残りの学期（2020年6月30日まで）も閉鎖されたままであった。2020年から2021年にかけては、感染の波によって生徒と教師が対面授業と遠隔授業を往復していたため、閉鎖は断続的に続いた（Vaillancourt et al., 2021）。オンタリオ州などカナダの一部の地域では、31週間以上にわたって学校が閉鎖されたが、ユネスコのデータによると、これはルーマニア、イタリア、エチオピア、アフガニスタン、カンボジアの閉鎖に匹敵する（Subramanian, 2021）。

　COVID-19以前は、カナダの子どもの1.5%未満がホームスクールを利用していた。パンデミックで学校が閉鎖されたことで、570万人のカナダの子どもと若者が、少なくとも数週間は自宅で遠隔教育やオンライン教育を受けていた（Statistics Canada, 2021）。管轄地域によっては、学校閉鎖や保護者の選択により、生徒が完全な遠隔授業を受けたところもある。また、オンラインと対面式の学習を組み合わせたブレンデッド・オンラインモデル（blended online models）を経験した生徒もいる。教師と生徒が接する毎週の授業時間は大幅に削減され、9年生（中学3年生）までの生徒では1～

12時間、10～12年生（高校 1 ～ 3 年生）では 2 ～ 3 時間となった（Gorbet et al., 2020）。2020年に18,000人の教師を対象に行われた全国調査では、教師は生徒と定期的に連絡を取ることができず、「オンライン指導をうまく進めるために必要なものを生徒に与える」ことに不安を感じていると述べられている（Alberta Teachers Association, 2020, p.16）。多くの人は、学校閉鎖が「身体的・精神的健康サービス、食事、安全、セキュリティ、サポートの提供」に与える「予期しない影響」について懸念を示した（p.73）。

　カナダにおけるCOVID-19の流行は、「貧困と経済的不平等、飢餓とホームレス、人種的・民族的偏見、高速インターネットやコンピュータへのアクセスにおける不平等、最も必要としている人たちへのリソースの不足」など、学校制度や社会全体に「すでに存在している」一連の不公平や制度上の障壁を露呈させる「レントゲン（x-ray）」の役割を果たした（Westheimer & Hagerman, 2021, p.115）。

1．COVID-19がカナダの最も弱い立場にある人々に与える継続的な影響

　カナダでは、人種や先住民に対する人種差別や植民地時代の暴力の長い歴史により、「COVID-19の世界的なパンデミックに対して、多くのコミュニティが不釣り合いなほど準備不足に陥っている」という（Galloway, Bowra, Butsang & Mashford-Pringle, 2020）。最高公衆衛生責任者であるテレサ・タム（Theresa Tam）は、COVID-19が人々に平等に影響を与えていないと主張している（Public Health Agency of Canada, 2020）。ヘルスケア関係者は、人種差別が健康に関する社会的決定要因であり、公衆衛生上の緊急事態であると認識している（Canadian Public Health Association, 2021）。「COVID-19の症例報告数が多い人種グループには、アラブ、中東または西アジアの人々、黒人、南米の人々、南アジアまたはインドカリブの人々、東南アジアの人々が含まれる」とされている（Public Health Agency of Canada, 2020）。

　カナダの学者カール・ジェームズ（Carl James）は、パンデミックが「人

種的に差別された若者や先住民族の若者が直面しなければならない人種的不公平を悪化させた」（James, 2020, p.1）と述べている。たとえば、ウイルスの起源が中国の武漢にあることに関連したスティグマの影響を受けて、アジア系の人々に対する人種差別的な事件がパンデミックの間に増加している（Heidinger & Cotter, 2021）。移民や「目に見える少数派（visible minorities）」とされるグループは、第一線で働く労働者の中で大きな割合を占めており、より大きなリスクを負っている（Statistics Canada, 2020）。

　このような不公平の多くは今に始まったことではないが、オンライン学習への多様で一貫性のないアプローチ、学生支援の格差、学校閉鎖の不平等な分布、パンデミック関連の一般的な課題は、低所得世帯、移民、障害者、人種や先住民族など、すでに弱い立場にある人々にも不均衡な影響を与えている（Ciuffitelli-Marker & Conversano, 2021）。たとえば、オンライン学習への移行は、すべての学生が等しく経験しているわけではない。ファハディ（Farhadi, 2019, p.187）は、オンライン学習が機会均等をもたらすという想定にもかかわらず、科目内容（course content）が「多様な学習者にワンパターン（one-size fits-all）で提供される」という「能力主義的な政治哲学」を前提とした「本質的に不利なシステムの延長線上で運営されている」と主張している。不均等に実施されたオンライン学習への移行は、「パンデミックの間、多くの子どもや若者が離脱、慢性的な出席問題、学業成績の低下、単位取得の減少を経験しており、すでにリスクを抱えている人々にとっては、その影響ははるかに深い」ことを意味している（Whitley et al. 2021, p.1693）。低所得の生徒、第二言語学習者、さらに人種差別や自閉症などの障害を持つ生徒は、期待される社会的・文化的資本を持っていない可能性があるため、「教師（や画面に顔を出している友達）の微妙なニュアンスやわずかな間（または非同期）の表現」（James, 2020, p.5）といった機微を拾うためにより努力しなければならない。社会的孤立、孤独、仲間との断絶は、学業成績だけでなく、生徒の心身の健康にも影響を与えている（Vaillancourt et al.,2021）。ジェームス（James, 2020, p.5）は、このような課題を抱えていると、「そのような生徒があまり熱心に取り組まず、不

登校になる可能性の高い生徒のひとりに数えられるのも理解できる」と述べている。

　カナダでは、遠隔学習への移行により、学校を拠点とした医療サービスへの生徒のアクセスが制限され、これまで学校での補助金付きの食事に頼っていた多くの子どもや若者の食生活に影響が出ていることも明らかになっている。また、学校を長期間欠席することで、子どもの虐待やネグレクトを発見・報告する教師の能力にも限界が生じている（Vaillancourt et al., 2021; Baron, Goldstein & Wallace, 2020参照）。提供方法（オンラインか対面か）を各家庭で選択できる状況では、社会経済的背景や人種的背景の異なる家庭が主に遠隔学習を選択しているが、その理由や効果は大きく異なっている。バスカラマーティとアルフォンソ（Bascaramurty & Alphonso, 2020）は、恵まれた家庭では、「（表向きには子どものための最善の決断として）遠隔教育を選択し、個人的にチューターを雇い、プライベートなラーニングポッド（learning pods）を形成する」ことで「機会をため込んでいる」と述べている。一方で、低所得者層は「病気になりやすい高齢の親族が同居していること、感染率の高い地域にいるためCOVID-19の脅威を強く感じていること、パンデミックの際に時間通りに登校することが困難な建物に住んでいること」から遠隔教育を選択している。この傾向は、制度にすでに蔓延している「亀裂」を露呈させている。

2．今後の展望：カナダからの教訓

　カナダはOECDおよびG7加盟国であり、豊富な資源と比較的安定した長い歴史を持っているにもかかわらず、スリヴァスタヴァ（Srivastava et al., 2020）は、カナダがパンデミックの危機に対処する準備がほとんどできていなかったと指摘している。その原因のひとつは、不測の事態に備えた計画が脆弱であったことと、低所得国の多くでは一般的に連携している教育省と保健省、労働省、児童福祉省が、カナダでは効果的に連携していないという、地域ごとに異なる制度であったことにある（Subramanian, 2021）。その結果、「カナダでは、普遍的な義務教育制度が数ヶ月のうちに多くのモデルの

寄せ集めになり、ほとんど崩壊してしまった」一方で、台湾や日本、オーストラリア、ニュージーランドなどの他の国々では、通常の構造の多くを維持することができ、深刻な流行の際にのみ閉鎖された（Subramanian, 2021）。ベネット（Bennett, 2021）によると、各州は、学校閉鎖が生徒の学習や幸福に与える影響について実際の知識がないまま学校閉鎖の決定を下したため、「政策立案者はパンデミックによる初期警告シグナルを見逃し、不利な立場にある、人種的に疎外されたコミュニティの生徒に学習の損失が不均等に降りかかっている」と指摘されている。

　COVID-19による学力格差について、カナダではまだ比較可能なデータは十分でないが、それでも学べることが多くある。オンタリオ州の教育法では、学校教育の目的は「生徒に自分の可能性を実現する機会を与えること」とされている。教育的アプローチは、生徒の「達成感と幸福感」を促進するように努めなければならない（Gallagher-MacKay et al., 2021, p.3.）。私たちが学んでいることからすると、学校を「必要不可欠なサービス」として扱うことには大きな利点があり、それは「状況が許す限り学校を開いておく」ことを意味する（Davies & Aurini, 2021）。学校は最後に閉まり、最初に開くことが重要だという意見もあるが、そのような実践には、安全対策や予防接種に対する責任（commitment）が必要である。カリキュラムや指導方法は、パンデミックによって最も恵まれない立場にある人々のニーズを満たし、支援するために変更される必要がある。たとえば、個人や教室ごとに異なるニーズを認識し、追いつくために多くの時間を必要とする生徒がいることを認識することである。最後に、「学習損失」や「学力格差」だけではなく、その対策に焦点を当てることの重要性を研究は示唆している。ホワイトレイら（Whitley et al, 2021, p.1695）は、学習損失を過度に強調することは、「学習がたんに学業成績と同一視される」ことを前提とし、生徒が教室外で身につけた追加のスキルや知識を評価しないため、誤解を招く恐れがあると主張している。むしろ、「学習や学業成績が失われるかどうかは、パンデミックの最中やその後に、弱い立場にある生徒がどれだけうまく支援され、リソースを提供されたかによって決まる」（Whitley et al., 2021, p.1696）という。COVID-19以前から学校教育制度に埋め込まれていたよ

り深い不公平に対処するのであれば、生徒がどのように動機づけられ、どのように関与し、どのように学校に取り込まれているのかをも考慮し、不公平の問題を前面に押し出した形でカリキュラムやアプローチに注力しなければならない。

引用・参考文献

Alberta Teachers Association. (2020) Alberta Teachers Responding to Coronavirus (COVID-19): Pandemic Research Study Initial Report.

Baron EJ, Goldstein EG, Wallace CT. (2020) Suffering in silence: How COVID-19 school closures inhibit the reporting of child maltreatment. *Journal of Public Economics, 190*, pp. 1-19.

Bascaramurty, D. & Alphonso, C. (September 5, 2020) How race, income and 'opportunity hoarding' will shape Canada's back-to-school season. *The Globe and Mail* (https://www.theglobeandmail.com/canada/article-how-race-income-and-opportunity-hoarding-will-shape-canadas-back/)

Canadian Public Health Association (February, 2021) Review of Canada's initial response to the COVID-19 pandemic. https://www.cpha.ca/review-canadas-initial-response-covid-19-pandemic

Ciuffitelli-Parker, D., & Conversano, P. (2021) Narratives of systemic barriers and accessibility: Poverty, equity, diversity, inclusion, and the call for a post-pandemic new normal. *Frontiers in Education, 6*, pp.1-19.

Davies, S. & Aurini, J. (2021) Estimates of student learning during COVID-19 school disruptions: Canada in international context. In *Children and Schools During COVID-19 and Beyond: Engagement and Connection Through Opportunity*. Royal Society of Canada.

Farhadi, B. (2019) "The Sky's the limit" : On the impossible promise of e-learning in the Toronto District School Board. PhD Dissertation, Graduate Department of Geography and Planning, University of Toronto. https://tspace.library.utoronto.ca/bitstream/1807/97442/1/Farhadi_Beyhan_%20_201911_PhD_thesis.pdf

Galloway, T., Bowra, A., Butsang, T., & Mashford-Pringle, A. (2020) Education in uncertainty: Academic life as Indigenous health scholars during COVID-19. *International Review of Education, 66*, pp.817-832.

Gorbet, R., Aurini, J., Rizk, J., Stokes, A., McLevey, J. & Figueiredo, N. (2020) Covid-19 Pandemic and Canadian Schooling." Education Onward Council. Available at: http://www.fairchancelearning.com/education-onward

James, C. (November, 2020) Racial inequality, COVID-19 and the education of Black and other marginalized students. Royal Society of Canada. https://rsc-src.ca/en/covid-19/impact-covid-19-in-racialized-communities/racial-inequity-covid-19-and-education-black-and

Heidinger L., and Cotter A. (2021) Perceptions of personal safety among population groups designated as visible minorities in Canada during the COVID-19 pandemic. Statistics Canada. [online] : Available from https://publications.gc.ca/site/eng/9.889089/publication.html

Public Health Agency of Canada. (2020) From risk to resilience: An equity approach to COVID-19 . https://www.canada.ca/en/public-health/corporate/publications/chief-public-health-officer-reports-state-public-health-canada/from-risk-resilience-equity-approach-covid-19.html#a2

Raising Canada. (2020) Top 10 threats to childhood in Canada and the impact of COVID-19. Children First Canada [online] : Available from childrenfirstcanada.org/wp-content/uploads/2021/03/RaisingCanadaReport_Final_Sept.pdf

Statistics Canada. (2020) Experiences of discrimination during the COVID-19 pandemic. https://www150.statcan.gc.ca/n1/daily-quotidien/200917/dq200917a-eng.htm

Statistics Canada. (2021) School closures and COVID-19: Interactive tool. https://www150.statcan.gc.ca/n1/pub/71-607-x/71-607-x2021009-eng.htm#a4

Subramanian, S. (June 4, 2021) The lost year in education. *Maclean's.* https://www.macleans.ca/longforms/covid-19-pandemic-disrupted-schooling-impact/

Vaillancourt, T., McDougall, P., Comeau, J., & Finn, C. (2021) COVID-19 school closures and social isolation in children and youth: Prioritizing relationships in education. In *Children and Schools During COVID-19 and Beyond: Engagement and Connection Through Opportunity.* Royal Society of Canada.

Whitley, J., Beauchamp, M., & Brown, C. (2021) The impact of COVID-19 on the learning and achievement of vulnerable Canadian children and youth. *Facets, 6*, pp.1693-1713.

（翻訳：西口啓太）

◆第１部　コロナ禍で世界の学校はどうなったか

16　トルコ ──────────────────────

ネットとテレビ番組で学習権を保障

サカリヤ大学教育学部　**シュレ・ユルマズ・オズデン**

サカリヤ大学教育学部　**ムスタファ・バイラクジ**

ユスキュダル大学社会学研究所　**ジャンス・バイラクジ**

　トルコ共和国では2020年３月に初の感染者が確認され、1,800万人の学生と100万人の教員を考慮して対策が講じられた。３月16日に学校閉鎖、３月24日には遠隔教育が始まった。今回のパンデミックで、トルコはデジタル教育インフラを活用し、国営のテレビチャンネルを使った遠隔教育の内容を充実することで子どもや保護者を支援する学習環境を提供した。また、パンデミックによって生じうる不安に対し、子ども、教員、保護者に予防的な支援を行った。

１．閉校に伴うデジタル教育基盤の整備

　国民教育省（MEB）は2020年４月末まで学校を閉鎖することを決定し（Özer, 2020）、学校閉鎖に伴い全国的な教育インフラとなるデジタル教育プラットフォーム（EBA）を強化し、２つの方法で遠隔教育を実施した[1]。教員はEBAを学習管理システムとして利用することもできる。例えば、教員は子どもに課題を割り当て、その成績を集計し、子どもの反応に基づくデータを用いて個別ニーズを分析する。子どもたちは自分のニーズに応じた教材にアクセスし、内容や評価を通して自分が学びたい課題に集中できる。EBAへのアクセスはパソコンとスマートフォンで可能となっており、子どもは仮想教室で授業を受けることもできる。

　初等・中等学校が教育を継続するために、MEBはラジオ・テレビ公社（TRT）と協力して、児童生徒向けの専門チャンネル「EBA TV」を設立し、

2020年3月23日には放送を開始した。当初、EBA-TVは未就学児向けのコンテンツが無かったが、後にその放映を始めた。4月6日には保護者向けのコンテンツや専門家の動画を放送し始めた。この専門家番組は、様々なテーマで家族に語りかける保護者向けの番組で、同日にはセルチュク（Selçuk）教育大臣も出演し始めた（MEB, 2020b）。

EBA TVは学年に応じた内容で構成されており、二部制もあった初等学校向けには朝9時～午後2時で放送され、2時半～7時半に再放送される。番組の最後には「保護者の時間」が設けられている。この番組はインターネットにアクセスできない家庭のための代替手段で、初等・中等教育段階では10種類、高等学校段階では22種類の授業が行われている（Can, 2020）。

MEBは、学校閉鎖後ただちに高校入試を控えた8年生と大学入試の12年生を支援する双方向オンラインコースも開始した。このEBAポータルサイトは、両学年の270万人を対象に2020年4月13日に開始された。最初の1週間で約15万回分のコースが開講され（MEB, 2020c）、4月23日時点で3～12年生のすべての学年向けに拡大された（MEB, 2020d）。

こうしたトルコの遠隔教育は2020年6月19日に終了し、夏休みを迎えた。MEBは、8月31日～9月18日の3週間、オンラインコースを開講し、学校閉鎖の遅れを解消するための支援などを継続することを発表した。この間、MEBは教員向けには4,000頁以上の電子文書からなる1,215の学習活動事例を公開した（MEB, 2020e）。コースで示された活動事例は、EBAを通じて全国の教員に公開された。9月21日には、主に幼稚園と初等学校1年生を対象とした対面式授業が段階的に再開された（MEB, 2020f）。

対面式授業の開始後であっても感染者数の増加に伴い、MEBは11月20日から翌年1月4日まで再び遠隔教育へシフトした。この期間中、主な情報源はEBA番組となり、学習者に学習内容が提供された（MEB, 2020i）。また、様々な公的機関や民間団体、さらに市民の取り組みによって、子どもたちに6万台のタブレットが届けられた。その結果、2020年末までに約50万台のタブレットを届ける計画が支持された（MEB, 2020a）。対面式授業は、2021年1月11日～4月29日に徐々に再開されたが、再び感染者数の増加とともに4月29日～5月17日にはすべて閉校へ追い込まれた。だが、5月17

日〜 6 月 1 日には再開へこぎつけた。2021年の夏休み明け 9 月 6 日以降、コロナ禍以前のように週 5 日で全国にわたり対面式授業となっている。

2．教育省の役割と教員の職能開発

　2020年 5 月28日、MEBは感染拡大時にセキュアな遠隔教育を提供し、教育部門を支援するため世界銀行から融資を受け、「安全な学校教育と遠隔教育事業」を開始した（MEB, 2020g）。この事業は、安全でインタラクティブな遠隔教育のニーズへの対応と、教育テクノロジーの強固なシステム構築を目指し、大きな期待が寄せられた（MEB, 2020g）。

　MEBは保護者向けにも多様なサービスを提供した。感染症が子どもにもたらすストレスの度合いや子どもの反応を親が理解し、支えることのできるプログラム開発し、保護者に無償で提供した。「子どものための心理教育活動」を作成し、幼稚園や初等学校の子ども向けにコンテンツを公開した。また、心理的・社会的支援の一環で、家族と大人のためのガイドを発行した（MEB, 2020h）。

　教員は、子どもや保護者との継続的な連絡、子どもの学力向上や社会的・情動的状態の把握と支援、オンライン授業での学習権保障という点で重要な役割を担った。教員たちを対象に、MEBはUNESCOと共同でオンライン職能開発プログラムを提供した。国際的にも認定された、このプログラムは教員の能力開発を支援した（Gençoğlu & Çiftçi, 2020）。参加した教員は10万人を超え、その内容はSNSで共有され、後日いつでも教員らが参考にできた（MEB, 2020i）。同様に多くの専門家もSNSで無料プログラムを提供した。

3．残された課題

　遠隔教育で顕在化した問題の根底にはトルコ国内における不平等がある。ネットのインフラとアクセスなどの不平等がまず挙げられ（Can, 2020）、閉校中に使用されたテレビ以外のEBAについて教員の意見を調査した結果、

参加者の45%が問題の多くがインフラに関連していると述べた（Doğan & Koçak, 2020）。システム整備の遅さやEBAにアクセスできる機材が限定的だったこと、ネット環境が不備だったなどが原因で、子どもの一部は参加できなかった。トルコでは今後も国内インフラ整備が課題であると言えるだろう。

（翻訳：丸山英樹）

1　コロナ禍前に整備済みのEBAには、コロナ禍でより多くのコンテンツが更新、追加された。
2　テレビ番組では学年ごとの番組が放映された。EBAは2012年にMEBによって設立され、初等・中等・高等学校の各4年の様々な教材を、教員生徒、保護者に提供する。EBAは、91億回クリックされた世界で最も訪問者数の多い教育サイトで、1,700以上のコースと40,000以上の豊富で信頼性の高いインタラクティブなコンテンツの他、ビデオ講義や演習、5,000冊以上の書籍、240,000以上の質問と回答が提供されている（MEB, 2020a）。

引用・参考文献

Can, E. (2020) Coronavirüs (Covid-19) pandemisi ve pedagojik yansımaları: Türkiye'de açık ve uzaktan eğitim uygulamaları, *Açıköğretim Uygulamaları ve Araştırmaları Dergisi*, 6(2): 11-53.

Doğan, S., & Koçak, E. (2020) EBA sistemi bağlamında uzaktan eğitim faaliyetleri üzerine bir inceleme. *Ekonomi ve Sosyal Araştırmalar Dergisi*, 7(14): 110-124.

Gençoğlu, C. & Çiftçi, M. (2020) Covid-19 Salgınında Eğitim: Türkiye Üzerinden Bir Analiz. *Journal of History School*, 46: 1648-1673.

MEB (2020a) Uzaktan Eğitim Sürecinin Detayları. https://www.meb.gov.tr/uzaktan-egitim-surecinin-detaylari/haber/21990/tr

MEB (2020b) TRT-EBA-TV- "VELİ KUŞAĞI" nda bu hafta. http://www.meb.gov.tr/trt-eba-tv-veli-kusaginda-bu-hafta/haber/20692/tr

MEB (2020c) EBA canlı ısnıfta ilk hafta. http://www.meb.gov.tr/eba-canli-sinifta-ilk-hafta-150000-ders-yapildi/haber/20730/tr

MEB (2020d) EBA ve Canlı Sınıf Kullanım Saatlerinde Artış. https://yegitek.meb.gov.tr/www/eba-ve-canli-sinif-kullanim-saatlerindeartis/icerik/3041

MEB (2020e) 18 Eylüle kadar sürecek uzaktan eğitim döneminin yol haritası. http://www.meb.gov.tr/18-eylule-kadar-surecek-uzaktan-egitim-doneminin-yol-haritasi/haber/21499/tr

MEB (2020f) Okul öncesi eğitim ve 1. sınıflar yüzyüze eğitime başlıyor. http://

www.meb.gov.tr/okul-oncesi-egitim-ve- 1 -siniflar-yuz-yuze-egitime-basliyor/
　haber/21614/tr

MEB (2020g) Türkiye güvenli okullaşma ve uzaktan eğitim (SSDE) projesi. https://
　yegitek.meb.gov.tr/www/turkiye-guvenli-okullasma-ve-uzaktan-egitim-ssde-
　projesi/icerik/3050

MEB (2020h) Koronavirüs Travmasına Karşı Psikososyal Destek Rehberleri. http://
　www.meb.gov.tr/koronavirus-travmasina-karsi-psikososyal-destekrehberleri/
　haber/20605/tr,

MEB (2020i) Türkiye' deki uzaktan eğitim avrupaya anlatıldı. http://oygm.meb.
　gov.tr/www/turkiyedeki-uzaktan-egitim-avrupaya-anlatildi/icerik/801

Özer, M. (2020) Educational policy actions by the ministry of national education
　in the times of COVID-19. *Kastamonu Education Journal*, 28(3): 1124-1129.
　doi: 10.24106/kefdergi.722280

OECD https://www.oecd.org/education/policy-outlook/country-profile-Turkey-2020.
　pdf

◆**第1部　コロナ禍で世界の学校はどうなったか**

17　**エストニア**

ICT立国における教育
－テクノロジーと困難を前に支え合う姿－

上智大学総合グローバル学部　**丸山英樹**

1．エストニアの母から日本の皆さんへ

　私は13歳と2歳の子どもを持つワーキングマザーです。大学時代から仕事をし続けて、今は産休明けで仕事に戻っています。2020年の冬、コロナ禍で精神的に辛かった私を支えてくれたものは、振り返ってみると、いくつもありました。例えば、朝には子ども2人と夫とともにリフレッシュを楽しみながら、普段なら車で移動する自分の街を45分ほど散歩して1日をスタートさせました。上の娘はローラースケートや自転車、下の娘は乳母車に乗って、見られる自然や街並み、人々の様子や変化を感じながらでした。散歩では、エストニアの長い冬に積もる雪の具合といった自然の変化だけでなく、娘の学業や趣味、今の自分の気持ち、選択した行動の理由、家族の将来、インターネットで見つけた面白いこと、読書した内容、夫の仕事の状況など、世の中のあらゆることを話し合いました。他人と簡単に打ち解けないエストニア人は、家族など身内との関係を重視します。この散歩は、私の家族にとってお互いの理解を深める機会になりました。

　自宅では週に数回、Zoomで体操レッスンを受けたことが支えとなりました。娘たちも一緒に参加し、できるだけ意図的に身体を動かすよう心がけました。母と子を対象にしたコースは当初は対面式のみでしたが、講師がオンラインレッスンを始めてくれたのです。受講生にとっても初めての経験でしたが、このグループの一員であることで、規則性、安定性、体力・健康増進を意識でき、いつも何か良いことが起こりそうな気にさせてくれました。

　そうした経験を通して改めて思ったことは、私には自分の考えを定めるパ

103

ワーがあり、人生の選択と行動には堂々と自分で責任を取ることができるという自信でした。コロナ禍という人類にとっては厳しい状況の中、私は自分が単に欲しいと思うものと本当に必要・重要なものとを区分するように心がけました。家族には、前向きな選択肢を伝えるようにしています。暗いニュースに振り回されず人類の課題を意識しながらも、きっと日本の皆さんも同様のパワーに気づき、できることを前向きにされていると信じています。

（ケルスティ・ソゲル　タルトゥ福祉大学専門職員）

　これは、40歳の母親からのメッセージである。人口130万人の小さな国とはいえ、エストニア共和国は、その豊かな自然環境、文化、言語の3つを維持する手段としてICTを活用することを、冷戦終結時、つまり旧ソ連からの独立の際に定めた。近年では、エストニア政府もICT立国としてのイメージ戦略を国際的に展開していることもあり、行政サービスはすべて電子化され、デジタル・ベンチャー企業も次々に生まれている。しかし、教員たちは教育におけるICT利用の限界や弊害も認識しており、コロナ禍はICTが万能薬ではないことを改めて捉える機会になった。

2.　デジタル時代の教育立国を支えた前提

　近年エストニアはPISAでOECDトップになるなど、教育立国としても存在感を増してきた。同国の学校教育体系は、1年間の就学前教育、義務教育9年間の基礎教育（初等・前期中等教育）、3年間の後期中等教育、そして高等教育で構成される。教育研究省がそのインフラ整備とデータ管理を行い、学校は授業形態を選ぶ裁量を持つ。

　エストニアにおける教育の情報化は冷戦後の独立で方向づけられ、現在に至っている。小国ゆえに国家消滅の危機感を持ち、国土が無くなっても同国民アイデンティティを維持するため情報通信技術（以下、近年のソリューションも含めてICTとする）を活用した国家づくりを目指したのである。ソ連時代から高い水準の理数科教育が展開されていたこともあり、独立後1990年代には教育ネットワークの国内整備、2000年以降は教室のコンピュータ

設置、全校デジタル学習ネットワーク構築など矢継ぎ早にICT環境が整備され、現在は教員・子ども・保護者はインターネットを介して学校・学習情報へアクセスできる[1]。授業では教室のICT設備とネット共有されている教材を用いる教師は多く、子どもは小学校低学年段階からタブレット端末を利用し、保護者はネットで子どもの成績を確認する[2]。都市部以外に居住する子どもはネットを介して授業を受けることができる。このように教育を支えるテクノロジーの整備と普段の利用が、コロナ禍にあってもエストニアの子どもたちの学習権保障へとつながった。

　他方、コロナ禍以前からホームスクーリングは基礎学校・中等学校法第23条[3]により保護者の選択あるいは医学的理由から認められている。例えば、保護者の勤務先であるフィンランドに在住するエストニア人家族にとって、ホームスクーリングは一般的な選択肢である。医学的理由の場合、保護者らが国の基準を遵守することで義務教育期間中の在宅教育は認められ、しかし国ではなく担任教員が試験などを用いて学習成果を確認する[4]。実際、コロナ禍でホームスクーリングを選ぶ家族は増えた。そうした家族は、対応する学校リストから受け入れ学校を選び、学習内容などについて事前に合意しておく。また、学校外の教育機会として民衆教育が旧ソ連時代から続いており、多くの市民が参加している[5]。これは、放課後や週末にNGOなどが開催する全国的に普及している文化活動で、学校の学習内容の補習も含まれる。

3．コロナ禍の教育にどう取り組んだか

　エストニアでは2020年3月に国内初の感染者が確認された。3月11日から段階的ロックダウンが敷かれ、5月18日まで続いた[6]。その後は感染拡大の都度、学校閉鎖・オンライン教育が部分的に実施された。以下では、新たな教育テクノロジーの可能性を改めて示したICT活用、遠隔教育で判明した子どもの課題と教員の職能開発について記す。

ICTの活用の可能性

　既に多くの教材がネット共有されていたため、オンライン状態に移行して

も教員たちは授業で使う教材にはあまり困らなかった。だが3月には特別ニーズを抱える子どものための遠隔教育の最良事例を紹介するウェビナーも開催され[7]、オンライン教育のみの状況下での新たな課題として認識された。

　5月にロックダウンが解除されると授業の一部は対面式となり[8]、同時にこの頃には秋からの新学期が遠隔となるかが検討されていた[9]。学校閉鎖による授業日数の不足分を補うために夏休みを短縮して9月1日から新学期を前倒しで開始した公立学校がほとんどであったが、教員からの反発もあり学校の判断に任された[10]。一人に1台のパソコン等が配備されている教室に対して、家庭では学習用パソコンが必ずしもあったわけではないため、2020年12月末の段階で子ども用パソコンの必要性が報じられていた[11]。

　2021年1月には低学年の子どもには感染拡大があまり見られないことがわかり、都市部でも部分的に対面式授業が再開された。例えば、同国第2の都市タルトゥ市の小学校1～3年生は教室での授業へ出席するようになり、他の学年は学校ごとに判断がなされた[12]。他方では、遠隔教育は子どものメンタル面での負担が大きく、心の健康を支援する必要性が指摘されるようになった。そこで、5～12年生を対象に子どもの健康状態を把握するアプリ「ClanBeat（ルビ：クランビート）」が開発された。このアプリを用いて、子どもは自身の状態を管理できるよう練習し、教員はデータを活用して学校でのいじめ防止や心的支援を行う[13]。開発には子どもと教員の双方が関わり、首都に所在するタリン大学の心理学者も参画した、デジタル技術による教育ソリューションである。

うまくいった遠隔教育

　オンライン教育が始まった2020年3月、教育研究者たちは最初の2週間は数値を用いた評価を学校は避け、言語・記述による形成的評価を行い、子どもの学習動機を高めるよう提案した[14]。また教員同士の連携を重視し、ICTを厳選して活用しつつも万能薬ではなく、情報交換ツールであると割り切ること、子どもたちが孤立しない工夫を行うべきとした。

　3月に急に始まり、学年の終わりを迎える5月まで続いたオンライン教育について、その経験を振り返る調査が6月に行われた[15]。その結果によると、

一部の生徒は内発的な学習動機を高め、自己管理能力を伸ばしたが、以前から困難を抱えていた者の一部は深刻な状況に陥った[16]。この調査では家庭の教育環境が重要であることもわかった。

他方、子どもだけでなく、教員にも創造性と柔軟性が求められ、教科教育において教科書を自ら選ぶことも以前から可能であった教員たちは授業において独自の取り組みを積極的に行った。上記の調査に協力した校長たちは特殊な状況下であっても教員たちがICTスキルを向上させたと報告した。さらに、困難を前に自らの経験などを共有し教師間で連携し、結束を強めたことがわかった。

以上のように、エストニアでは教育インフラとして独立時から整備され、また長年にわたり関係者に使われてきたICT環境が、コロナ禍にあっても従来どおりの学校教育を展開する成功要因となった。しかし、同時に、保護者・子ども・教員ともコロナ禍でストレスを感じており、教員たちは工夫しながら支え合ったことが伺える。

1　丸山英樹（2020）「エストニア共和国」『海外教科書制度調査研究報告書』（pp.259-270）公益財団法人教科書研究センター。
2　丸山英樹（2020）「電子国家エストニアから学ぶ 持続可能に値するICT活用」『先端教育』2020年12月号（pp.54-55）先端教育機構。
3　Riigi Teataja Basic Schools and Upper Secondary Schools Act（https://www.riigiteataja.ee/en/eli/513012014002/consolide/current ）
4　Blok, H. & Karsten, S.（2011）Inspection of home education in European countries. *European Journal of Education*, 46（1）: 145.
5　Maruyama, H. & Sogel, K.（2015）Non-formal Education for Sustainable Society: a Case Study of "Hobby School" in Estonia, *Turkish Journal of Sociology*. 30: 65-77.
6　SPECIAL NOTICE: The emergency situation will come to an end at midnight of May 18, the restrictions will be eased gradually（https://www.valitsus.ee/en/news/special-notice-emergency-situation-will-come-end-midnight-may-18-restrictions-will-be-eased ）
7　Estonia to host webinar on remote learning best practices for SEN students（https://news.err.ee/1074567/estonia-to-host-webinar-on-remote-learning-best-practices-for-sen-students ）
8　Gallery: High school graduates taking Estonian state exams（https://

news.err.ee/1096112/gallery-high-school-graduates-taking-estonian-state-exams）

9　Ministry: Schools must be prepared to continue distance learning in autumn（https://news.err.ee/1091524/ministry-schools-must-be-prepared-to-continue-distance-learning-in-autumn）

10　Millal algab õppetöö Euroopa riikides?　Kõige varem tuleb kooli minna Soome ja Taani õpilastel（https://www.delfi.ee/artikkel/89988881/ulevaade-millal-algab-oppetoo-euroopa-riikides-koige-varem-tuleb-kooli-minna-soome-ja-taani-opilastel?）

11　Children still need computers for distance learning（https://news.err.ee/1220581/children-still-need-computers-for-distance-learning）

12　Tartu schools start new term with partial distance learning（https://news.err.ee/1229707/tartu-schools-start-new-term-with-partial-distance-learning）

13　Eesti koolid hakkavad tõhustama õpilaste vaimse tervise ja õppimise toetamist（https://digitark.ee/eesti-koolid-hakkavad-tohustama-opilaste-vaimse-tervise-ja-oppimise-toetamist/）

14　Õpetajatel soovitatakse vähemalt esimesel kahel nädalal hoiduda õpilaste numbrilisest hindamisest（https://www.postimees.ee/6926586/opetajatel-soovitatakse-vahemalt-esimesel-kahel-nadalal-hoiduda-opilaste-numbrilisest-hindamisest）

15　Koolid teevad kaugõppe tulemustest kokkuvõtteid. Mis olid suurimad murekohad ja mis läks üle ootuste hästi?（https://www.delfi.ee/artikkel/90049013/koolid-teevad-kaugoppe-tulemustest-kokkuvotteid-mis-olid-suurimad-murekohad-ja-mis-laks-ule-ootuste-hasti）

16　2021年3月に行われた別の調査でも2020年から未成年の自殺件数が増加していることが確認された（https://www.err.ee/1608133801/lapsed-on-labi-koroona-aasta-on-kasvatanud-arevushaireid-ja-suitsidaalsust）。

◆第1部　コロナ禍で世界の学校はどうなったか

18　フィンランド

ICT教育先進国における遠隔教育の限界

大阪大学人間科学研究科　星野優

1．ICT先進国の教育現場の現状

　COVID-19（コロナ）の影響によって、遠隔教育を活用せざるを得なかった学校教育では、多くの課題が付随した。技術面においていまだ課題はあるものの、情報化社会に対応するため、1995年から国家戦略としてICT教育を重要視してきたフィンランド[1]は、比較的円滑に遠隔教育を導入できた。しかし遠隔教育の実践から、従来の学校教育が担う重要な役割を浮き彫りにした。

　フィンランド政府は2020年3月16日に緊急事態宣言を発出し、3月18日から5月13日まで基礎学校（初等教育）4年生以上を対象とした教育機関は閉鎖された。その間は、通常の対面授業の代わりに遠隔教育が実施され、最もそれが活用された期間である。就学前教育（0-6歳）と基礎学校1-3年生の児童への対面授業は、エッセンシャルワーカーの家庭を支援するため継続された。また特別な支援が必要な児童生徒に対しても、対面授業が実施された。しかし、在宅ワークが可能な環境であれば、子どもの通園・通学は推奨されなかった。

　フィンランドの教育行政機関の役割に関しては、1980年代から地方分権化が進んだことにより、自治体や学校が持つ裁量権の範囲が広い。そのため遠隔教育における具体的な対応は、地方自治体によって異なる。したがって、次に紹介する具体的な対応については、筆者の留学先であった主要都市の1つトゥルクの事例を参考にする。トゥルクでは遠隔教育に必要な機器は、基礎教育（初等・前期中等教育）を受ける全児童生徒に提供された。4-9年生のすべての児童生徒は、以前から遠隔教育に必要な機器が提供されていた。

そのため 1 - 3 年生の児童に対して、遠隔教育に必要な機器の提供が進められた。閉校期間中の児童生徒の給食に関しては、4 月 6 日から遠隔教育に参加する児童生徒は、持ち帰ることができた。通信料金についても、3 月18日から 3 月31日までの基礎教育における遠隔教育で使用する通信料は半額となり、4 月以降は無償で対応された。一方で全国の基礎学校では、遠隔教育のEdtech教材（アプリやビデオ配信）サービスを提供する複数の民間企業が、無償で提供した。加えて、遠隔教育に関連する無償アプリ一覧のウェブページも作成され、公的機関のホームページに紹介された。民間企業はオンラインコンテンツの充実度に、強く貢献していた。

　2020年 5 月14日からは、全国の就学前教育と基礎学校では、夏休みに入るまでの 2 週間の間で、対面授業が再開された。なおかつ遠隔教育は、必要に応じて継続されていた。他方、後期中等教育と高等教育は対面授業を避け、遠隔教育が基本とされた。対面授業の再開に際しては、社会的距離を保つための空間の確保、持病などリスクを持つ児童生徒に対する特別措置、欠席の規定、感染経路の把握への協力などについて、国立健康福祉研究所と教育文化省によって指示が出された。

２．遠隔教育と教育機会の不平等

　2020年秋学期については国内の感染状況によって、対象の学年や学校全体が遠隔教育に一定期間切り替えられるなどの対応が随時なされた。したがって多くの学校では、対面授業と遠隔教育を使い分けるハイブリット型で、秋学期（ 8 〜12月）の授業は継続された。特に少人数での活動の推奨や、後期中等教育以上で遠隔教育が可能な場合には、できるだけ対面を実施しない方向性で進められていた。また対面授業が可能であったとしても、小グループでの実施形態のみに対面授業が許可される措置もとられていた。ところが市中の感染状況の悪化より、次第に規制が厳格化され、トゥルクでは12月16日からは基礎学校 4 - 9 年生を対象に、残る秋学期の全てを遠隔教育のみに切り替えられた。ただし特別な支援が必要な児童生徒の対面授業は、認められた。

　2021年春学期については1月7日から、後期中等教育では遠隔教育と対面授業のハイブリット型で開始された。就学前教育や基礎学校については、前年秋学期同様で、必要に応じて遠隔教育に切り替えることを前提に、対面授業で開始された。続く秋学期もワクチン接種の普及に鑑み、基本的な感染症対策実施のもと対面授業で開始された。

　コロナ禍での対面授業の再開は、児童生徒や教員からも望まれていた一方で、教員への負担が大きかった。教員の感染が児童生徒よりも多く発生すると、深刻な人手不足となる。しかし、全国におけるワクチン接種の優先対象には教員が含まれず、教員の間で不満が募った[2]。教員はエッセンシャルワーカーとされるものの[3]、医療や福祉関係の従事者及び健康上のリスクを伴う人々が、現状のワクチン接種優先対象者である[4]。

　緊急事態における遠隔教育について、フィンランドの教育関係者が持つ最も大きな問題意識は、教育における不平等であった。閉校期間中の教育実践に関するアンケートにおいて、疾患や不安定な家庭環境などから、特別な支援が必要な児童生徒へのサポートが不十分であったことが、教員の回答から明らかになった[5]。

　加えて、保護者には子どもの勉強のサポートに対するストレスが生じていた。児童生徒には教員による指示の読み取りにくさなどから、対面授業を好む傾向があった[6]。またコロナ禍に入る前の2019年に比べて、2021年には精神面が不安定な児童生徒の増加が見られた[7]。

　このようなコロナ禍での全国の就学前教育と基礎学校に対して、教育省は約8300万ユーロの助成金を支給した[8]。それはコロナ禍において、児童生徒が要する更なる支援を目的とした、教員の補充が対象となる。遠隔教育では、家庭による学習に対するサポートが、生徒の学習に強く影響を与える。遠隔教育の実践から、特別な支援が必要な児童生徒に対するサポートを、より一層充実させることが求められた。また先に出たトゥルクが属する南西スオミ県では、2021年—2022年の間で、進路指導強化プロジェクトが開始され、32万ユーロが教育省から支給される[9]。コロナ禍では、生徒の進路選択において不安が更に拡大していることから、支援を充実させる目的で実施される。

　コロナ禍において遠隔教育を実施した結果、平等な教育機会と公平性を重

視するフィンランドの教育制度において、特別な支援に対するサポート体制は最も大きな課題であったと言える。対面授業の場合は、毎日顔を合わせて児童生徒の状況を見ることができ、必要なサポートを適宜判断することが可能であるが、遠隔教育の場合にはICT機器を通して学習面以外の環境を把握することは困難である。このような遠隔教育の限界から、対面授業の重要性と共に、学校教育が教科学習だけではなく、社会を構成する人材育成の役割としての重要な機能を持つことが再認識された[10]。

　2021年秋学期より後期中等教育までの義務教育延長や、2年間の就学前教育の試行など、教育政策の再編がみられるが、コロナ禍で得た気づきは、今後どのように活かされるのであろうか。ポストコロナに向かう教育政策の動向にも注目したい。

1　Ministry of Education. (1995) Education, Training, and Research in the Information Society: A National Strategy.

2　Teivainen, A. (2021) "Finnish teachers' union voices frustration with uncertainty surrounding school year." *Helsinki Times*, 03 August 2021, https://www.helsinkitimes.fi/finland/finland-news/domestic/19703-finnish-teachers-union-voices-frustration-with-uncertainty-surrounding-school-year.html.（最終閲覧日2021年10月27日）

3　Prime Ministers Office Finland. (2020) "Employees in sectors critical to the functioning of society." https://vnk.fi/en/-/yhteiskunnan-toiminnan-kannalta-kriittisten-alojen-henkilosto.（最終閲覧日2021年10月27日）.

4　Finnish institute for health and welfare. (2021) "Vaccination order and at-risk groups for COVID-19" https://thl.fi/en/web/infectious-diseases-and-vaccinations/what-s-new/coronavirus-covid-19-latest-updates/vaccines-and-coronavirus/vaccination-order-and-at-risk-groups-for-covid-19（最終閲覧日2021年10月27日）.

5　Ahtiainen, R. (2020) "*Koulunkäynti, opetus ja hyvinvointi kouluyhteisössä koronaepidemian aikana: Ensitulokset*". https://helda.helsinki.fi//bitstream/handle/10138/324905/Raportti_ensituloksista_elokuu_2020.pdf?sequence=1..（最終閲覧日2021年10月27日）

6　Loukomies, A. & Juuti, K.（2021）Primary Students' Experiences of Remote Learning during COVID-19 School Closures: A Case Study of Finland. *Educ. Sci.* 2021, 11 （9）, 560. https://doi.org/10.3390/educsci11090560

7　Finnish institute for health and welfare（2021）School Health Promotion study.

8　Turku News Archive.（2020）"Sivistystoimialalle lähes 5 milj. euroa korona-avustuksia".
https://www.turku.fi/uutinen/2020-08-25_sivistystoimialalle-lahes-5-milj-euroa-korona-avustuksia. .（最終閲覧日2021年10月27日）

9　Turku News Archive.（2021）"Perusopetuksen oppilaanohjauksen vaikuttavuutta vahvistetaan".
https://www.turku.fi/uutinen/2021-09-30_perusopetuksen-oppilaanohjauksen-vaikuttavuutta-vahvistetaan. .（最終閲覧日2021年10月27日）

10　Turun sivistystoimiala, viestintä.（2021）*Peruskoulu on parasta.* "Peruskoulu muuttuu, mutta sen valtava merkitys pysyy".

◆第1部　コロナ禍で世界の学校はどうなったか

19　モンゴル

コロナ禍における教育体制
－長期休校への対応－

大阪大学人間科学部　ハスバートル・アナラ

1．長引く休校期間と所得による教育格差の拡大

　新型コロナウイルスの感染拡大により、世界各地で教育機関は閉鎖され、教室で対面授業を受けることが当たり前だった日々が、オンライン授業やオンラインと対面が組み合わさったハイブリッド式授業に余儀なく転換された。モンゴル政府は2020年1月から予防措置として早期に対策を取り、3月2日までという期限付きで学校を休校し、児童生徒はテレビ授業を通じての遠隔での授業を受けることとなった。世界保健機関（WHO）からパンデミックが発令される前に予防措置をとったのは、中国と広い面積で国境を接していることや中国とモンゴルの間を行き来する人々が多いためである。まず、政府発表では、2月1日より中国からモンゴルへの入国が禁止され、3月2日までは、モンゴル人の中国への出国も禁止された。休校中のテレビ授業とは、国営放送のテレビチャンネルで毎日各学年に対応した教科の授業が行われ、児童生徒はそれぞれの学年の授業を視聴する方式であり、巻き戻しやオンラインでの無料視聴も可能である[1]。しかし、感染拡大は広がる一方で、休校はさらに延長され、教育機関の授業再開は9月1日からとなった。モンゴルでは、Facebookの普及や使用率が非常に高く、各学校の各学年がFacebookでグループを作成し、担任の先生や児童生徒及び保護者たちが参加し、教科のPDFファイルや各教科の先生が作ったパワーポイント、通達、連絡事項を投稿するなどの方法が取られた。もちろん、ZoomやGoogle Meetを利用したオンライン授業も行われた。全国の児童生徒は同一時間帯に一斉にテレビ授業を受け（オンデマンド視聴も可能）、そこで出された宿

題をやり、さらにオンライン授業に参加する形で教育がなされた。

　モンゴルは約330万人という人口規模の小さい国であるが、新型コロナウイルスに対して早期に厳しい対策をとり、2020年11月までモンゴル国内ではモンゴル人同士の感染や死者は発生しておらず、いずれも外国からの入国者の持ち込み事例となっていた。2020年1月から休校となり学校に通えなくなった。最初は3月2日までとしたが、延長で3月29日までとなり、世界的に流行が続いたため、さらに4月30日までとし、そのまま一度も開校することなく9月まで休校となった。児童生徒はようやく9月の新学期から学校に戻り、感染対策を徹底した上で対面授業を行うこととなった。しかし、それは長く続くことができず、11月に初のクラスターによる国内感染者が確認され、教育機関は再び休校となり、2021年の6月まで、つまり夏休み期間に入るまで対面授業には戻らなかった。

　筆者の妹はこのパンデミックの時期に小学校を卒業（20年6月）し、中学校に上がったが、1年間は学校に通うことができず、オンライン授業やテレビ授業を受けていた。上述したように、妹が通う学校にもFacebookグループがあり、私もそのグループに参加し、どのように授業が行われているかを確認することができた。通常対面授業は一コマ40分行われるが、ZoomやGoogle Meet利用したオンライン授業は20分、テレビ授業も約20分という、オンライン授業とテレビ授業を組み合わせて40分の授業が行われ、宿題はFacebook messengerのプライベートチャットを利用し、ノートの写真を送り、先生が確認していた。政府や教育関係者が継続的な学習を確保するためにオンライン授業に目を向けた一方、地方の農村部の牧畜民コミュニティの子ども、少数民族の子どもなど、取り残された子どもたちがいたことは否めない。彼らはパンデミックの間、インターネット接続やデバイス、それぞれのニーズに合わせた学習教材を利用することは非常に困難だったといえる。オンライン教育の機会を活用するには、個人が良質な機器を利用できるかどうかが大きく影響する。ビデオ講義、ライブディスカッション、フォーラムなど、ほとんどの教育コンテンツには、ヘッドフォン、カメラ、スマートデバイスなどの最低限の機器が必要である。しかし、低所得世帯、失業者、農村部の牧畜民など多くの家庭ではデータ許容量のあるモバイル接続の

みでインターネットにアクセスしていることがほとんどである。地方の農村部に住む子どもたちの中で、インターネット接続やテレビ視聴が困難の家庭もあり、先生たちが電話で話をしたり、一定期間に訪問するなど、またインターネット接続が可能な場所まで車で行くなど方法を取ったと話題にもなっていた[2]。

2．5／9システム

　このようにオンライン授業やテレビ授業が2021年6月まで行われ、夏休み期間に入り、誰もが9月の新学期からは対面授業に戻ることを望んでいた。初の国内感染者が出てから、感染拡大は収まることなく増え続け、何度ものロックダウンや厳しい対策を取り、18歳以下の予防接種も積極的に勧められているが[3]、1日に確認される感染者数は減っていない。そのような状況下、2021年9月から対面とオンライン授業のハイブリッド式を取り入れ、教育科学省からは「5／9システム」が導入された。感染対策のため、各教室には25人以下の児童生徒が入り、平時では2人のところ1つの机に1人の児童生徒が座る。平時では基本1クラスの児童生徒数は30名から50名であるため、クラスの児童生徒を2つのグループに分け、ハイブリッド式授業を行っている。今週対面式の授業を受けている1つ目のグループの児童生徒が、次の週はオンラインでの授業を受け、その間、2つ目のグループの児童生徒が対面授業を受けるという分散登校を実施している。つまり、児童生徒は5日間対面授業を受け、その週と次週の土日を入れた9日間は遠隔授業を受けるという。オンライン授業で受けた内容、宿題は対面のとき確認しているという。また、同時にテレビ授業も行うが、補習として視聴するとなっている。そして、大阪モデルと同じような新型コロナ警戒信号（赤・オレンジ・黄色・緑）に基づき、その地域（地方）の感染状況により全体的に対面で行うかどうかが決まり、基本的に上記の「5／9システム」で学校教育が行われている。

　モンゴルは、2020年1月から2021年6月までの間に長い休校（約50週）を経て、対面授業を再開し、withコロナとの生活に適応しようとしている。

急変した学習方法に慣れない児童生徒、それによる学力低下にこれからどう対応し、なくしていくのか。モンゴルでは2021年9月末から児童生徒の学習遅れの実態調査を行い始めている。まず教師にアンケートを取り、児童生徒はどの科目で、どういった内容で遅れが生じているかを確認し、次に無作為抽出で2年生から12年生までの児童生徒を対象に学力調査を行っている。調査の結果に基づき、学習の遅れを評価し、またeラーニング（オンライン授業）の成果を評価することを目的としている。

公立中学校の講義教室の様子　公立高校の授業の様子　　公立小学校中庭クリスマスツリーの前で

1　教育科学省からのサイトでオンデマンドで視聴できるようになっている。また、放送局のオンデマンドアプリ等でも無料視聴ができる。https://medle.mn
2　「車で通信がつながるところまで来て、オンライン授業に参加している」https://gogo.mn/r/1378m
3　以下報道によれば、2021年6月16日から16-17歳の子どもたちがワクチン接種可となり、28日から12歳以上の子どもたちも接種可となりました。https://www.montsame.mn/mn/read/268325
https://news.mn/r/2443287/
https://ikon.mn/n/2amp

引用・参考文献

https://www.meds.gov.mn/post/85525
UNICEF Education COVID-19 Case Study—Mongolia – Remediation of learning after school reopening, 7 January 2021
https://aa9276f9-f487-45a2-a3e7-8f4a61a0745d.usrfiles.com/ugd/aa9276_47c329d　7c41d418b9ab56e6593786d30.pdf
報道Jargaldefacto
https://www.jargaldefacto.com/article/tsar-takhal-ba-bolowsrol
https://asia.nikkei.com/Spotlight/Coronavirus/Mongolia-loses-battle-to-stay-COVID-free
　※上記URLは全て2021年9月30日最終閲覧

◆**第 1 部　コロナ禍で世界の学校はどうなったか**

20　イラン

COVID-19と教育－対応と主な課題－

カラズムニ大学　ハッサンレーザ・ジーナバディ

1．イランにおけるCOVID-19への対応

多くの国と同様に（Reimers & Schleicher, 2020）、COVID-19パンデミックはイランで最初にして最も重要な公衆衛生問題となった。ワクチンを開発するための最初の措置が講じられたが、非イラン製ワクチンの第一便が到着することとなり（Islamic Republic News Agency, IRNA, January 25, 2021）、感染拡大の影響を低減させウイルスの蔓延を遅らせることが、公衆衛生と政府介入に委ねられることとなった。このような非薬剤的な介入は、全国の都市や州（province）により一様ではない。しかし、一般的には社会的孤立が含まれる点で通底している。すなわち、距離をとること、リスクの高い仕事の休止、テレワーク、学校や大学の閉鎖、そして渡航禁止令などである（Rassouli, Ashrafizadeh, Farahani & Akbari, 2020）。

2．初等中等教育とCOVID-19

初等中等教育では、COVID-19パンデミックはイランの歴史上で最も重大な混乱を引き起こし（Ahmady, Shahbazi & Heidari, 2020）、31の州の約1500万人の学習者に甚大な影響を与えた。国はただちにオンライン学習を決定した（Mohammadimehr, 2020）。あらかじめ必要となるのは単一のプラットフォームであり、教師がオンライン授業を制作してアップロードし、生徒がアクセスできるようにした。さらに先進的な例として、オンラインサイトやソーシャルメディア（SkypeやWhatsAppなど）の活用が見られた。現在では、あらゆる学校が、オンラインでの教育と評価（Shadweb.

iranlms.ir）のために「生徒の教育ネットワーク（"Educational Network of student"）」（ペルシア語の頭字語から「Shad」とされる）と呼ばれる単一のプラットフォームを使用することとなっている。

　Shadはイランで最も広範なインタラクティブ・アプリであり、国内最初で最大の携帯電話ネットワーク事業者（Hamrah-e-Aval）によって提供されている。これにより、教育史上でも最も広範なオンライン教育が展開されることとなり、1400万人を超えるユーザーがイランのオンラインクラス（Shadweb.iranlms.ir）に参加している。

3．オンライン教育の課題

　オンライン教育にはさまざまな課題があるが（Nikdel Teymori & Fardin, 2020）、これまでのところ、以下の課題がとくに重要かつ本質的だ。

〈テクノロジー〉

　一部の教師（とりわけ不利な条件にある地域や貧困地域の）は、すべての生徒にオンラインでアクセスすることが難しい。さらに、貧しい生徒の割合が高いところ（地方の学校や遠隔地）で働く教師は、自宅でのインターネット接続やコンピューター／スマートフォンへのアクセスが限られていることを実感するだろう。公式報告によると、この制限にはイランだけでなく、多くの国で見うけられる（Burgess & Sievertsen, 2020）。

〈ホームスクーリングと家族〉

　パンデミックの間、イランの家族と親は恵まれていた。特に小学生にとって、家庭での学習に大きく貢献したことが広く認められる（Burgess & Sievertsen, 2020）。ホームスクーリングの拡大は、有用であることが示されたがゆえに、今後かなり積極的に進むかもしれない。しかし、その役割は、学校の教育を補完するものと見なされている（Daniel, 2020）。実際にはホームスクーリングは、残念ながら補完的な教育ではなく、多くの子どもの学習の責任は潜在的に親によって左右されている。

　公式な報告や公刊物にはまだなっていないものの、一部の学校（主に小学校）は家庭での教育をうまく支える力を有しておらず、明確な計画も持ちえ

ていないという非公式の報告がある。さらに、多くの家族の間には、子ども
が学ぶことを助ける能力の違いや、家庭教育に費やせる時間の違い、教育ス
キルの違い、そしてそれらに必要な知識量の差など、多くの違いが存在する。

〈評価〉

　学校の閉鎖は教育を中断しただけでなく、生徒の学習を適切に評価するた
めの多くの課題を生み出した。学習を評価する目的は、子どもの成長に関す
る情報を家族や教師に提供することにある。この情報が損なわれると、学習
における問題認識が遅れ、子どもに長期的な悪影響がもたらされかねない
(Burgess & Sievertsen, 2020)。

　現在、評価は以前ほどには重要ではないかもしれない。実際の学習を正確
かつ総合的に評価するために、オンラインで試験を受けることが大きな課題
である。当初はさまざまな評価方法が存在したが、次第に明確な方向性が教
育省から学校に伝えられるようになった。一般的には、学校は従来の試験を
オンラインの評価ツールに転換している。これは教師と生徒の双方にとって
新たな試みであり、従来以上に評価測定の誤りや偏りを生む可能性がある。

〈小学校の有効性〉

　オンライン学習の効果は年齢層によって異なっている。小学生について共
通に認識されていることとしては、より持続可能な学習のためには構造化さ
れ秩序ある環境が必要ということだ (Daniel, 2020)。小学生は気が散りや
すく、教師は常に子どもと関わりを持つ必要がある (Lilburn, 1962)。小学
校の教師は、オンライン教育に必要な養成を受けておらず、技術も十分には
有していない。親の存在は大きな助けになるものの、オンライン教育が小学
生──特に 1・2 年生にとって──本当に役に立つのかどうか懐疑的である。

4. パンデミック収束後の教育

　親は今、コロナ・パンデミックが終わることを切望している。親はまた、
子どもたちができるだけ早く学校に通うことができるよう望んでいる。同時に、
親、教師、生徒、政策決定者を含むあらゆる人々が、危機的な状況において
オンライン教育というものが不可避の有用なツールであることを経験した。

　養成や準備のないオンライン学習への予期しない急速な転換は、イランの教育の持続的な発展に寄与しないとの主張が見られる一方で、ICTテクノロジーの教育への統合が加速していくとの主張も見られる。オンライン教育は、いずれはイランの学校教育の構成要素の1つとなっていくだろう。

引用・参考文献

- Ahmady, S., Shahbazi, S., & Heidari, M. (2020) Transition to virtual learning during the coronavirus disease-2019 crisis in Iran: Opportunity or challenge? Disaster Medicine and Public Health Preparedness, 14 (3), e11-e12.
- Burgess, S., & Sievertsen, H. H. (2020) Schools, skills, and learning: The impact of COVID-19 on education. Available online: https://voxeu.org/article/impact-covid-19-education.
- Daniel, J. (2020) Education and the COVID-19 pandemic. Prospects, 49 (1), 91-96.
- IRNA (2021) Official: Iran to receive 1st COVAX shipment soon. Retrieved from https://en.irna.ir/news/84197805/Official-Iran-to-receive-1st-COVAX-shipment-soon.
- Lilburn, A. (1962) The effect of distractions on the work of primary school children. Educational Review, 15 (1), 26-36.
- Mohammadimehr, M. (2020) ELearning as an educational response to COVID-19 epidemic in Iran: The role of the learners support system. Future of Medical Education Journal, 10 (3), 64-65.
- Nikdel Teymori, A., & Fardin, M. A. (2020). COVID-19 and educational challenges: A review of the benefits of online education. Annals of Military and Health Sciences Research, 18 (3). https://dx.doi.org/10.5812/amh.105778.
- Rassouli, M., Ashrafizadeh, H., Farahani, A. S., & Akbari, M. E. (2020) COVID-19 management in Iran as one of the most affected countries in the world: Advantages and weaknesses. Frontiers in Public Health, 8, 510. https://doi.org/10.3389/fpubh.2020.00510.
- Reimers, F. M., & Schleicher, A. (2020) A framework to guide an education response to the COVID-19 Pandemic of 2020. OECD. Retrieved April, 14 (2020), 2020-04.

（訳：辻野けんま）

◆ 第 1 部　コロナ禍で世界の学校はどうなったか

21　ロシア ──────────────────────

学校教育にCOVID-19が
もたらした新たな課題

チュメニ大学　ジャーナ・ブルック

1．ロシアの学校教育の概観

　2012年12月29日の連邦法第273-FZ「ロシア連邦の教育について」（第66条）[1] に従い、「初等普通教育、基本普通教育、中等普通教育は義務教育段階である」。これらの段階では、6歳6ヶ月以上から17歳6ヶ月までのほぼすべての子どもが対象とされる。基本普通教育（9年生で卒業）を修了した後、職業学校やカレッジに進学する生徒も、いささか「簡略化」された形態とはなるものの、こうした制度の下で中等教育を受けている。

　中等（完全）教育は11学年から構成される。中等（不完全）教育は9学年から構成される。第Ⅰ段階（初等普通教育）は4年制、第Ⅱ段階（基本普通教育）は5年制、第Ⅲ段階（中等［完全］普通教育）は2年制である。

　教育責任は、親または法定代理人にあり、子どもたちの意見を考慮して、基本普通教育を受ける前に、子どもが通う教育機関および教育形態を選択する権利をもつ。大半の子どもは公立学校に在籍している（特定の科目に重点化している学校も含む）。そこでの教育は公式に無償である。それ以外では、私立学校、非国営学校（たとえば、東方正教会のギムナジウア）、ホームスクーリングなどがある。

2．COVID-19の感染拡大と遠隔教育への移行

　COVID-19の感染拡大は、多くの国にとって2020年の経済と社会全体における深刻な課題となった。ユネスコによると2020年3月26日の時点で、

世界165か国の学校や大学が閉鎖され、世界の学齢人口の87％にあたる15億人以上の児童・生徒・学生に直接的な影響を及ぼした[2]。

2020年3月、ロシアもまた新型コロナウイルスの感染拡大を防ぐため、教育機関を遠隔形態へ移行させることを決定した。遠隔教育の形態は、ロシア建国30周年の年度の終わりにあたる5月まで続いた。

新年度（2020-2021年度）は2020年9月1日に始まり、ロシアの学齢期の子どもにとっては通常の対面形態で開始された。しかし、学年度の第2四半期（2021年11月から12月）には、5年生から11年生までの子どもを対象に、再び遠隔形態の教育へと切り替えられた。

遠隔教育の対象となった子どもは、おしなべて遠隔で学習する難しさに直面した。教師は、通常の授業を短期間のうちにオンライン授業へ転換することを余儀なくされ、特別な負荷がかかった。子どもや教師の中には必要な機器を持たなかったりインターネットにアクセスできなかったりなど、さまざまな技術的問題が発生した。同時に、必ずしもすべての教師が生徒とのコミュニケーションの新しいあり方を構築できたわけではなく、遠隔教育のさまざまな手段を活用して授業を実施するには至らなかった。

3．親と生徒のための遠隔教育の評価に関する研究

全ロシア人民戦線（ARPF）のプロジェクト「子どもの平等な機会の保障」および、国立教育資源財団の専門家らは、全国の13歳から18歳までの2695人の子どもと1から11年生に在籍する子どもをもつ親2401人に対して、遠隔教育の評価に関する調査を実施した。調査は、学校での授業が中断された2020年3月末に実施された。大多数の親（70％）は、学校を遠隔教育に置き換えることは不可能だと考えており、子どもの60％は終日遠隔での学習が続くことを望んでいないことが明らかになった。

オンライン学習プラットフォームをめぐる失敗は、それを使用した子どもの88％が経験したと報告した。調査対象となった生徒の54％がさまざまなリソースで既製の教育動画を視聴し、オンラインプラットフォームで宿題を完了できたのは50％のみだった。

　自分で様々な方法により学習することを望まない子どもの消極性が、親の負担を増大させる理由となり、回答者の48％がそのようにとらえていた。また、62％の親が子どもの勉強へのモチベーションが低下したと回答し、９％のみが増加したと回答した。同時に、55％の回答者は遠隔期間中の教育についての問題を、学校自らが解決することに、より満足していた。

　「何か支援が必要ですか？」という質問に対して、回答者（児童・生徒・学生）の51.6％が「感情面での支援が必要」と回答し、42.7％が「心理面での支援が必要」と回答した。10代の半数以上（57％）が他の仲間とのコミュニケーションの欠如を、45％は教師とのコミュニケーションの欠如を感じ始めていた。児童・生徒の77％は自習課題が増えていると感じ、49％は疲労感が増えていると回答した[(3)]。

４．COVID-19パンデミック以前とコロナ禍のチュメニ地域の子どもの生活満足度の調査

　2021年の春、筆者らはチュメニ州の６年生（12歳児）920人を対象に調査を実施した。回答者の性別内訳は、男子49.7％、女子50.3％である。

　COVID-19のパンデミック以前とコロナ禍の最中に、10代の若者に対して生活のさまざまな側面への満足度について尋ねた。その結果を分析すると、パンデミックの間、とくに親戚や家族との関係において苦しんでいたと結論付けられる。コロナ以前では10段階の平均値が8.28だったが、コロナ禍の最中には8.09となった。何よりも、10代の若者は通常の趣味の時間が制約を受けることに動揺していた。平均値は8.07から7.19に低下した。このような結果は、外出の行動規制や学校その他の機関の閉鎖から説明することが可能である。最も厳しいロックダウン下において、子どもたちはその活動的な生活が制約され、大半の時間を自宅で過ごさなければならなかった。子どもたちは、習い事やスポーツに参加することも、庭を歩いたり友達とおしゃべりすることも、あるいは映画館に行ったりその他日常のさまざまな活動をしたりすることもできなくなった。

　コロナ以前とコロナ禍の最中の両方において、女子は男子よりも人生のさ

まざまな側面への満足度がはるかに低い。コロナ以前、男子は学校の成績について最も低く回答し（10段階で平均7.92）、女子は友人関係への満足度を最も低く回答していた（10段階で6.21）。コロナ禍の最中、男子は学校の成績に最も戸惑いを感じ、学校で学んだことに対する満足度を他の生活分野よりも低く評価し、平均が7.92から7.00に低下した。

　10代の若者が自分にとって何が最も不安要因となっているか尋ねた。その結果、子どもは何よりも、親戚や家族、友人など身近な人がウイルスに感染することを恐れていた。これは、10代の子どもの感情的な反応の証左である。子どもたちはまた、学校生活の変化を気にかけており、コロナの影響で成績が悪くなるのではないかと案じていた。

　遠隔教育への移行は、教師にとっても、子どもにとっても、親にとっても、誰にとっても予期せざることだった。誰もが遠隔教育のための場所を確保したり、インターネット接続を安定させたりしなければならなかった。学校での通常の授業から家庭でのオンライン教育に転換したことで、自分自身の生活を調整して時間管理することも必要になった。遠隔教育に関わるすべての人が、緊急に遠隔教育についてのスキルを向上させることを余儀なくされた。子どもたちはお互い同士、また教師とも、それまでのように「対面」で親しくコミュニケーションするという慣れた方法をとることができなくなった。そして、そのことが、学んだり理解したり知識を吸収したりという学習を明らかに妨げ、同時に教師による客観的な評価をも阻害することになった。

おわりに

　子どもたちは、テレビ番組を見たり、インターネットでニュースを読んだり、SNSで交わされる意見を読んだり、家で両親と話したりしながら、社会の中で生活している。このように、子どもたちは、社会のあらゆる人々と同じく、世界のコロナ禍の状況をともに経験しながら生きている。子どもたちへの調査の回答からは、この事実が確認される。何よりも、10代の子どもたちは、家族や親戚、友人の健康を案じている。今日、感染リスクに晒されることのない家族は存在しないだろう。多くの人が親族や愛する人、友人を

失った。また、子どもたちは学校での通常の学習が乱れ、遠隔教育への移行やそれにともなって生じた困難について、大きな不安を覚えている。子どもたちは、遠隔教育によって得た知識に満足しておらず、成績にも悪影響を与えるのではないかと案じている。子どもたちは、その年齢特性からも、自分自身が感染する可能性があることや、他の人々に感染させてしまう可能性があることを悩んでいる。

　10人に6人の子どもは、遠隔教育よりも教室での学習が良いと考えている反面、21%の子どもは遠隔教育の中で新たな機会を見出し、これまでとは異なる方法で学ぶことに興味を持っている。また、遠隔教育は子どもの40%にとって、心理的により安心できるものであるとの結果が出ている。回答者の3分の1は、遠隔教育においても学校での勉強と同様にがんばっていると考えている。4分の1の子どもは、教科書やオンライン教育を通じて、今後も遠隔教育で勉強したいと考えている。65%の子どもは、新しいことを覚えたり理解したりすることは対面式の授業の方が容易だと考えている[3]。

　私たちは日常生活の変化に困惑しつつも、現在の状況をとらえ賛否の議論を交わすことができる。しかし、一つのことについてはあらゆる人が合意できる。世界は決してビフォー・コロナと同じ状況に戻ることはないということだ。COVID-19が学校教育にもたらした課題は、教育にかかわるすべての人に課された難題でもあるだろう。

引用・参考文献

1. Federal Law of December 29, 2012 No. 273-FZ "On Education in the Russian Federation".
2. Alternative solutions to school closure in Arabian countries to ensuring that learning never stops Covid-19 education response //UNESCO. URL: https://en.unesco.org/news/alternative-solutions-school-closure-arab-countries-ensuring-learning-never-stops (Date of the application: 30.10.2021).
3. The official website of the All-Russian Popular Front. Results of the survey of assessing distance learning by parents and school children. URL: https://onf.ru/2020/04/14/onf-predstavil-itogi-oprosa-ocenivshih-distancionnoe-obuchenie-roditeley-i-shkolnikov/ (Date of the application: 30.10.2021).

（訳：辻野けんま）

◆第1部　コロナ禍で世界の学校はどうなったか

22　ニュージーランド —————————————————————

迅速かつ優先順位をつけた対応と残された課題

大阪大学大学院人間科学研究科　**田邉匠**

1．2020年における政府のコロナ対応

　2020年2月28日に、ニュージーランド国内において最初のコロナウイルスの感染事例が報告された。その後、太平洋島嶼国地域からの入国を除き、到着時に14日間の自己隔離をすることを発表し、さらに市民と永住者以外の入国禁止を行い、最終的に都市封鎖に至った。ここまでがすべて3月中に行われた出来事である（New Zealand Government 2021）。都市封鎖の措置は国内においても適切であったと評価されたものの、その合憲性が争われる事態までになった。最終的に、2020年8月19日の高等法院の「アンドリュー・ボローデール　対　保健省長官および司法省長官」判決では違憲と判断されている。

　このような非常事態にともない、学校は閉鎖され、子どもは家庭で学ぶことを余儀なくされた。そのため、教育省から都市封鎖中における子どもの遠隔学習を支援するための戦略が打ち出された。以下、2021年2月までの状況を主に教育省と教育機関評価局の報告書を基にまとめる。

2．教育省による「遠隔学習パッケージ」

　教育省による「遠隔学習パッケージ」は、「COVID-19に対応する上で、教員（マオリの学校の教員［kaiako］を含む）と協力して、家庭からの子どもの学習を支援するために、保護者やファナウ（whānau）[1]、世話人を支援し、それらの人々の力量を高めることを目的に設計」（Ministry of

Education 2020b, p.1）された。主な内容としては、①インターネットとデバイスへのアクセスの増加、②さまざまな学年に対応した教科ごとの紙媒体の資料の提供、③太平洋島嶼国やその他の地域を対象とした内容を含む、教育関連の内容を放送する英語媒体とマオリ語媒体の２つのテレビ番組の立ち上げ、④Learning from HomeやKi te Ao Mārama等のWebサイトから入手できる、保護者向けのオンライン資源の強化、および学習支援コーディネーターと家族を遠隔で結びつけるための迅速な追跡方法である（Ministry of Education 2020a）。

　2020年７月29日に教育省により公開された『Education Report: COVID-19 Response – Distance learning package（教育レポート：遠隔学習パッケージ）』によると、この「遠隔学習パッケージ」には8778万NZドルの予算が割り当てられた（Ministry of Education 2020b, p.1）。その内の3644万NZドルは、新しいインターネット接続とデバイスの提供に配分され、７月７日時点でインターネット接続に2012万6000NZドルとデバイスの提供に1387万8000NZドルが使用された。しかしながら、報告書によると教育省が提供するインターネットサービスプロバイダと接続している世帯は5万3267世帯となっており、教育省が目標としていた8万2000世帯には到達していないことが指摘された。これらの問題は地理やインフラストラクチャに起因するとされている（Ministry of Education 2020b, pp.4-5）。また、デバイスに関しては学校（マオリの学校［kura］を含む）から教育省に対し、9万8029人の学習者のためのノートパソコンが申請され、2万5725台のノートパソコンが発送された。加えて、学校の在庫からも合計で1万6000台が供給された。これらのノートパソコンは11〜13学年の全国資格認定試験（National Certificate of Educational Achievement）の科目を学ぶ生徒（高校生）に優先的に配られ、対象のすべての生徒が入手することができた（Ministry of Education 2020b, p.7）。社会経済的水準値（Decile）が低い地域からの配布を行ったこと（Ministry of Education 2020b, p.7）からも、緊急性や弱い立場にある学習者を優先して支援を行っていったことがわかる。しかしながら、報告書も述べている通り約7000人の学習者（特に小学生）は入手できていなかった（Ministry of

Education 2020b, p.7）。このようにオンライン学習を選択できない生徒も
いるため、教科ごとの紙媒体の資料が、就学前教育を受ける者を含めすべて
の学習者に配布された（Ministry of Education 2020b, p.8）。家庭の学習
環境の差が生じることは推測できるが、この報告書の範囲においては少なく
とも、学習内容がある程度統一された教材を、生徒は都市封鎖の期間におい
て享受することができたといえる。

３．コロナによる教育問題と今後の対応

　学校閉鎖がもたらした教育への影響を示す報告書として、教育機関評価局
による２つの報告書がある。一つは2020年６月18に公開された『Covid-19:
learning in Lockdown（COVID-19：都市封鎖中の学習）』である。これ
は３月25日から開始された学校閉鎖の影響を調査している。もう一つは
2021年１月19日に公開された『Learning in a Covid-19 on Schools（学
校におけるCOVID-19下の学習）』である。これは３月25日の全国的な学
校閉鎖に加え、総人口の約３分の１が集中する最大の都市オークランド地域
の８月12日からの学校閉鎖が対象となっている。

　2020年６月18日の報告書では、主に①11〜13学年の全国資格認定試験
の科目を学ぶ生徒が家庭において、学校からの学習課題に取り組めていない、
②多くの生徒が都市封鎖中に学習を支援するためのフィードバックを受けて
いない、③多くの教員が生徒の進捗を遠隔でモニターできていない、④すべ
ての生徒がオンラインでの学習をすることはできなかった、⑤一部の生徒
（特に男性と中高校生）が主体的・能動的に学習を行えていない、⑥一部の
教員と生徒にメンタルヘルスへの影響があるという傾向が結論づけられた
（Education Review Office 2020, p.20）。

　一方の2021年１月19日の報告書では「生徒のウェルビーイングや学習へ
の主体的・能動的関与（Engagement）、学習への影響」「マオリ系や太平
洋島嶼国系、オークランド地域の生徒、社会経済的水準値の低い学校の生徒
の違い」「教員と校長のウェルビーイングへの影響」「今後への示唆」「次へ
の歩み」の５章に分け報告が行われた。

　「生徒のウェルビーイングや主体的・能動的関与、学習への影響」では、以下のことが示された。①閉鎖中よりも閉鎖後の方が苦労していること、上の学年ほど幸福度が低いことが明らかになり、コロナに対する不安の高まりや学習課題に対して高校生が抱く困難がウェルビーイングに影響していることが課題とされた。このような状況で、学校はウェルビーイングを優先し、精神的圧迫への対処やファナウとの関係構築、物的な支援を行っていた。②生徒の不安が学校への登校に与える影響や高校生の間で学習に対する楽しさが欠如していることが指摘され、生徒の間で学校での学びを求める声と継続的な離脱への対応が課題とされた。これに伴い、学校は欠席することに対して安心できる方法や、学習に参加させるための慎重で個別化された方法、追加のニーズがある生徒への支援を行っていた。③生徒、特に社会経済的水準値の低い地域に属する生徒の学習への影響や、教員からは芸術などの実践的科目やライティングの進捗への影響が示され、また学校と比較したときの家庭学習の効果の低さ、高校生の学習の遅れに対する懸念、既存の教育格差の拡大が焦点化された。そして、効果的な支援として遠隔教育におけるデジタルテクノロジーの利用や、柔軟で個別化された学習、教員や保護者、きょうだい、友人による支援、都市封鎖中の学習を認識し、学校での学習に拡張することが挙げられた（Education Review Office 2021, pp.4-23）。

　「マオリ系や太平洋島嶼国系、オークランド地域の生徒、社会経済的水準値の低い学校の生徒の違い」では、マオリ系と太平洋島嶼国系、社会経済的水準値の低い学校の生徒はオンライン学習を行える環境にある者が少ないこと、そしてマオリ系と太平洋島嶼国系の生徒に関しては、拡大家族が一緒に住んでいることから健康に関する不安があるため、低い警戒レベルでも学校に戻るのが遅かったことが傾向として挙げられた。また、太平洋島嶼国系の生徒に関しては、出身言語と教授言語が異なるため、学校が家族と意思疎通を図る上で言語的な障害があることも述べられた。社会経済的水準値が低い学校の生徒については都市封鎖後の学習到達度や登校、学習への主体的・能動的関与がより懸念されることや、オンライン学習が行える者が少ないことが示された。オークランド地域では、高校生の間で他の地域と比較してコロナに対する安全を感じにくいこと、また教員からは生徒の学習への主体的・

能動的関与の低下を懸念していることや、オークランド地域の中でも社会経済的水準値の低い学校で最も学習に対する懸念が見られたことが述べられた（Education Review Office 2021, pp.24-33）。

「教員と校長のウェルビーイングへの影響」では教員のストレスと倦怠感、若手教員と校長の仕事量の管理が課題となっており、教育省の広報や地方事務所からの支援が効果的な支援として挙げられた（Education Review Office 2021, pp.34-39）。

最後に「今後への示唆」において、以下の方針が示された。①不安を抱える生徒に備えると同時に、生徒のウェルビーイングを継続的にモニターし、また最も必要とする生徒や学校に支援を提供する。②不登校の危険がある生徒を特定するための追跡とモニターや、警戒の徴候に迅速に対応するための計画を立てること、両親やファナウと協力することと、的を絞った戦略を開発することで、生徒の主体的・能動的関与を支援する。③コロナ以前の学習の到達目標とは異なることを認識し、生徒の学習計画を見直すことや、生徒の学習状況を理解し、個々の状況に応じて、生徒・教員主導の方法を提供することで、生徒の学習を支援する。④教員と校長のウェルビーイングに注意を払い、最も必要とする人々への支援を増やす。⑤テクノロジーの利用と、家族やファナウとの関係の維持を行うことで、都市封鎖や将来に備える。⑥生徒のウェルビーイングや出席、学習到達度、財政的影響を監視すること、校長と学校が経験と革新を共有するシステムを構築する（Education Review Office 2021, pp.40-44）。

2つの報告書の共通点として、第一にオンライン学習におけるアクセスや家庭で学習を進める上での困難から、生徒の学習の遅れが見られる。特にマオリ系や太平洋島嶼国系、社会経済的水準値の低い学校、上の学年になるほど顕著である。第二に生徒や教員に対しメンタルヘルスへの影響があることが指摘できる。

1　石川（2006）は「マオリ社会を構成する社会集団の一般的系列は、ファナウ—ハプ—イウィ（whānau—hapu—iwi）である。ファナウは妻や子供をともなった数多の兄弟からなるか、老夫婦とその子孫とからなり、1〜2戸の家屋に同棲する。」と説明している。

引用・参考文献（2021年10月4日最終閲覧）

「アンドリュー・ボローデール　対　保健省長官および司法省長官」Andrew Borrowdale v Director-General of Health and Attorney-General. NZHC2090 (2020) The High Court of New Zealand.（19 Aug. 2020）. https://www.courtsofnz.govt. nz/assets/cases/Borrowdale-v-D-G-of-Health-V_1.pdf.

Education Review Office（2020）*Covid-19 Learning in Lockdown*.（18 Jun. 2020）. https://ero.govt.nz/our-research/covid-19-learning-in-lockdown.

Education Review Office（2021）*Learning in a Covid-19 World: The Impact of Covid-19 on Schools*.（19 Jan. 2021）. https://ero.govt.nz/our-research/ learning-in-a-covid-19- world-the-impact-of-covid-19-on-schools.

石川榮吉（2006）「ニュージーランド・マオリの家族」『国立民族学博物館調査報告』59 巻，79-80頁．doi:10.15021/00001608．https://minpaku.repo.nii.ac. jp/?action=repository_uri&item_id=1616&file_id=18&file_no=1.

Ministry of Education（2020a）Distance learning package to support learning at home.（9 Apr. 2020）. https://parents.education.govt.nz/essential-information/news-stories/distance-learning-package-to-support-learning-at-home/.

Ministry of Education（2020b）*Education Report: COVID-19 Response – Distance learning package*.（29 Jul. 2020）. https://www.education.govt.nz/ assets/Uploads/R-1234656-Education-Report-COVID-19-Response-Distance-learning-Redacted.pdf.

New Zealand Government Alert Levels and updates_History of the COVID-19 Alert System.（4 Oct. 2021）. https://covid19.govt.nz/alert-levels-and-updates/history-of-the-covid-19-alert-system/.

◆第1部　コロナ禍で世界の学校はどうなったか

23　ボスニア・ヘルツェゴビナ

学校におけるCOVID-19への対応
―複雑な政治状況から―

大阪大学大学院人間科学研究科　**ウナ・カリッチ**

　ボスニア・ヘルツェゴビナにおけるCOVID-19のパンデミックへの対応は、これまでも現在もかなり混乱しており、一貫性がない。さらに、国内の高度に構造化され分裂した政治状況が、ただでさえ深刻なこの状況をさらに困難にしている。国レベルでのコンセンサスを得ることは困難であり、COVID-19に対する保護・予防策に関する一般的な指示は、国全体で大きく分権化され、ばらばらになっている。国全体の状況と教育制度の構造をよりよく理解するために、簡単な紹介から始めたい。

1．ボスニア・ヘルツェゴビナの分断された立法構造

　ボスニア・ヘルツェゴビナの戦争は、1995年に米国オハイオ州デイトンの米軍基地で当事者間で締結された「デイトン和平合意」によって終結した。ボスニア・ヘルツェゴビナ憲法として第4付属書[1]が残っているこの和平合意では、制度や領土が非常に細分化された複雑な国家構造が導入された。すべての旧戦争当事国が統治において同等の影響力を持つことを確実にするために、導入された政治体制のモデルは単一の民族が支配する支配地の存在に大きく依存している。

　具体的には、ボスニア・ヘルツェゴビナ国家は、ボスニア・ヘルツェゴビナ連邦（FBIH）とスルプスカ共和国（RS）という2つの行政・領土事業体から構成される。FBIHはさらに10の州（カントン）に分かれる。これらの行政・領土単位は、それぞれ高等教育の立法機関、教育省を持ち、教育に関するすべての事項について唯一の責任と管轄権を有している。さらに、ブル

チコ地区という独立した行政単位も存在する。このように、制度の複雑さと責任の分担により、教育を担当する行政・立法単位は合計14となる。

　一方、ボスニア・ヘルツェゴビナには、先のデイトン和平合意の第4付属書により、国レベルの独立した教育省はない。ボスニア・ヘルツェゴビナには、民事省の中に、ボスニア・ヘルツェゴビナの他のレベルの政府との教育関連事項の調整のみを担当する部署がある。中央管理機関が一つもないため、共通の調整された制度・カリキュラムが存在せず、不平等や学習の質の低さが生じている。民事省内の教育局は、教育を担当する国内外の機関との調整、活動、データ交換の基本原則の実施に関する業務を行う。同局は、すべてのレベルと種類の教育に関する法律と規則の制定を担当し、全国的な活動の準備と調整にも参加する。

　論理的には、教育制度を担当する政府機関のこのような断片化と分権化は、国全体の大きな非効率性と低パフォーマンスが、それが教育成果に反映される。さらに、パンデミックの時期には効果的でないことが証明され、教育関係者や保護者、生徒・学生など、すべての関係者が同じように混乱した。パンデミックが始まって以来、市民保護のための機関（大規模な地域や立法機関に存在する）が提案や命令を行い、小規模な機関には、教育現場での実施を若干調整する自由があった。ボスニア・ヘルツェゴビナの各州の疫学的状況に応じて、学校や教育機関への指示は変化していった。

　本稿では、ボスニア・ヘルツェゴビナ連邦政府およびその市民保護連邦管理局の指示に従ったサラエボ州（首都および都市部）の学校を対象とした。

　ボスニア・ヘルツェゴビナの教育制度には、就学前教育、6歳から15歳までのすべての子どもに義務的かつ無償である9年間の初等教育、選択制の中等教育、そして高等教育がある。

2．2020年にパンデミックが始まってから現在までの教育の実現

　ボスニア・ヘルツェゴビナでは、最初の感染者が現れ、その感染者が次第に全国に広がった後、2020年3月初旬に正式に流行状態が宣言された。

2020年 3 月16日 の ボ ス ニ ア・ヘ ル ツ ェ ゴ ビ ナ 連 邦 政 府 の 議 会 (Government of Canton Sarajevo, 2020) において、市民保護局は保健省とともに、COVID-19から市民を保護することを主な目的とするすべての機関や人々に対して、新たな運用法やマナーを決定し、義務付ける権限と責任を与えられた。

　彼らの決定と指示は、流行が始まった当初、すべての教育機関にとって主要な指針となった。学校は直ちに閉鎖され、約 2 週間にわたって一切の教育が行われず、社会全体が定期的なロックダウンと外出禁止令となった。子どもたちが学校に戻ってきたのは 4 月に入ってからで、各省庁は状況が一向に好転しないことを受けて、今後の運営方針を検討した。3 月16日の州議会によると、公式決定書には「すべての小中高校と大学は、大学での実習と大学院での研究を除き、運営を禁止する」（要求／行為番号13）とされた（2020年、サラエボ州政府）。

3．2020年3月～6月

　この決定後、サラエボ州の小中高校は完全にオンラインで運営され続けた。すべての生徒が自宅で授業を受けた。全年齢層に広く使われていたプラットフォームは「Google Teams」であった。このような授業形態は、学年末の 6 月中旬まで続いた。

　小学校低学年のクラスは、完全にTeamsに頼っていた。一方、小学校の高学年や中・高校の生徒たちは、外国語や一部の専門科目を中心にZoomを活用することもあった。Teamsを使った授業は、クラス担任や教科担任が必要な教材を事前に用意し、タスクやホームワークと一緒に生徒にアップロードすることで実現した。

　幸い、年度末が近かったが、このような即席の授業はあまり長続きしなかった。正直に言うと、このオンライン授業は運営が悪く、教材の使い方も悪く、内容の質も低下していった。さらに、生徒はすべてのことを自主的に学び、準備することが求められており、低い年齢層にとっては非常に厳しいものだった。コンピュータを持っていない生徒は、ほとんどの場合、学校の努

力や国際機関や財団からタブレットやラップトップを与えられた。

4．2020年9月〜2021年6月

2020年度では、3つの形態の授業が行われた。つまり、完全な対面式の授業と、完全オンライン、ハイブリッド型（対面とオンラインの組み合わせ）[2]である。

各学校のクラスは2つに分けられ、ある週にはクラスの半分が学校に行き、他の半分がオンラインに参加するといった形がとられた。

さらに複雑なことに、授業は45分から30分に短縮され、その間の休憩時間は（学校で過ごす時間を短縮するため）最小限またはゼロになった。

また、ボスニア・ヘルツェゴビナの学校の1日は、通常、午前と午後の分散登校となっている。つまり午前と午後に分かれており、「対面式」グループが午前中に登校した場合、「オンライン式」グループは午後に授業の教材や課題を受け取る。そのため、教師の労働時間は長くなり、準備期間も2倍近くになった。

クラスを半分にしたのは、対面授業の際に教室にいる生徒の数を減らすためで、これにより保健省と市民保護局が提案した対策の遵守が大幅に促進された。

5．ウイルスの感染と拡散を避けるための一般的な規則

連邦の公衆衛生研究所からの一般的な指示にはこう書かれている。
- 生徒のマスク着用（低学年の生徒は、授業中ではなく教室の外でマスクを着用する）。
- 教員やその他のスタッフのマスク着用。
- 適切な物理的距離、2mを保つこと。
- 手指の衛生を保つ。
- 手洗い・消毒の場所に視覚的な指示を出す。
- 監督スタッフの立会いを確保する。

- 校舎、教室、特にトイレを1日2回以上清掃・消毒すること、特に多くの人が触れる表面（フェンス、テーブル、スポーツ用品、ドアや窓の取っ手、おもちゃ、学習教材など）を清掃すること。
- 学校敷地内の適切な換気を確保する。
- 学校で食事を用意することは勧めない。生徒は自分のおやつを持ってきて、食堂やその他の共有スペースではなく、クラスで食べること。
- 廊下や出入り口に同時にいる生徒の数ができるだけ少なくなるように、毎日の授業の始まりと終わりを整理すること。
- グループやクラスの生徒数をできるだけ少なくし（1クラス・グループあたり10〜15人）、グループやクラス間での不必要な混合を防ぐ。
- 大休憩を廃止し、授業と授業の間の小休憩の間は、生徒は教室から出ないようにする。
- 授業を30分に短縮し、1日の授業時間数を制限する（最大5時間まで）。
- 集会やスポーツの試合など、人混みが発生するイベントは中止する。
- 体育の一環として、個人的な運動のみを行い、天候が許す限り屋外で行うことを推奨。

　患者数と死亡者数の状況がこれまで以上に高まった2学期（2021年2月）、サラエボ州政府の指示は次のようなものとなった。

　「教室での授業（小学校）は、1年生から4年生まで（個々の学校では5年生も含む）、ハイブリッド型に基づいて実施する。6年生、7年生、8年生については、オンラインで授業を行い、9年生については、学校が疫学的措置を遵守できる場合には、すべての生徒を対象に教室で授業を行うこととする。それができない場合は、9年生の生徒はハイブリッド型授業を行う。2021年2月8日からの4年制高校の1、2、3年生は、オンラインで授業を受ける。高校の最終学年（3学年または4学年のすべてのタイプの高校）の生徒は、通常の教室で対面式の授業を受けるが、すべての疫学的対策を遵守する義務がある。それが不可能な場合は、ハイブリッド型に基づいて授業が行われる。」（*Government of Canton Sarajevo, 2021*）

　しかし、学校は、それぞれの学校が持つ条件と、与えられた指示に従うことができる能力に応じて、指導形態を個別に決定していた。サラエボ州のほぼすべての学校では、同じ決定と原則で指導が行われていた。

　すべてのテストや試験も同じ方法で行われた。可能であれば学校で授業を受けている生徒はテストも学校で受け、自宅で受けている生徒はオンラインでテストを受けていた。この方法は、どのように生徒を採点するかという教師の好みによっている。

　健康上の問題を抱えている生徒は、医師や医療機関からの証明があれば、オンラインに参加する権利が与えられた。これは、彼らが深刻なグループであり、ウイルスの感染リスクが高いと考えられたからである。

6．2021年9月現在

　新年度が始まった2021年9月からは、全生徒が授業時間45分、定期的な休憩時間のある通常の学校での授業に戻った。しかし、物理的な距離を置き、消毒やマスクの着用など、感染予防の対策には大きな注意が払われている（Osis.edu.ba, 2021）。

　残念なことに、サラエボ州教育局は、近い将来、小中高校の授業が再びハイブリッド型に切り替わることをすでに発表している。一部の学校では、時前にすでに意図的にその方法に切り替えている。しかし、まだ正式な決定はなされていない。

7．リモート／オンライン授業の成果

　ハイブリッド型授業やオンライン教育の真の成果を見るのはまだ早いかもしれない。小学校でも中高校でも、子どもたちは皆、多くの損失を抱えた不遇の立場にある。最も弱い立場にあるのは、学校に通い始めたばかりで、自分で勉強することができない小学1年生だろう。しかも、彼らは不愉快な思いをしながら教育を受け始めたばかりで、質的にも多くのものが不足している。例えば、アルファベットを覚えるのは5～6歳の節目であり、そのよう

な幼い子どもたちにオンラインで教えることができるのかというと、想像すらできない。

　一般的に、教師、保護者、そして生徒の観察によると、真剣さやコミットメントがオンラインでは再現できないため、授業の質、コンテンツ、最終的な知識が大幅に低下していると言う。また、技術的なサポートが弱く、学校の交流プラットフォームが存在しないことや、教育におけるICTの活用が全般的に不十分であることから、このような状況では多くの不利益や損失が生じている。

　また、世界中の多くの研究が、仲間との社会的交流の欠如や、家庭での長時間の孤独な時間が、子どもたちの精神的健康や全体的な幸福に大きな影響を与えることを証明している。

　このような問題や課題を念頭に置き、サラエボ州教育省は、パンデミック時に子どもの精神的健康を守るための保護者向けガイドラインを提案した。苦難を乗り越えるために与えられたいくつかの提案がある（Ministry of Education in Canton Sarajevo, 2020）。

- 子どもが話すことを奨励し、子どもの心配事や感情に耳を傾けることを学ぶ。
- 家でも外でも、子どもと一緒に遊ぶ時間を大切にする。
- 学校での義務、遊び、食事、休息などの日課を再構築する。
- 現在の危機に関するメディアの内容を監視し、それに触れる機会を制限する（これは当初、子どもたちに恐怖、混乱、不安をもたらす可能性があったため）。
- 地域社会の復興には誰もが関わっていることを子どもたちに説明する。
- 子どもたちの身体の健康に気を配り、日常的に活動する。
- 学校行事の際には、より忍耐強くなる。
- オンラインで他の親子と交流する。

　このようなアドバイスは、学校の校長先生や教頭先生からもよく聞かれる。ボスニア・ヘルツェゴビナでは、このような事例を支援する機関が存在しないため、親や教師が子どもの健康を維持するために最善を尽くす必要がある。

8．COVID-19の時代における先生たちと職員

　ボスニア・ヘルツェゴビナでは、教師は非常に厳しい状況に置かれている。組織的な支援や政府機関が教師のニーズや懸念をケアすることもなく、教師たちは皆、自分たちで問題を解決するしかない。最良の事例では、校長や「教育学者」が協力して問題の解決や答えを探してくれる。残念ながら、教師の仕事上の立場や職業によって、特別な手当や配当、その他の配慮が得られるわけではない。

　また、PCR検査やワクチン接種などの校内対応もなく、教育関係者が優先されることもない。(PCR検査やワクチン接種は、ボスニア・ヘルツェゴビナのすべての国民が等しく受けられるものであり、組織や費用は各自の自由である)。

　教師が感染して病気になった場合、あらかじめ組織された代役は存在しない。学校内でのコミュニケーション、協力、合意にのみ依存している。このような問題は、通常、校長／教育長と、仕事を分担でき、同じ専門知識を持つ他の同僚教師（教科担当教師の場合）との間で解決される。さらに、症状の軽い感染症の場合は、病気の教師が自宅で仕事をし、授業内容や教材を準備してオンラインにアップロードすることもある。

9．責任と個人の意思決定

　校長や教頭には大きな責任とプレッシャーがある。なぜなら、校長や教頭の内部での協議や決定が批判される可能性があるからである。校長や教頭には、自分が任命された学校に適用されるようなわずかな変更を行う権限に制限されているが、ほとんどの場合、省庁の一般的な提案に従い、その地域の他の学校の運営を再現する。

　このような行動は、おそらく最も安全なものである。リスクや未知の部分が多い状況の中で、校長や教頭は、上位機関から与えられたルールに従いながら、学校内の雰囲気を改善し、生徒や教師のニーズに可能な限り応えるために最大限の努力をしている。

パンデミックな状況は誰も経験したことがなく、皆で協力して初めて皆に合った環境を作ることができる。というのも、ボスニア・ヘルツェゴビナでは、教育的観点からパンデミックに対処することの優先順位が最も低かった、あるいは低いからである。

1　この憲法では、セルビア人主体のスルプスカ共和国と、ボスニア人およびクロアチア人主体のボスニア・ヘルツェゴビナ連邦という、2つの実体の間の境界線が定められた。付属書には多くの実務作業が記載されている。
2　ボスニア・ヘルツェゴビナにおけるCOVID-19の新種、例えば「デルタ」変異株については、特別な決定はなされていない（2021年9月現在）。

引用・参考文献

- Agency for Development of HE and Quality Assurance (2007) *Decision on adoption of documents necessary for further implementation of the bologna process in BIH.* Retrieved from: http://hea.gov.ba/Dokumenti/bolonja_bih/?id=446

- Dautbegovic, A. (2020) *Importance to Protect Mental Health of Children in Time of Pandemic.* Ministry of Education of Canton Sarajevo. Retrieved from: https://mo.ks.gov.ba/sites/mo.ks.gov.ba/files/preporuke_za_roditelje_i_staratelje_0.pdf

- Eurydice (2021) *Bosnia and Herzegovina: Structure of the National Education System.* Retrieved from: https://eacea.ec.europa.eu/national-policies/eurydice/content/bosnia-and-herzegovina_en
- Eurydice (2021) *Bosnia and Herzegovina: Organization of the Education System and of its Structure.* Retrieved from: https://eacea.ec.europa.eu/national-policies/eurydice/bosna-i-hercegovina/organisation-education-system-and-its-structure_ro

- Government of Federation of Bosnia and Herzegovina, Canton Sarajevo (2020) *Instructions on teaching forms in second semester.* Retrieved from: https://vlada.ks.gov.ba/aktuelnosti/novosti/uputstvo-o-odvijanju-nastave-u-drugom-polugodistu
Order 290520: https://vlada.ks.gov.ba/sites/vlada.ks.gov.ba/files/naredba-290520_0.pdf
Order 160320: https://app.covid-19.ba/files/d00d69450877930deca5717b6bfadd22.pdf

- Institute of Public Health of Federation BiH (2020) *Recommendations for Schools in Context of Covid19 for School Year 2020-2021.* Federal Ministry of Education. Retrieved from: https://covid19.fmoh.gov.ba/uploads/files/ Preporuke-za-%C5%A1kole-za-2020_2021-da37bb81d3fbb0f6c6f4202326 8759f824bc7dbf.pdf

- Ministry of Education of Federation BiH (2021) *Instructions on Organization and Realization of Education in Primary and Secondary Schools in Canton Sarajevo for School Year 2020-2021.* Retrieved from: 00206B3C4E93210827155421.pdf (osis.edu.ba)

- Wikipedia.org (2021) Administrative Division of Bosnia and Herzegovina. Retrieved from: https://bs.wikipedia.org/wiki/Administrativna_podjela_ Bosne_i_Hercegovine

◆第1部　コロナ禍で世界の学校はどうなったか

24　南アフリカ ─────────────────────────

コロナ禍の社会と学校教育
－トップダウン式対策とボトムアップ式対策の往還－

兵庫教育大学大学院学校教育研究科　坂口真康

　パンデミックの影響は数十年に渡って残るでしょう。それでも、パンデミックは**南アフリカ人に**、国民が共通の敵に直面した際の**彼／彼女たちのレジリエンス**と創意工夫の能力を**証明する機会**を提供したのです。（*DoBE 2020a: iv*──太字原文）

1．コロナ禍の主な出来事

　本章では、コロナ禍（2020年3月～2021年10月）の南アフリカ共和国（以下、南ア）の社会と学校教育における主な出来事を整理し、考察する。

　「アフリカ大陸で最多の感染者数累計」（2021年6月時点）（小林 2021）を抱えるとされてきた南アにて、2020年3月5日に初めて新型コロナウイルス感染症（COVID-19）感染者が確認されてから2021年10月15日までの新規感染者数の推移を示したのが、南ア保健省により作成された図1である。図1に即した第1波と第2波と第3波のピーク時の1日の新規感染者数は、それぞれ13,944名（2021年7月24日）、21,980名（2021年1月8日）、26,485名（2021年7月3日）であった（ウィットウォーターズランド大学の統計（https://www.covid19sa.org/ ［2021年10月16日確認］）を参照）。2021年10月15日時点での南アのCOVID-19感染者数の累計は2,915,560名（検査数累計18,122,698件）、ワクチン接種者数の累計は20,124,176名である（DoH 2021）（2021年中期時点の同国の総人口は60,142,978人［Stats SA 2021: vii]）。

図1　南アのCOVID-19新規感染者数の推移（2020年3月5日～2021年10月15日）

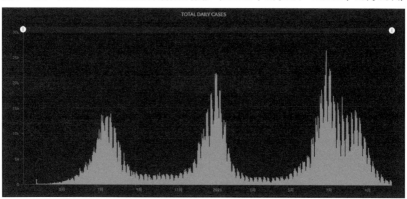

＊南ア保健省のCOVID-19特設サイト（https://sacoronavirus.co.za/covid-19-daily-cases/［2021年10月16日確認］）上のチャートより色調を変更して抜粋（元はカラー）。

　南アでは、2020年3月15日に「国家的災害事態」が発令され、同26日にはロックダウン（都市封鎖）が始まり、「世界の他の場所と比べても最も厳格な対応の1つ」（UNICEF 2020: 1）とされるCOVID-19対策を講じてきた。同国（の学校教育）におけるコロナ禍の主な出来事を整理したのが表1である。

表1　コロナ禍の南ア（の学校教育）における主な出来事の一覧

時期	主な出来事
2020年 3月5日	南ア国内で初のCOVID-19感染者の確認
3月15日	「国家的災害事態」の宣言：3月18日以降の高リスク国からの南アへの渡航禁止、不要不急の国内移動自粛要請、100名以上の集会禁止、学校閉鎖等
3月18日	学校閉鎖（教職員の勤務は3月20日まで）
3月23日	3月26日深夜～4月26日のロックダウンの発表：国境封鎖、不要不急の外出禁止、飲食店の休業、酒・タバコ類の販売禁止、車両等の乗車制限、州と都市間の移動禁止等の発表

4月9日	4月30日までのロックダウン延長の発表
4月23日	ロックダウンの段階的解除の発表：外国からの南ア国民の帰国、南アからの外国人の帰国を除き国境封鎖は継続、商品の輸送等の例外を除き州間の移動も禁止
4月29日	ロックダウン中の規制へのパブリック・コメント（4月25～27日）を反映した警戒レヴェル4の規制の発表：関心項目の1つの運動を限定的に許可
5月1日	警戒レヴェル4への移行
5月24日	6月1日以降の南アの全地域での警戒レヴェル3への引き下げの発表：感染者多発地域をホットスポットとして設定し、厳格な感染拡大対策と管理を実施
5月28日	警戒レヴェル3の規制内容の発表：帰国等の例外を除いた継続的な国境封鎖、仕事等の例外を除いた州間等の移動の禁止
6月1日	一部地域を除き警戒レヴェル3への移行
6月8日	学校再開：7年生と12年生の学習者の登校再開
6月17日	警戒レヴェル3における経済活動の更なる緩和方針の発表：レストランでの飲食等について必要な対策の上での順次再開の解禁
7月6日	R年生（就学前の学年）と6年生と11年生の学習者の登校再開
7月12日	警戒レヴェル3の追加措置の発表：夜間外出禁止令等
7月23日	7月27日から4週間の公立学校の休校等の発表
7月27日	学校閉鎖
7月30日	7月31日以降の観光産業の規制緩和措置等の発表：州内の宿泊施設利用の緩和等
8月3日	12年生の学習者の登校と教職員の勤務再開
8月6日	COVID-19の汚職疑惑に焦点化した閣僚委員会設置の発表：「国家的災害事態」期間中に国、各州政府、公共団体で落札された企業名等の情報の公開
8月11日	7年生の学習者の登校再開
8月15日	8月18日以降の警戒レヴェル2への引き下げの発表：州間の移動の全面的解除等の発表、外国渡航や50人以上の集会等の継続的規制
8月18日	警戒レヴェル2への移行

8月24日	R～4年生、6年生、9～11年生の学習者とR～3年生の重度知的障害の学習者の登校再開
8月31日	5年生と8年生の学習者と4～5年生の重度知的障害の学習者の登校再開
9月16日	9月21日以降の警戒レヴェル1への引き下げと10月1日からの国境の一部再開の発表：経済活動制限の大幅解除、夜間外出禁止令の時間短縮
9月21日	警戒レヴェル1への移行
10月1日	国境の一部再開：高リスク国以外からの観光目的での入国の許可と各航空会社の運航開始
11月11日	全ての国からの渡航等の再開の発表
12月3日	ホットスポットの都市圏における追加的規制強化の発表
12月9日	南アにおけるCOVID-19感染拡大の第2波到来の発表
12月14日	祝祭時期の全国規模のさらなる規制強化とホットスポット追加等の発表
12月28日	警戒レヴェル1から調整されたレヴェル3への引き上げと新ホットスポットの発表：夜間外出禁止令の時間拡大や公共空間でのマスク着用義務化や社交的集会の禁止等
12月29日	調整されたレヴェル3への移行
2021年 1月11日	調整されたレヴェル3の継続の発表：大半の規制の継続と一部例外を除く陸路国境の封鎖
1月25日	学校長と管理職と教員以外の職員の勤務再開
2月1日	調整されたレヴェル3の規制緩和の発表、学校教員の勤務再開
2月15日	陸路国境の一部再開、学習者の登校再開
2月17日	医療従事者を対象としたワクチン接種（第1段階）の開始
2月28日	3月1日以降の警戒レヴェル1への引き下げの発表：経済活動における規制の多くの除外や国際線離発着可能空港の追加等
3月1日	警戒レヴェル1への移行
3月30日	復活節休暇中の警戒レヴェル1の継続と一部変更の発表：酒類の販売禁止（4月2～5日）の一方、宗教的、社会的、政治的、文化的集会の上限人数の緩和
5月17日	60歳以上を対象としたワクチン接種（第2段階）の開始

5月31日	調整されたレヴェル2への移行
6月10日	COVID-19感染者数拡大により南アにおける第3波到来の発表
6月16日	調整されたレヴェル3への移行
6月23日	学校教職員（清掃員等を含む）を対象としたワクチン接種（第2段階）の開始
6月28日	警戒レヴェル4への移行
6月30日	学校閉鎖
7月26日	調整されたレヴェル3への移行：学校再開
8月2日	初等教育学校（R年生～7年生）と特別支援学校（R年生～12年生）で従来の形態を再開
8月20日	18歳以上を対象としたワクチン接種（第3段階）の開始
9月13日	調整されたレヴェル2への移行
10月1日	調整されたレヴェル1への移行

＊在南ア日本国大使館の2020年3月～2021年9月の『南ア月報』（https://www.za.emb-japan.go.jp/itpr_ja/SA_News.html）と南ア基礎教育省の2020年3月16日～2021年10月14日のメディア用記事（https://www.education.gov.za/Newsroom/MediaReleases.aspx）と南ア政府ウェブサイト（https://www.gov.za/about-sa/school-calendar）上の「学校カレンダー」と国際連合児童基金のウェブサイト（https://www.unicef.org/）上の"South Africa COVID-19 Situation Report"のNo.1～10、No.12～18をもとに筆者作成（URLはいずれも2021年11月2日確認）。下線部は学校教育に関連する箇所。

　表1のとおり、2020年3月に国内でCOVID-19感染者が確認され始めた当初の南アでは、ロックダウンに象徴されるようなトップダウン式の政策が展開された。一方で、パブリック・コメントにより規制の一部緩和がなされたという出来事（2020年4月29日）にも象徴されるように、ボトムアップ式に政策が突き動かされた側面も見受けられる。これらのことからは、トップダウン式対策とボトムアップ式対策の往還が、コロナ禍の南アの特徴と捉えることができるが、それは学校教育を舞台とした動向にも見出せる。

2．コロナ禍の学校教育

　南アでは、2020年3月11日に基礎教育省より、COVID-19感染拡大を防

ぐための情報などが示された（DoBE 2020b）。この時期は、学校閉鎖は「重大な決断」であるとして、特定の条件を満たし、公的な衛生機関（専門家）との議論を経た場合のみ認められていた——ただし個別の学習者や教職員の欠席は柔軟に対応するように提言されていた（ibid.: 2）。そのような想定がロックダウンで覆ることになるが、ソーディンほか（Soudien et al. 2021: 309）は、2020年3月の緊急事態時の計画の「最も重要な要素」として、ラジオやテレビなどの複数の媒体による学習支援の実施、南ア基礎教育省によるオンライン上のカリキュラム支援や学習教材の提供、特別支援学校用の「社会心理的」教材の提供、電子メール等を通じた教員への助言、南ア基礎教育省と教職員組合ならびに教育専門家によるロックダウン中の対応の協議の実施、個別の学校での学習者の安全性確保のための評価の実施や、学校給食の課題への対応などを挙げている。

　2020年4月には、南アの教育大臣より、感染状況などを見極めながら各州や各地域や各学校が個別に「現実的かつ包括的な遅れを取り戻す計画」を立てる必要性が述べられた（Motshekga 2020b: 7）。さらに同年5月には、南ア基礎教育省より、教職員と学習者を対象としたCOVID-19のガイドライン（衛生管理も含む）が発表された（DoBE 2020c）。山﨑（2021: 101）によると、それは「学校や学習者が安全に学校を再開するために準備を進めることを目的としており、COVID-19とは何かということから、学校閉鎖期間中に家庭で行っておくべきことや学習のための情報源など幅広い内容で構成」された。また、教授・学習の損失を取り戻すための方策は、中央政府が「最低限実施しなければならないもの」を示した同ガイドラインに沿って、各州と各学校の判断に委ねられたことが特徴として挙げられている（ibid.: 103）。さらに、そこでは「包摂と公正」は南アの教育における重要な原理であるとされていたが（DoBE 2020c: 26）、2020年10月までには、南ア基礎教育省より、てんかん、知的障害、身体障害、自閉症、聴覚障害、視覚障害の学習者別に個別のガイドラインが発表されている（EELC 2020: 2）。

　2020年7月には、南ア基礎教育省より「標準作業手続き」（DoBE 2020d）が、同年9月には改訂版が発表された（DoBE 2020f）。改訂版では「マスク休憩」（ibid.: 23）の実施などに言及されていることからも、

COVID-19対策を講じながらもより学習に従事しやすくなるような方策を模索している様子が窺える──その後、2021年9月には、南ア国立伝染病研究所より学校内の個別事例への対応方法のガイド（NICD 2021）が提示されている。

　以上に加えて、2020年7月には「改訂版年間教授計画」が（Motshekga 2020c: 10）、同年10月には2021年までの延長を見据えての「年間教授計画」の改訂が（Motshekga 2020a）、さらに同年12月には2021年度より実施される1～12年生対象の「年間教授復旧計画」が発表された（DoBE 2020e）。12月発表の計画では、COVID-19による教授・学習の損失を補うための複数年にわたるカリキュラム復旧の方策が採用されており、2020年に失われた学習を2021年から3年かけて取り戻すことなどが提示された（ibid.）。アーディントンほか（Ardington et al. 2021: 9）によると、同カリキュラムでは重要な教授項目の再確認や評価項目の削減などが行われつつ、カリキュラムと学習者に対する教員の理解度を向上させることが図られたとされる。

3．全体的対応と個別的対応の往還

　南アにおけるアパルトヘイト（中央集権体制による権力の一極集中）からの脱却のための「急激な地方分権化は、コロナ禍における格差を生み出すことにもつながっている」（山﨑 2021: 111）とされてきたことも看過できない。しかし、本章で示した整理からは、むしろ地方分権といった基盤の存在により、ロックダウンのような厳格なトップダウン式対策（全体的対応）の中でも、各地域や各学校でそれぞれが当事者としてボトムアップ式対策（個別的対応）でパンデミックに対応するという体制がとられていると捉えることもできる。2020年4月時点で、南アの教育大臣により、コロナ禍のいかなる対策も「完璧ではない」（Motshekga 2020b: 5）ことが明言されていたが、ロックダウンを含めた全体的対応による規制強化も様々な利害関係者を含めた議論を前提に成り立ってきたことや、全体的対応が実施された後でも個別的対応を組み込み続けることで、変化にオープンであり続けようとし

ている点も南アの特徴として整理できるだろう。そして、そのような全体的対応と個別的対応の往還は、ポスト・アパルトヘイト時代の南アの「共生（教育）」の様態（坂口2021）とも親和的であることが指摘できるが、総じて、コロナ禍の南アの学校教育の取り組みからは、緊急事態時であっても社会の中の共通の決断の内に多様性の余地を残し続けることが徹底されている様子を読み取ることができるのである。

引用・参考文献

Ardington, Cally, Gabrielle Wills & Janeli Kotza (2021) "COVID-19 Learning Losses: Early Grade Reading in South Africa" *International Journal of Educational Development*, 86, pp.1-11.

Department of Basic Education [DoBE] [Republic of South Africa] (2020a), *Action Plan to 2024 Towards the Realisation of Schooling 2030: Taking forward South Africa's National Development Plan 2030* (https://www.education.gov.za/Portals/0/Documents/Publications/Sector%20plan%202019%2015%20Sep%202020.pdf?ver=2020-09-16-130709-860, Accessed 4 November 2021).

———— (2020b) "Containment/Management of COVID 19 for Schools and School Communities: Circular No.1 of 2020" (https://www.gov.za/sites/default/files/gcis_documents/childcare.pdf, Accessed 9 November 2021).

———— (2020c) "COVID-19 Orientation Guidelines for Schools: For Teachers, Non-Teaching Staff and Learners on the Covid-19 Outbreak in South Africa" (https://wcedeportal.co.za/eresource/106031, Accessed 9 November 2021).

———— (2020d) "DBE Standard Operating Procedures" (https://wcedeportal.co.za/eresource/131186, Accessed 9 November 2021).

———— (2020e) "Release of the Curriculum Recovery Annual Teaching Plans for 2021" (https://wcedonline.westerncape.gov.za/circulars/minutes21/CMminutes/B-CM/b-cm0001-2021%20-%20Annexure%20B.pdf, Accessed 27 October 2021).

———— (2020f) "Standard Operating Procedure for the Containment and Management of Covid-19 for Schools and School Communities" (https://www.nicd.ac.za/wp-content/uploads/2020/11/Revised-DBE-guidelines-Management-of-COVID-in-schools_Sept2020.pdf, Accessed 9 November 2021).

Department of Health [DoH] [Republic of South Africa] (2021) "Update on Covid-19 (Friday 15 October 2021)" (https://sacoronavirus.co.

za/2021/10/15/update-on-covid-19-friday-15-october-2021/, Accessed 14 November 2021).

Equal Education Law Centre [EELC] (2020) *The Education Monitoring Brief* Issue 6 October 2020 (https://eelawcentre.org.za/wp-content/uploads/october-2020v3.pdf, Accessed 9 November 2021).

小林淳平（2021）「アフリカ大陸の感染者数は累計500万人を突破」日本貿易振興機構『ビジネス短信』（https://www.jetro.go.jp/biznews/2021/06/8343e285007cd6d9.html, 2021年11月4日確認）.

Motshekga, Angie (2020a) "Statement by the Honourable Minister of Basic Education, Mrs Angie Motshekga, MP on the Developments in the Basic Education Sector and the 2020 Matric Exam Countdown" (https://www.education.gov.za/Portals/0/Media/Preess%20Releases/STATEMENT%20BY%20THE%20HONOURABLE%20MINISTER%20OF%20BASIC%20EDUCATION%20MRS%20ANGIE%20MOTSHEKGA%20MP%20ON%20THE%20DEVELOPMENTS%20IN%20THE%20BASIC%20EDUCATION%20SECTOR%20AND%20THE%202020%20MATRI.pdf?ver=2020-10-01-122503-937, Accessed 9 November 2021).

——— (2020b) "Statement by the Minister of Basic Education, Mrs Angie Motshekga. MP on the Basic Education Sector Recovery Plans for the Reopening of Schools, Following the COVID-19 Lockdown Adjustment of Regulations" (https://kfmulaudzi.files.wordpress.com/2020/05/3rd-covid-statement-by-minister-of-basic-education-30042020-e-final.pdf, Accessed 4 November 2021).

——— (2020c) "Statement by the Minister of Basic Education, Mrs Angie Motshekga on the State of Readiness for the Return of the Second Cohort of Grades Back to School" (https://kfmulaudzi.files.wordpress.com/2020/07/statement-by-the-minister-of-basic-education-mrs-angie-motshekga-on-the-state-of-readiness-for-the-return-of-the-second-cohort-of-grades-back-to-school.pdf, Accessed 9 November 2021).

National Institute for Communicable Diseases [NICD] [Republic of South Africa] (2021) "Quick Reference Guide to Support to the Response to Individuals with COVID-19 in Schools (Sept 2021)" (https://www.nicd.ac.za/wp-content/uploads/2021/09/Quick-reference-guide-to-support-investigation-of-COVID.Sept2021.pdf, Accessed 9 November 2021).

坂口真康（2021）『「共生社会」と教育——南アフリカ共和国の学校における取り組みが示す可能性』春風社.

Soudien, Crain, Vijay Reddy & Jaqueline Harvey (2021) "The Impact of COVID-19 on a Fragile Education System: The Case of South Africa" Fernando M. Reimers ed. *Primary and Secondary Education During Covid-19: Disruptions to Educational Opportunity During a Pandemic* (https://link.springer.com/content/pdf/10.1007%2F978-3-030-81500-4.pdf, Accessed

29 November 2021), Springer, pp.303-325.

Statistics South Africa [Stats SA] (2021) "Mid-year Population Estimates 2021" (http://www.statssa.gov.za/publications/P0302/P03022021.pdf, Accessed 14 November 2021).

United Nations International Children's Fund [UNICEF] (2020) "South Africa COVID-19: Situation Report No.1 30 April 2020" (https://www.unicef.org/media/81561/file/South-Africa-COVID19-SitRep-30-April-2020.pdf, Accessed 9 November 2021).

山﨑瑛莉（2021）「コロナ禍における南アフリカ共和国の教育──重層的な課題の顕在化」『比較教育学研究』第62号，pp.96-113.

◆ **第１部　コロナ禍で世界の学校はどうなったか**

25　ドイツ ──────────

ベルリンの２人の小学校教師が見た
コロナ禍の学校

クラウディア・レネート

ジルケ・バール

ザビーネ・マイゼ

辻野けんま

はじめに

　本稿は、コロナ禍の教育についてドイツと日本の教育者・教育学者らが交流すべく開催された、2021年８月28日のオンライン研究会[1]の記録である。ベルリン[2]の小学校（Grundschule：基礎学校）に勤務するクラウディア・レネートとジルケ・バールは、コロナ禍での経験をオンライン研究会で日本の参加者に対して発表した。発表準備から当日司会、そして本稿の執筆までを、教育研究者であるザビーネ・マイゼと辻野けんまの協力の下で行った。以下では、ベルリンの別々の学校に勤める２人の小学校教師が、パンデミック下での学校閉鎖や再開にどう向き合ってきたのかが示され、その経験が国をこえたオンライン研究会での議論を経て省察される。

１．パンデミックから第１回目の学校閉鎖までの学校の状況

　2020年３月11日の世界保健機関（WHO）によるパンデミック宣言後、ベルリンでは教育行政（学校監督庁という）から校長への指示が出され、３月13日に臨時職員会議が召集された。会議では、感染対策のため全教職員が３つに分けられ、今後の対応や保護者への連絡などが話し合われた。その週末の間に、教師は３週間分にわたる教材をまとめ、翌３月16日の月曜日

に子どもに配布することとなった。これは、パンデミック後最初の混乱の記憶として鮮明に残っている。

　そして、3月16日をもって就学義務が一時停止された[3]。これは義務教育の大きな転換であり、学校の歴史上も異例の事態だった。3月17日の時点で、衛生規則のもとで学校の救急ケアの体制がつくられ、医療従事者・警察・スーパー店員などの「社会を維持するために重要な職業（Systemrelevante Berufe）」につく家庭の子どもを、学校であずかることができるようになった。

　第1回目の学校閉鎖のときにオンラインで授業を継続できた教師はごくわずかで、大半は子どもや保護者とメールや電話、SNSなどで連絡をとるのが限界だった。子どもたちは、学校で受け取った資料を自宅で学び、次に学校が再開される5月6日まで様々な形態で学んでいた。学校閉鎖の影響は、移民背景をもつ子どもや難民の子どもに特に深刻な影響を与えていた。

2．学校再開後（2020年5月6日〜）の状況と直面した課題

　第1回目の学校閉鎖の時点ではまだ感染者数は少なく、所定の感染対策をとりつつ段階的に学校を再開することができた。学校が自らその計画を作り、多くの小学校では新入生と卒業学年の子どもから優先的に再開されていった。分散登校の方法は学校ごとに異なるが、交代制や時間短縮での対面授業が広く見られた。学校の授業で導入をしてから家庭で課題に取り組む、といった形態が多くとられた。学校は人数規模を独自に決定できたが、教員数や教室数の制約を大きく受けた。

　ベルリンの教師の平均年齢は高く、60歳以上の高リスク・グループの教師が多いため[4]、もともと教師不足だった学校はコロナ禍でさらに深刻な教師不足に陥った。高齢の教師が在宅勤務を選択し、学校に勤務する教師が減ったためだ。ただし、深刻な教師不足から、感染リスクにさらされながらも学校勤務を続けた高齢教師も多くいた。

　感染対策（マスク、距離、手洗いなど）を遵守しても感染が拡大していく中、2020年9月から12月中旬までは対面授業が続けられていた。冬へと向

かう寒さの中での頻繁な換気は、たとえ感染対策であっても多くの人々の怒りを買った。コロナの第2波は、第1波をはるかに凌ぐ強さだった。そこで、学校の外の社会では、スーパーやレストランの閉鎖から一般の接触制限まで多くの制限措置がとられたが、このときもベルリンの学校は閉鎖されなかった。

3．第2回目の学校閉鎖（2020年12月16日～）と 再開（2021年2月22日～）

感染の急増をうけ、2020年12月16日から2度目となる学校閉鎖が行われた。この段階では、ほとんどの教師は遠隔教育の研修を経験していたため、1度目の閉鎖のときとは異なり体制が整っていた。子どもが参加しやすい遠隔授業が行われることになった。ベルリンでは公立の学校が無償で利用できる学習プラットフォーム「学びの場ベルリン（Lernraum Berlin）」（図1）が、州教育省[5]の遠隔教育基本計画に基づいて提供された。この学習プラットフォームは当初不安定だったが、数日で改善され、共同的な学習も問題なく行えるようになった。

（図1）Senatsverwaltung für Bildung, Jugend und Familie im eEducation Berlin Masterplan, „Lernraum Berlin" https://www.lernraum-berlin.de/start/ [2021年12月16日最終アクセス]

（図2）Padletを活用した1年生のオンライン授業の様子（クラウディア・レネート提供画像）

自宅にパソコンがない子どもには、貸出機器が用意され、臨時で学校からもオンライン授業に参加できる体制がとられた。こうして、すべての子どもがどのような状況でも授業参加できるようになった。教師はオンライン・ツールを活用しながら、自分が担当する子どもに合わせた授業をすることができた。

　図2は、実際にクラウディア・レネートが担任している1年生のオンライン授業の様子であり、「Padlet」というオンライン・ツールが使われている。月曜日と金曜日にオンラインで顔合わせを小グループに分けて行い、その週の学習状況を確認した。オンラインとオフラインの学習をどのように構成するかは、それぞれの教師の判断で自由に決めることができた。子どもたちの学習は、家庭の状況によって大きく左右された。パソコンが使えずスマートフォンなどで勉強する子どもも少なくなかった。そもそも、小学生はとくに保護者の助けを必要としていた。ハードウェアの不足やインターネット接続上の問題は、多くの家族にとって切実な問題だった。遠隔教育に必要なICT環境が、多くの家庭には十分整っていなかった。自宅にそもそも学習スペースがあるのかが問題となり、とくに兄弟姉妹がいる場合には、そもそも静穏な学習環境や安定したICT環境の確保が難しかった。ドイツ語能力を十分持たない移民背景をもつ家庭には、さらに深刻な問題だった。これらの生活条件が、子どもの学習に重大な影響を与えた。

　2021年2月22日から学校が段階的に再開され、分散登校が広く行われた。衛生規則を遵守しながら通常時の半分から3分の1の人数で教室に集い、一緒に学ぶことができるようになった。3月中旬からは子どもが教室でウイルス簡易検査を、教師の指示のもと週2回自分で行うようになった。同時期、教師へのワクチン接種も進み、感染リスクを徐々に低減させることができた。

4．パンデミック下での保護者との連携および校内体制づくり

　学校と家庭がパンデミック以前からどのような関係を築いてきたかが、パンデミック下での両者の連携の成否を分けた。約3分の1の保護者は、さまざまな理由で子どもの学習を十分支援することができなかった。従来から学校と緊密な関係をつくっていた保護者との連携はスムーズだった反面、たとえば難民宿泊所で暮らす家族とは連絡をとること自体が困難だった[6]。

　学校閉鎖の期間中、保護者はかつてない教育責任を担った。子どもの勉強の面倒を見たり、学習状況をチェックしたり、勉強に向かわせたりと、教師が日常行っていることを家庭で実践しなければならなかった。とくに第1回

目の学校閉鎖のときには、保護者は子どもの勉強の世話に悩み、教師にメールや電話でよく相談していた。まだ学校生活の経験をもたない1年生の保護者の悩みはとくに多く、しばしば学校に声を寄せた。

　教師の立場からは、忙しい単親家庭やドイツ語を母語としない保護者との連携がとくに難しく、それが原因で子どもの学習も非常に制約されてしまった。2020年3月以来、就学義務が一時停止されたことで、外国で暮らす家族のもとへ帰省した「学校から離れた子ども」もいた。こうした子どもとは、連絡をとることも教材を提供することも難しかった。

　ベルリン州政府は2021年2月に学校法を改正した。もともとドイツでは、勉強についていけない子どもは小学校段階でも学び直すために留年していたが、この法改正によって希望留年もできるようになった[7]。ただし、学級定数などの現実的な問題が放置されたため、希望しても実際に留年できた子どもはわずかだった。

5．コロナ禍において学校が果たすべき教育機会の保障

　学校閉鎖時における教育機会の保障がいかに難しいかは、次のような子どもの素朴な疑問に象徴されている。──「静かに勉強できる場所はどこにあるの？（台所？じゅうたんの上？）」「兄弟が家にいるときはどうすれば良いの？」「パソコンがないとずっと携帯電話で勉強しないといけないの？」「お父さんかお母さんは家にいて勉強をみてくれないの？」

　学習の前提になるはずの基本的な生活条件の違いは明らかだった。難民宿泊所で暮らす子どもとは、パンデミック以後ずっと連絡がとれず学校再開後に初めて再会できたという例もあった。学校としての対応が十分ではなかったことも否めない。学校再開後は、欠けてしまった授業内容が補われた。とくに、子どもの言語能力を高める補習に力点が置かれた。困難に立ち向かい教育機会を保障するための対応だった。

　子どもの生活条件の違いが成績に不利益をもたらさないようにするため、ベルリンでは成績評価の際に1段階をこえて低く評価することが禁じられた。扱われなかった授業内容も成績表に明記され、それが原因で評価できない項

目なども付記された。教師は、保護者の助けがなくても子どもが十分行うことができる学習に限定して評価するように努めた。後になって学習状況に関する調査が実施され、子どもの状況に応じてサマースクール（夏休み授業）や補習などの対応をとる判断材料のひとつになった。子どもが自分で学習できるような教育保障が目指された。

6．オンライン研究会による日本との対話

　これまで述べたようなベルリンの学校の状況は、2021年8月28日のオンライン研究会で日本の教育関係者に伝えられた。その後の質疑や意見交換は非常に興味深かった。日本の参加者は、何よりもドイツと日本におけるコロナ禍への対応の違いに驚いていた。とくに、感染リスクの高い高齢の教師の在宅勤務が保障されたことや、それにともなって教師不足が深刻化したことに大きな関心が注がれた。筆者らは、若い教師の加配が州政府で決定されたこと、しかし自分たちの学校には加配が届かなかったことなどを補足した。大学生はコロナ禍で有力な補助スタッフとなったが、教師の代わりを務めるのは難しかった。

　授業でのマスク着用や、教師のワクチン優先接種、ウイルス簡易検査で陽性（偽陽性も含む）となった子どもの対応などについても質問が寄せられた。これに対しては、マスク着用が定期的なブレイク（着脱休憩）とセットで行われたこと、教師はワクチン優先接種の職種に位置付けられたこと、陽性（偽陽性）の子どもの対応はまずスクールソーシャルワーカーに引き継がれ保護者が迎えに来たこと、などの状況を説明した。パンデミック下での業務精選も切実な課題だったが、コロナ禍で初めて教師に校務用コンピューターが貸与されるという遅れた実態もあった。

　日本の参加者はまた、コロナ禍が社会的格差をさらに拡大させていることを懸念していたが、この点はドイツも同様であり共感できた。

　オンライン研究会の最後に、学校はパンデミックの結果どのように変わるのかと問われた。多くの学校はパンデミック以前の状態に戻り劇的な変化は期待されないだろうと応じたが、次のような変革の兆しもあることに言及し

た。

- 遠隔教育は通常の授業の一部に組み込まれていく可能性がある。子どもの多様性を考慮したインクルーシブな学校となるよう、教育方法の可能性を拡げるからだ。
- 保護者との緊密な連携はさらに深まる可能性がある。コロナ禍の連携によって築き上げられた信頼関係は、保護者が子どもの教育に積極的に関わることを促し、それが子どもの成長を支えたからだ。
- 遠隔教育における教師のスキル向上により遠隔教材や学習ゲームの開発が躍進する可能性がある。教師たちがICTの専門家たちともフラットに意見交流できるようになったことで相乗効果が期待されるからだ。

最後に、日独のオンライン研究会から約3か月後に寄せられた、2人の教師からのメッセージを紹介し、本稿の結びとしたい。

　世界的なコロナパンデミックが続く中で、私たちの経験をとりあげるオンライン研究会は、私たち自身にとっても心に残るものとなりました。私たちは当初、ドイツの研究機関の人間が招へいされるのではなく、自分たち教師が招へいされたことに驚きました。それは私たちにとって新しい経験でした。

　オンライン研究会では、私たちに対して非常に大きな関心が示され、参加者の親しみやすさと開放性も感じることができ、とても幸せな気持ちになりました。私たちに寄せられた数々の質問を通して、私たちはこれまでのコロナ禍の日々を深く振り返るとともに、自分たちが置かれてきた状況やそこで行動してきたことを意識的にとらえることができました。日常生活の中でそのような省察をする時間はありませんでした。

　今回の国際的な対話を通して、パンデミックの中での困難が国を超えて通底していたことを実感し、今なお困難を共有しているのだと感じることができました。

　私たちからの話題提供が、日本の方々にどのくらい有益だったのか自

信はありませんが、このオンライン研究会は教育にかかわる人々がコロナ禍の学校と教育をともに考える貴重な機会となりました。苦難が続く状況の中で、私たち教師が決して孤独ではなかったのだと感じさせられたことが、何よりの励みになっています。

　学校の教師だけでなく、教育に関わるあらゆる人にとって望ましい形で、人類がウイルスに打ち勝つことができると信じています。

2021年11月16日

クラウディア・レネート　＆　ジルケ・バール

1　日本教育経営学会COVID-19対応特別委員会主催「第７回COVID-19マンスリー研究会」（オンライン開催）2021年８月28日。
2　ベルリンは都市州として他の州と同格に位置付けられている。本稿では便宜的に「州」と表記する。
3　厳密には、就学義務（Schulpflicht）における出席義務（Präsenzpflicht）の一時停止をさすが、本稿では分かりやすくするため就学義務の一時停止としておく。
4　ドイツの教師の退職年齢は65歳である。
5　Senatsverwaltung für Bildung, Jugend und Familie（教育・青少年・家族省）
6　UNHCR（国連難民高等弁務官事務所）の統計によれば2020年末時点でドイツは120万人の難民を受け入れているが、難民の子どもは義務教育対象でもあるため多くの学校で実際に学んでいる。そのため、教師にとって難民は身近な存在であるとともに、その特別な境遇に配慮した教育保障が模索されている。
7　日本では留年（原級留置）というと否定的なイメージがつきまとうが、ドイツでは勉強についていけないのに進級させることの方が不合理と考えられており、留年に関する考え方は両国でかなり異なっている。

◆**第1部 コロナ禍で世界の学校はどうなったか**

26 **日本**

校長・教頭・指導主事・大学教員の
オンライン座談会：コロナ禍の学校経営

辻野けんま・森久佳・匿名5名による共著

1．コロナ禍でのオンライン座談会

　本稿は、コロナ禍の学校経営について、大阪府下のX市の校長、教頭、指導主事4名と関西圏の大学教員2名の計6名[1]がオンライン座談会を続けた記録である。6名はX市内の小学校、中学校、教育センターに勤務し、2021年度に複数が異動した。指導主事も2021年度からは教頭として学校勤務に復帰している。6名は全員が異なる勤務先に所属している。学校現場の率直な声を読者に届けるため赤裸々な内容も含まれる。そこで、不測の事態を避けるため大学教員2名を除き匿名にすることとなった。

　本稿の執筆メンバーは、パンデミック以前に一同に会したことは一度きりだったが、オンライン座談会が立ち上げられたことでコロナ禍においても関係を深めることができた。オンライン座談会がなければ、それぞれ多忙なメンバーが対面でたびたび一同に会するのは平時でも不可能だっただろう。その意味で、コロナ禍は新たな交流のあり方の機会をつくった面がある[2]。

　以下では、まずオンライン座談会の一幕を例としつつ、コロナ禍の経験として交流されたことの断片を紹介する。座談会であるため、必ずしも一貫した話題展開とはなっていないが、逆に赤裸々な実態を垣間見ることができる記録となっている。後半には、筆者の1人（辻野）が勤務する大学の学部生からの質問とメンバーの1人が回答したやりとりを紹介する。そのうえで、過去のオンライン座談会にもふれながら、コロナ禍が学校経営にもたらした影響について考えたい。

２．オンライン座談会の一幕

　まず、実際のオンライン座談会の一幕を、2021年9月20日開催回を例に紹介する。パンデミックから1年半を経た時期に当たる。なお、発話内容は記録に基づきつつ原稿用に編集されている。

パンデミックから1年半を経た状況

A（校長）：市教委の文書通知の類が、学校の状況を充分ふまえる前に発出されてしまっています。会議もできないので、対応の協議が間に合っていません。スピードばかりが社会から要請されています。

B（校長）：市教委の通知では「息があがるくらいの激しい運動は禁止」となっていますが、「マスクを着用すると酸欠になる」というマスク反対派の方々の意見と、結論において一致してしまっています。丁寧に説明したら何とか理解いただけましたが、保護者さんからは「毎時間、体温を測ってほしい」という無茶な要望も出され困りました。

C（教頭）：うちの学校は、そんなに無茶な要望は出なかったです。保護者さんが協力的で、とても助けられました。

D（教頭）：いまでも保護者さんの中には「(PCR検査で) 陽性ですが、熱が下がったので登校させて良いですか？」という方もおられ、意識の差の大きさを感じます。

E（教頭）：学童保育[3]が校舎内で行われていますが、けっこう密になっています。保護者さんもよく情報交換されるので、「〇年生ヤバイ説」のようなものが拡がったりもしました。

実際に感染者が出た場合の対応

E（教頭）：実際に陽性者が出た時に、どのくらい関わっていたら×なのかを保健所に電話で確認したことがあります。陽性の子どもと接していても、音楽室のような大教室なら〇、支援員さんは教室だったので×、などの違いがありました。その確認の中で保護者や市教委も巻き込んだやりとりに発展し、自分自身も疲弊しました。それくらい市教委も保護者も疲弊して

いたのだと思います。

A（校長）：教職員は陽性になるとHPなどで発表されますが、子どもは発表されませんので、保護者さんから見るとり「何で情報隠したんや」とお叱りを受けます。

C（教頭）：小学校ってオンラインはやらない方向ですか？中学校はオンラインへ向けて準備していますが。私の子どもも公立中学校に通っていますが、この週末に端末を持って帰ってきて、オンラインのテストをすることになっています。

E（教頭）：4月あけてオンラインの方針がHPにアップされたときに、一部の校長が強く反対しました。私がビックリしたほどの強い反対でした。小学校でのオンライン化は、子どもの状況を考えると簡単ではありません。

C（教頭）：海外の状況はどうなってますか？PCR検査を学校で実施したり、オンライン授業の扱いが日本のようにカウントされないことはありますか？

辻野：ドイツではPCRではなく簡易検査が教室で行われているようです。教科ごとの授業時数はそもそも日本のように厳格ではなく、休校期間中の遅れも3年ほどかけてゆっくり回復する方針が出されています[4]。日本では夏休みを短縮したり土曜日を授業日にしたりする動きが見られますが、ヨーロッパでは逆に休日の保障が政策課題となっているようです。

A（校長）：休みを保障する政策というのは驚きです。

遠隔教育による「学びの保障」の現実

E（教頭）：遠隔授業で子どもがどこまでできるか試したのですが、何とでもできてしまう怖さも感じました。

A（校長）：チャットのやりとりが夜遅くまで、また朝早くから続いていたので、「防止する方法は？」と教育委員会に電話したら、「設定は可能です。また、管理者がやりとりを確認できます。」と言われました。学校での対応が必要、でも学校はまだ対応不十分の状況。

辻野：日本の先生方は自分に感染リスクがあっても勤務を続けておられますが、海外ですと通勤拒否などもしばしば起こっています。高齢の先生の在

宅勤務を認める国もあります。日本の先生方もそれぞれご家庭の事情等がおありなのではないでしょうか。

A（校長）：日本の学校の福祉的機能などが関係しているのでしょうか。

森：学校が何をどこまでできるかの線引きが、コロナ以前と以後でガラッと変わるのではと思います。「学びの保障」とは日本では「授業時数の保障」だったのかということが驚きでもあり、「やっぱり」という残念な気持ちもあります。これからは、子どもが評価されるばかりではなく、自分で自分の学びを評価できるようにもなっていけばと思います。「対面こそが授業」という価値観も根強くあるようですが、それも変わっていくかもしれません。

辻野：先日のドイツとのオンライン研究会[5]で話題になりましたが、ドイツでは学校が閉鎖されたときに教育責任の多くが教師から親に移転し、教師の役割はそのサポートに移ったということでした。保護者にどう助言するのかなどの役割転換が含まれていますが、日本では休校期間中も教師ができるだけ従来に近い教育責任を担おうとしていたのではないでしょうか。

E（教頭）：子どもがかかわるところは全て学校が、という意識はコロナ禍でも根強く続いているように思います。

学校の役割とそれを支える組織体制の実状

辻野：コロナ禍で人員は少しくらい補強されたのでしょうか？

E（教頭）：増えるどころか極端に減りました。まず、学校は感染リスクの高い場所とされボランティアの方が来れなくなりましたし、人を探すのも大変になりました。GIGAスクール関連のボランティアも、去年であれば週1回は来てくれていましたが、今年度は月1回に激減してしまいました。事務的なことから栄養状態の確認まで全て教員がやっています。政治が変わらないと変わらないのかと思ってしまいます。

D（教頭）：担任の不足を補うために教頭の私が週7時間ほど授業をしています。家庭訪問も教務主任と一緒に自分でやりますので、へとへとです。教務主任が倒れてしまったら、次は私が担任やなと覚悟しています。

３．パンデミックの中で学校や社会はどう変化したか

　これまで見てきたのは、パンデミックから１年半を経た時点でのオンライン座談会の一幕であった。ここで、そこからさらに１年前にあたる2020年９月５日のオンライン座談会にもふれてみたい。同じメンバーが、パンデミックから混乱の半年を経た時点で以下のような論点を挙げていた。

- ・ストレスが社会に蓄積してきており、子どもたちにしわよせがいっている。
- ・保護者からの相談も多く寄せられ、それぞれ長時間の対応になっている。
- ・教員の間には疲弊感が蓄積しており、管理職への相談話も長時間になっている。
- ・授業が再開されても感染防止のため子どもたち同士の活動ができず一斉教授に。
- ・子どもが楽しく授業に参加できるようにしたいが、制約が多いという教員の悩み。
- ・コロナ禍への対応で手一杯な中、新学習指導要領への対応にも追われている。
- ・そもそも会議も十分にするゆとりがなく対話ができないため対応に限界がある。
- ・猛暑が続き熱中症対策からグランドにも出れないが、体育館ではクーラーが必要。
- ・外部人材との連携をどうするかが、平常時よりも難しくなった。
- ・教員も保護者も地域住民も「子どものため」と頑張りすぎて逆にストレスに。
- ・社会にあった余裕を失わせつつあるのもコロナ禍の恐ろしさ。

　ここに挙げられたような状況が、そこから１年以上を経た現在、どれほど改善されただろうか。2021年５月、大阪市立木川南小学校の久保校長が市長と教育長に「提言書」を送り物議を醸したが（第１部第９章）、この提言書に書かれている内容はオンライン座談会のメンバーからも「まさにそのと

おり」と共感されている。

4．コロナ禍の学校経営についての大学生との質疑

　最後に、コロナ禍の学校経営の理想と現実を考えるために、大学生と座談会メンバーの1人との間でなされた質疑について紹介しておきたい[6]。大学生の素朴な疑問と座談会メンバーの回答からは、理想と現実の狭間で葛藤する学校経営の姿を垣間見ることができる。なお、質疑と回答は読みやすくするため再編集されている。

Q. 休校期間中の学習課題はどのくらい出され、子どもは実際にどのくらいできましたか？

A. 子どもの家庭まで行きポストインで課題を届け、そのときに日々やることを明示しました。教育委員会から休校中の学習についての指示もありました。教科書に準じた内容を予習として出していました。子どもはだいたいできていたのではと思います。

Q. コロナ禍の混乱の中どのくらいの期間でタブレットが配備されましたか？

A. 最初に整備されたのは2020年暮れでした。初期設定もされていない機器が1000台以上学校に届きました。教職員に初期設定をする余裕はありませんので、自分を含む数名で対応せざるをえませんでした。ようやく機器を使えるように整えても、実際に授業で使えるようにするためには、教職員の研修が必要でした。その後も、ネット接続ができなかったり、学校のブレーカーが落ちたりと、混乱が続いています。そもそも学校の設計がICT化に対応していないという問題があります。

Q. ICT化やオンライン化の利点を感じていますか？個人対応しやすくなりましたか？

A. メディアで報じられるほどには活用されていません。ICT化やオンラ

イン化は学校現場では必ずしも進んでいるとは言えません。学校ごとの差が今後大きくなっていくでしょう。ICT化を進めるには、情報管理やパスワード管理なども大切ですが、小学生には難しいです。そもそもそのことの意味理解と実際に自己管理できるのかという問題があります。保護者にも誓約書的なものを書いてもらう必要が出てきます。自宅のインターネット環境も不可欠ですが、ネット接続できない家庭は約1割あります。それに対して、行政から学校に配備された貸出可能なWi-Fi機はわずか数台でした。

> **Q.** 保護者が子どもの通学を拒否するケースをどう感じていますか?

A. オンラインでできる学びもあれば、学校に来なければ学べないこともあります。通学を拒否するケースは本校ではまれです。学校は「行かなくても別に良い所」となってしまったように感じますが、この傾向は良いことではないと思います。小学校では毎日教材研究がなされ、子どものニーズに合わせた授業が行われています。子どものいろいろな考えを教員がとりあげることで、多様な考え方に触れることができ、思考が鍛えられ、理解を深めていく面があります。生きていく上では人との関わりは欠かせず、この点はやはり学校でないと難しいように思います。アーカイブされた授業動画が豊富にあれば良いかもしれませんが、子どもがそれを見て本当に学べるかは疑問です。

> **Q.** コロナに起因するいじめや生活指導上の問題はどのくらい生じましたか?

A. とくにコロナだからいじめが増えたということはありません。指導資料も充実しており、事前に指導しています。
生活指導上の問題は、自宅でネットにふれる時間の増加や体力低下などが挙げられます。

> **Q.** 授業優先となり行事が減りましたか?子どもたちの反応や影響はどうなりましたか?

A. 行事はほぼなくなってしまいました。悲しいことだと感じています。行事は子どもの目標ともなっていて、そこでの頑張りが認められ成長していく面があります。いわゆる「お勉強」ばかりが続くと、目標がなくなり子どもは荒れていきます。

> **Q.** コロナ禍で何が一番印象に残っていますか?

A. 1000台以上のタブレットの初期設定をしたことです。ネットがつながらず夜遅くまで時間がかかりました。初期設定後も、保管庫に入れて充電するとブレーカーが落ちました。学校というところが休校になること自体も鮮烈な印象となっています。再開されても行事がなくなっていったことは忘れ難いです。

> **Q.** コロナ禍の影響で良かったと思える面はありますか?

A. 本質について考え、決定していくことが、今や普通になりました。例年踏襲から脱却できるようになり、変革を怖がらない雰囲気も生まれました。地域行事も精選されました。

> **Q.** 塾やオンライン教育動画などの存在が増す中で学校の役割は変わりますか?

A. 学校の役割という点では、学校教育と家庭教育と社会教育がどのような棲み分けで行われるべきか、と逆に問いたいと思います。たとえば、給食時間にも給食指導があり食育も行われますが、これは学校教育で担わなければならないものでしょうか。それとも家庭が中心になって担うものでしょうか。学校が行うとしても「残さず食べましょう」「いただくものに感謝しましょう」などと指導すべきでしょうか。クラブ活動は学校でしなければならないでしょうか。社会教育でも担えるものでしょうか。学校の役割は、社会が学校をどう認識するかによって変わると思います。

　以上が大学生とメンバーの１人との質疑応答の全貌である。なお、同じ質問でも学校ごとに回答は多様であることと、同じ学校の中でさえ教職員ごとに違う回答も考えられることが付言された。

　コロナ禍で学校も社会も疲弊する中、学校経営の展望を積極的に描くためには、家庭や地域社会などとの連携／役割分担が不可避的に重要である。学校の自助努力だけではなしえない問題も多い。それだけに、教育行政や一般行政からの援助がいっそう必要であり、上意下達になりがちな教育政策に学校現場からの声を届けたい一念で本稿をまとめた。

1　大学教員以外の４名の勤務先は、X市内の小学校、中学校、教育センターであり、2021年度に複数が異動している。なお、４名はコロナ禍以前も含めると、いずれも教育委員会勤務の経験をもつ。
2　未曾有の事態だからこそ学校をこえた情報交換が必要になりオンライン座談会が成立したようにも映るが、実態はむしろ、学校現場、教育行政現場、大学現場という立場をこえた交流が楽しく有意義だと感じられ、続いてきた面が大きい。
3　学童保育は社会教育事業の一つであり、呼称も活動場所も多様である。
4　ドイツ全体の動向については第２部第１章、教師の目線から見た実態については第１部第25章に詳しい。
5　第１部第25章のオンライン研究会を指しており、本稿の執筆メンバーも複数そこに参加していた。
6　質疑は筆者（辻野）を介して2021年11月２～７日に文書およびメールでなされた。

第 **2** 部

コロナ禍の

なかでの

世界の教育

2021年度の学校再開を機に教育相と王妃が学校視察（2021年9月8日付）スペイン教育及び職業訓練省（Ministerio de Educación y Formación Profesional）＊屋外であっても、ソーシャルディスタンスが保たれない場合はマスク着用が義務付けられる。

（出典：：スペイン教育省https://www.educacionyfp.gob.es/prensa/actualidad/2021/09/20210908-iniciocursoescolar.html　第2部第2章）

ブラジルの授業中の様子。対面授業もマスクと距離は忘れずに。

（出典：サンパウロ州教育庁https://www.educacao.sp.gov.br/escolas-estaduais-reforcam-busca-ativa-de-alunos-durante-pandemia/　第2部7章）

◆第2部　コロナ禍のなかでの世界の教育

1　ドイツ ────

コロナ禍においても当事者の参加が重視される学校教育

大阪市立大学文学研究科　**辻野けんま**

東京外国語大学アカデミック・サポート・センター　**布川あゆみ**

はじめに

　2019年末に発生したCOVID-19（新型コロナウイルス感染症）の第一波は、2020年2月から3月にかけてヨーロッパへも拡がった。当時のヨーロッパでは、感染者数や重症化率、致死率のいずれも日本をはるかに凌ぐ深刻な被害が急速に拡大した。当時イタリアをはじめ多数の医療従事者も亡くなるなど、特に被害が深刻化していた国々があった。その中にあって、ドイツは第一波の段階では他のヨーロッパ諸国と比べると被害はまだ小さく抑えられており、感染症対策の模範ともみなされていた。

　しかしながら、さらなる感染の拡がりを抑え込むことは必須の国家課題として位置づけられ、ドイツでも強力なロックダウンの措置をとることとなった。2020年3月18日にメルケル首相（当時）はテレビ演説を通して、ドイツに暮らすすべての人々に、自らの言葉で、ロックダウンをとる必要性を語った[1]。この演説は多くの人々の心に届く内容として諸外国でも話題になった。それは、この

アンゲラ・メルケル首相（当時）の2020年3月18日演説
Deutschland.de., "Chancellor Angela Merkel on the Corona Crisis in Germany" https://www.youtube.com/watch?v=EMWCqUElFP8

コロナ禍を「第二次世界大戦以来の最大の試練」と位置づけ、未知のウイルスの脅威に向かうため自由の制約を国家として行わなければならない苦渋の決断を真摯に伝えるものであった。

　ところが、ドイツの感染状況はその後次第に拡大・悪化し、2020年秋には他のヨーロッパ諸国と同様に深刻化する。学校教育に関しては、第1波の段階ではロックダウン（2022年3月22日）に先立って、休校判断が各州で決定され、3月16～18日の間にそれぞれの州で実施された。各州文部大臣の合議機関「常設文部大臣会議（KMK：Kultusministerkonferenz）」が、コロナ禍以前にも主要な教育政策のイニシアティブをとってきたが、この機関がコロナ禍においても重要な役割を果たした。その傾向は2021年秋現在なおも一貫している。教育行政として一定の自律的な判断がなされていると言える。

　もちろん、現実にはそうしたイニシアティブの下でさえ、子ども、保護者、教師はじめ学校に関係する当事者に多くの混乱がもたらされた。ドイツの義務教育制度では日本と同様に、学校に行くことが前提（必須）となったカリキュラム・時間割が組まれている。「就学義務」と言われ、学校外での教育も可とする「教育義務」と区別されている[2]。そのため、学校に行かない（行ってはならない）期間が発生した、休校措置の影響は、多岐にわたることとなった。ただし、ドイツでは学校の機能が「授業」に特化していることから、休校や学校再開後の対応をめぐる違いを日本との間で見てとることができる。日本の場合は授業だけでなく、生活の指導など、学校の機能が「無境界」とされるゆえの混乱、困難、苦悩が子ども、保護者、教師にある。

　そこで本章では、コロナ禍の同時期に、どのような考え方のもと子どもの教育を保障しようと取り組まれ、そして子ども、保護者、教師にいかなる混乱や困難、苦悩をもたらしていたのか、またそれらをどう乗り越えようとしてきたのかなどについて検討する。以下、コロナ禍にドイツの教育がどのように対応してきたのか、まず休校期間中の家庭学習の事例をとりあげ、教育制度上の特質をふまえてCOVID-19関連政策を見ていくこととする。

1．休校はどのような影響をもたらしたか

　ドイツで最も広く読まれているニュース雑誌『シュピーゲル』は、第1波による休校期間にあたる2020年4月26日の記事で興味深い調査結果を紹介した。それによれば、30%の子どもが教師とほとんどやりとりしていない、56%の子どもはメールで定期的に課題を学校からもらっている、双方向性のあるコミュニケーションの方法としてチャット（26%）、クラウド活用（22%）、ビデオミーティング（16%）、電話で教師と連絡をとる生徒も約1割との結果を示している[3]。

　休校期間中の実態は極めて多様であることは、同記事における3人の子どもをもつ父親（51歳）のインタビュー記事でも詳細にとりあげられている。それによれば、3年生、6年生、10年生の子どもがそれぞれ通う3つの学校の対応は実に異なっている[4]。まず、10年生の娘が通う学校は毎日課題が出され教師からのフィードバックもメールで届き、間もなくビデオミーティングも開始される状況にある。父親も非常に満足している。これに対して、6年生の娘が通う学校は、学校からワークシート（Arbeitsblätter）が毎週1つの教科から届くものの、コーディネートされたものではなく、両親の確認作業が多く父親は憤慨している。3年生の子どもが通う学校は、すべての科目のワークシートが週に1回あり、週末には模範解答も届く。教師は子どもたちにメッセージを届けており、家庭へ電話をかける提案も受けており、父親は相対的に満足している[5]。

　この例には、学校や教師一人ひとりの裁量が相対的に大きいドイツの特質がよくあらわれている。すなわち、分権制や学校および教師の自律性が大きいために、休校期間中の家庭での学習のあり方についての対応も多様にならざるをえないという状況がある。その多様な状況は、保護者に混乱・困惑・満足と多様な反応を生んでいる。他方、教師の側も試行錯誤し、奮闘していたことも事実である。（教師からの視点については、実際にベルリンの初等教育段階の教員2名および教育研究者1名と一緒に著した第1部第25章を参照。）

　またドイツでは、生徒、保護者、教師の教育参加が法定化されており、教

育政策上もこれら当事者の参加が前提とされている。制度上、参加が認めら

れる（求められる）のみなら
ず、自分たち自身でデモ等を通
じて政策要求・政策実現のため
の意思表示も活発になされてい
る。コロナ禍では、生徒、保護
者、教師・教育関係者らが協力
し、政策対応を求めるデモも行
われている。

生徒、保護者、教師らでつくる市民運動団体
「Schule muss anders」のHP, https://schule-
muss-anders.de/uber-uns/

　たとえば、ベルリンの生徒、
保護者、教師、その他教育関係者がコロナ禍において市民運動団体「Schule
muss anders（学校は違う選択を）」を立ち上げ急速な拡大を見せている。

コロナ禍の政策において学校教育
の重要性をふまえた条件整備要求
などを、ウェブサイト制作からデ
モの呼びかけまで様々な活動を通
じて展開している。その主な主張
は以下の４点となっている。①あ
らゆる関係者の負担を軽減し、関
係者・チームに時間を、②学校に
多様な職からなるチームを、③教
職員の加配と養成ポストの増加

2021年8月30日のデモの様子：
Schule muss anders 公式サイト, https://
schule-muss-anders.de/erneut-viele-
hundert-auf-der-strasse/

を、④差別とたたかう参加の保障を、である。

　生徒、保護者、教師、教育関係者は時にお互いの要求や考えをめぐって敵
対的な関係になることもあるが、コロナ禍における学校教育の改善を求めて、
政策者に抗議の声を団結してあげている。町中のデモ行進を通して、広く一
般の人々にも、いま教育で起きている問題性を知らせる機会になっている。
デモやストライキが文化としてあまりなじみのない日本では、やや奇異にう
つるかもしれないが、ドイツではコロナ禍でもマスクの着用やワクチン接種
の義務化に抗議の意思を示すためにデモ行進が頻繁に行われてきた。教育以

外でもデモが少なくなかったのがドイツであり、声を挙げれば政治に何かしら反映されるという感覚が広くもたれている。教育の分野でも、現状をとらえて声をすくいあげ、集団の意思として表現し、事態を改善していくことが、例外ではなかったといえる。

２．ドイツにおける教育制度の特質

　COVID-19への対応を制度・政策レベルで読み解いていくためには、前提となっている教育制度の特質について理解しておく必要がある。

　何よりもまず確認されるべきこととして、ドイツの教育行政の基底にある「国家の学校監督」という原則がある。「あらゆる学校制度は国家の監督の下におかれる」とする連邦基本法（憲法に相当）第7条1項に由来する原則である。ただし、連邦国家であるドイツでは、教育・文化政策は「文化高権（Kulturhoheit）」という原則に基づき州の権限とされる。州は全部で16（都市州を含む）あるが、学校監督を行う「国家」とは州を指している。COVID-19にともなう全国的なロックダウンは、メルケル首相と各州首相との協議を経て決定されるが、休校措置など教育政策上の判断は各州の文部省の権限で行われている。その際、州を超えた教育政策の調整を図るため、従来から設置されていた各州文部大臣の合議機関KMKが、COVID-19対策についてもプレゼンスを発揮しており、各州が判断をする際の参照枠組みを提供している。なお、連邦にも教育を所管する連邦教育・研究省（BMBF）があるが、各州の学校教育政策に対する直接的な決定権は与えられておらず、あくまで各州に権限が委ねられていることと、全国的な調整はあくまで16人の文部大臣が合議で決定するKMKが行う点が特徴と言える[6]。

　休校を含む一連の感染症対策は、伝統的な教育制度を揺るがす問題ともなっている。そこにはドイツの義務教育が、外国人や難民も含むドイツに居住するすべての子どもを対象とする就学義務の立場をとることが関係している。第二次世界大戦以降、ドイツでは「人道主義」のもと、難民をうけいれてきたが、2015年のいわゆる「欧州難民危機」では、ヨーロッパ諸国のなかで突出して多数の難民を受け入れた。今日では、公立学校に難民の子どもが多

数在籍する状況が一般的である。難民の子どもは特別な宿泊施設で過ごしている場合が多く、インターネット環境はおろか電話を含む通信環境を十分もちえていないことも稀ではない。あらゆる子どもに開かれている公教育としての学校が、コロナ禍において特に支援を要するはずの難民の子どもに行き届かなくなったことは、当事者である子どもや保護者はもとより教師をも困惑させた。

　ドイツの教育制度の特質として、初等教育段階から原級留置（留年）がある厳格な修得主義をとることや、分岐型学校制度を擁すること、就学義務の原則からホームスクールが認められていないこと、長らく学校が午前中のみで終わる半日学校であった伝統から午後の学習機会が地域社会に多く存在してきたこと等が、州を超えた全国的な特徴として挙げられる。コロナ禍のロックダウンや休校の際には、午後の時間に多様な活動の機会を提供してきた様々な団体も活動停止を余儀なくされることとなった。

　ドイツにおける最初の休校は、各州における休校決定が2020年3月16〜18日の間に一斉になされた。いちはやくKMKがCOVID-19対策についても協議を行い、3月12日には「コロナ・ウイルスへの対応」を決議した[7]。各州の休校決定の判断は、この決議をふまえて行われたものとなっている。先に述べたメルケル首相のテレビ演説（3月18日）は、ちょうどこの時期のものである。

　KMKは、学校再開にあたっても、進学段階にあたる学年を優先的に登校させる等の指針を出した。具体的には、①大学入学資格試験となるAbitur（アビトゥア）を受験する第12・13学年の子ども、②分岐型の中等教育段階への進路選択を控える第4学年の子ども、から再登校が始まることとなった。厳格な就学義務を擁するドイツでは、課程主義により初等教育段階から原級留置（留年）があるが、コロナ禍では休校その他による影響に鑑み、コロナ禍以前の成績よりも悪くならないよう評価上の配慮がなされた。留年はドイツにおいて、未修得の学習内容を再度学ぶ機会を保障する制度でもあるため、コロナ禍において「留年を選択する権利」も保障されることが言明された。実際、ドイツではコロナ禍以前から保護者や子どもの意思によって留年を選択することも珍しくはなく、留年したからと言って一概にネガティブなラベリングが行

われるわけではない。

　もともとKMKは、上記の決議（2020年３月12日）に次いで３月25日には「卒業試験は原則維持」とする方針を公表していた[8]。一方、４月２日には全国試験の参加義務を緩和すること[9]、翌４月３日には夏学期は延長しないことを公表している[10]。そして、４月16日には「学校再開の準備について」を具体的に示した[11]。学校再開時の具体的な対応は、４月28日のKMK決議「コロナ・パンデミック―学校における授業再開のための基本構想」に示されている[12]。そこでは、①段階的再開、②安全衛生措置、③子ども支援の体制、④教科、⑤集団規模・授業時間、⑥休み時間、⑦応急措置、⑧特別な支援を要する子どもへの対応、⑨試験、⑩教職員の配置、⑪学校設置者との調整、の11項目の共通枠組みとして読み取ることができる。

　この４月28日のKMK決議にくわえて、全州の教育大臣は以下６項目の追加措置を決定している。（１）あらゆる子どもの機会の平等と公正、（２）夏休みの扱い、（３）学校の段階的再開、（４）夏季休暇までの個別登校の可能性、（５）対面授業にかわる家庭学習および学習・教授のデジタル化、（６）デジタル環境を必要とする子どもへの支援、である。

　５月６日には子どもの学習権保障に関して「迅速な復帰へ」とする指針[13]と「全ドイツにおける段階的学校再開の基本枠組み」[14]が公表された。さらに、６月18日には「遅くとも夏休み後は通常の学校運営へ」とする指針が示され

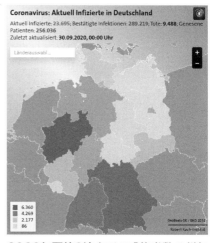

2020年夏第2波までの感染者数の州毎の分布
ARD tagesschau "Coronavirus-Ausbreitung in Deutschland", https://www.tagesschau.de/inland/coronavirus-karte-deutschland-101.html

た[15]。こうした中でも、コロナ禍での休校期間の授業時数を学校再開後に回復させようとはせず、授業時数確保のために土曜日を授業日に変更したり夏

休みを短縮したりする政策がとられなかった点は、日本とは対照的である。休みの重要性が認識されているがゆえに例年通り確保され、そのために逆に、年度内に扱いきれなかった教育課程内容は翌年度へ繰り越しされる等の判断がなされたのであった。翌年度へ繰り越すという方式をとったドイツは今、繰り越しした教育課程内容を、学校現場でどのようなスケジュールで通常の教育課程に盛り込んでいくか、難しい課題に立ち向かっている[16]。

3．COVID-19関連政策の特徴と対応の実態

　第１波における感染症対策では、ヨーロッパで成功モデルとされたドイツだが、夏休み明けからも新規感染者数が増加し続け、2020年12月に入ると１日あたりの感染者数が２万人を超える。ドイツの総人口が約８千万人と日本の約３分の２であることを考えると、その深刻さが分かるだろう。2020年11月２日には部分的ロックダウンが実施され営業禁止・制限が課されたが、全国的な休校措置はとられなかった。しかし、１日の死者が952人を記録した12月16日、連邦政府は２回目の完全ロックダウンに踏み切った。年が明けても感染拡大が収まらず、休校措置は延長に延長を重ねた。ただし、卒業試験やアビトゥアを控えた第10、12、13学年の小規模授業は各学校判断で実施可能とされた。

　連邦保健省に置かれる専門機関である「ロベルト・コッホ研究所（RKI：Robert Koch-Institut）」が、感染症対策に一貫して大きな役割を果たしてきた。政策決定に際して科学が重視される長い伝統がある。加えて、メルケル首相が物理学の博士号を取得し、研究者から政治家へと転身した背景をもち、事実やデータ、学術研究に基づきながら合議をつくる政治姿勢をとってきたことも特筆される。

　ところで、スイスのツーク教育大学は、ドイツ語圏におけるCOVID-19への学校対応について、いちはやく情報提供や実態調査、提言などを行ってきた。フーバー（Stephan Gerhard Huber）他の調査によれば、第１波の際の休校について保護者の89％が肯定的（適切78％、どちらかといえば適切11％）に感じており、子どもの健康について39％が肯定的（非常に良い

15%、良い34%、ふつう38%、悪い10%、非常に悪い３%）に感じている[17]。一方、多くの生徒や家庭、学校にとって、休校期間は少なからぬ混乱をもたらした状況も浮かび上がる。パダボーン大学のビルギット・アイケルマン（Birgit Eickelmann）教授とケルシュティン・ドローゼル（Kerstin Drossel）博士が行った教師対象の調査によれば、「ドイツのおよそ３分の２の学校は遠隔授業の基本方針をもっていない」とされている[18]。第１回目の休校時の混乱を垣間見ることができる。

　また、南西ドイツのメディア教育協会は、平均成績が５段階評価で2.5点となるようなサンプリングにより全ドイツ1000人の抽出調査（2020年４月２～６日オン

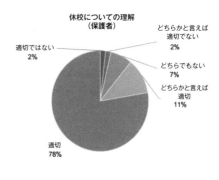

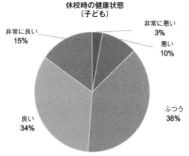

休校判断に対する保護者・子どもの反応
Stephan Gerhard Huber, Paula Sophie Günther, Nadine Schneider, Christoph Helm, Marius Schwander, Julia A. Schneider, Jane Pruitt（2020）

ライン調査実施）を行い、生徒の遠隔学習のツールを尋ねている。それによれば、12～19歳の生徒は遠隔学習での利用機器として携帯電話（82%）やパソコン（ノート型／デスクトップ型）（80%）を挙げている。しかし一方で、同じ調査によって26%の生徒が機器を共同利用しているという状況も明らかにされている[19]。

　ドイツにおいて感染者数がノルトライン＝ヴェストファーレン州と並んで最も深刻なバイエルン州では、州都ミュンヘンを中心に状況が深刻化している。一方、同州の人口５万都市パッサウはチェコ、オーストリアとの国境近くに位置しながら、感染封じ込めに成功している。パッサウ大学研究員ホイ

リヒ（Benjamin Heurich）博士からの調査協力を得て地元の学校の状況を調べたところ、2020年4月27日からの段階的な学校再開に続き、5月11日から対面授業の全学年への拡大、9月に入り一部の学校でマスク着用義務の解除など、この間推移してきたことが分かる[20]。

おわりに－日本への示唆－

　これまで見てきたドイツの特質から、どのような示唆が得られるだろうか。まず、厳格な修得主義をとる就学義務制度を擁するにもかかわらず、修得状況を把握するテストを実施しなかったことや、学校再開後に授業時数を回復しようとはせず休みの確保を重視した背景には、年度内に扱いきれなかった教育内容は翌年度以降へ繰り越すことができるとした政策判断があった。

　次に、教育行政の特質として、休校決定が州文部省と学校監督機関の判断で行われ、全国的な調整はKMKが行い、教育政策の決定過程において、教師（教員組合）、保護者（父母協議会）、生徒（生徒会）という当事者の参加を平時と同様あくまでも前提としたことが挙げられる。

　ロックダウンはメルケル首相と各州首相との協議を経て決定される。COVID-19関連政策には、とくにロベルト・コッホ研究所からの科学的知見が参照されている。ドイツの就学義務の法的根拠は州法にあり、連邦基本法（憲法）上には直接の規定が無い。基本法上では、人が自らの人格を自由に発達させる権利（第2条）、自然権としての親の教育権（第6条）、国家の学校監督（第7条）が明文化され、子ども─保護者─国家のトライアングルを形成する。就学義務という制度は、毎日の学校での学習を（結果的に）強いる点で、子どもの自由（基本権）や親の教育権に対する国家の介入とされており、したがってそのような強制性が認められるのは一定の範囲に限定されるべきとの考え方がある[21]。義務教育及び教育課程行政とかかわって特徴的なのは、厳格な就学義務にもかかわらず、COVID-19の影響による休校の影響を3年ほどかけてゆるやかに取り戻そうとしている点であり、学校再開後に当該年度内に回復させようとする傾向はみられない。週休日の確保や長期休暇等は通常通りとなっている。年度終了までに扱いきれなかった教育

課程内容は、翌年度へ繰り越される。移民・難民の教育保障も重視される。教師はエッセンシャルワーカーと位置付けられており、ワクチン接種も優先グループに属している。

　学校教育のICT化は、スイスやオーストリア等のドイツ語圏諸国の中では最もドイツが遅れているが、従来認められなかったホームスクールの議論が休校により再燃している。学校外の教育機会として、地域クラブ（Verein）や青少年援助施設（Jugendhilfe）が普及しているが、ロックダウンでいずれも活動停止となった。

　以上の特徴を日本との対比において総括するならば、①義務教育制度の特質、②教育行政の自律性、③当事者の教育参加、④休校決定の責任所在、⑤専門機関のプレゼンス、⑥社会的弱者の優先対応、⑦教師のエッセンシャルワーカーとしての位置づけ、⑧休日の短縮による授業時数の回復、の諸点での違いが挙げられる。①～③は教育行政の前提であり、④～⑧は明示された政策理念や特徴であるが、いずれも平時にはあまり意識されにくい側面がこの非常時において浮かび上がったと考えられる。

　①については厳格な修得主義をともなう就学義務のドイツがコロナ禍で教育課程の弾力的な運用や習得を求めているのに対して、年齢主義にたつ就学義務の日本が教育課程を時数規定なども含め極力平時に近づける運用をしていることである。②についてはドイツにおいてはコロナ禍でも教育行政の一定の自律性が保たれているのに対して、日本では首相や首長に権限が集中している。③についてはドイツで政策決定に当事者の参加が保障され義務でもあるのに対して、日本では学校の当事者の参加は前提とされない仕組みで動いてきた。④については休校決定の権限と責任の所在がドイツでは明確であり、日本は制度の建前と実態とが乖離し曖昧だったと言える。なお、教育行政にとどまらずCOVID-19政策全般に言えることだが、ドイツでも日本でも集権制／分権制によるガバナンスが問い直されている。②③はこれとの関連が深いが、中央―地方関係などの視角が加わる。ドイツは教育政策の決定権を州に分権化し、当事者の参加を法制度によって保障し、これら教育参加が非常時でも維持され機能している。

　⑤については専門機関として、ドイツではロベルト・コッホ研究所がプレ

ゼンスを発揮し政治と科学の連携がとられてきたのに対して、日本は常設の専門機関はおろかコロナ対応に特化して設置された専門家会議でさえも影響力は限られ政治主導が明らかとなっている。⑥についてはドイツにおいて貧困対策や社会的弱者への配慮が強調されてきたのに対して、日本では弱者対応が政策の前面にほとんど出ない。⑦についてはドイツにおいて教師はエッセンシャルワーカーと位置付けられPCR検査とワクチン接種も優先グループに属しているのに対して、日本は長らくそうなってこなかった。⑧については学校再開後に長期休暇を短縮したり休日を授業日に振替えたりする政策は見られない。日本では、いわゆる「学習の遅れ」言説から授業時数の回復を図る対応がとられ、時間確保の観点からもいわゆる受験教科への重点化や学校行事の中止、部活動の中止などがなされた。これらは次年度への持ち越し（「先送り」）を決断したドイツと対照的である。

　もちろん、以上①～⑧の明示された政策理念や特質に実態は追い付いていないが、理念が明示されるか否かによる違いには画然とした違いがある。なお、学校教育のICT化の遅れなど、日独に共通する問題も少なからず存在するが、ここでは教育行政の特質と相違点に着目して考察した。

　非常時における対応は、ある社会や組織の日常では見えにくい面を白日の下に晒すことがある。COVID-19の災禍はドイツにおいても日本においても多大な混乱と苦悩をもたらしてきたが、その対応には本章で述べてきたような違いがある。翻って日本を見ると、国の要請や方針に地方自治体は敏感に反応する姿勢がみられた反面、国や地方の政策へ、最前線で奮闘し続けてきた教師や保護者、そして何よりも子どもたちの意思がどのように汲み上げられたのか判然としない。学校に直接かかわる当事者の参加と合議による意思決定が蔑ろにされているとすれば、問題の根は深いだろう。国や地方における意思決定に当事者の声はどのようにすれば反映されるのだろうか。

　メルケル首相の演説は多くの人の心を打ったとされるが、それでもデモが頻発する社会がドイツだ。一方で、市民に届くような政治の声が聞かれないがデモも起こらないのが日本だ。教師は自らの危機を顧みず強い使命感と責任感のもと勤務し続け、保護者は不満や戸惑いを抱きながらも仕事と家庭に身を捧げ、子どもは学びや遊びの機会を転換される中で自分の声など届かな

いのだと耐え忍ぶ、そのような社会であって良いはずはないだろう。教育において当事者の意思が大切にされる社会であるとはどういうことか。そのために政治にどう向き合うべきか。人間の命や健康を基礎としながらも、人間の発達というものをどう保障していくのか。この極めて繊細なバランスをどうとるのか、COVID-19が人間に問いかけているものは根深い。

1　移動の自由など個人の自由を制約された東ドイツ時代の経験にふれ、民主主義社会における自由の制約は最低限であるべきことを確認しつつも、非常時における政治の責任として移動の自由の制約をすることを真摯に説明し共感を呼んだ。Deutschland.de., "Chancellor Angela Merkel on the Corona Crisis in Germany"
https://www.youtube.com/watch?v=EMWCqUEIFP8 [2020年5月2日最終閲覧]

2　本書では、教育義務をとる国の一例として、フランスとイギリスをとりあげている（第2部第4章と第5章を参照されたい）。

3　SPIEGEL Panorama „Schule im Corona-Modus - "Die haben zum Teil zwei Wochen nicht geantwortet" ": https://www.spiegel.de/panorama/schule-im-corona-modus-die-haben-zum-teil-zwei-wochen-nicht-geantwortet-a-1fdb4e5d-072c-41b7-b532-5731d65fb03a?xing_share=news#ref=rss [2020年9月15日最終閲覧]

4　ドイツの多くの州は小学校（基礎学校）が4年制であり、加えて中等教育段階にさまざまな学校種が存在する「分岐型」と呼ばれる制度をとる。こうした背景もあり、3人の子どもはそれぞれ違う学校に在籍している。

5　前掲SPIEGEL Panorama。

6　BMBF: Bundesministerium für Bildung und Forschung.

7　KMK: Beschluss vom 12.03.2020, Zum Umgang mit dem Corona-Virus, https://www.kmk.org/presse/pressearchiv/mitteilung/zum-umgang-mit-dem-corona-virus.html [2020年7月2日最終閲覧]

8　KMK: Pressemitteilung: Prüfungen finden wie geplant statt: https://www.kmk.org/presse/pressearchiv/mitteilung/kmk-pruefungen-finden-wie-geplant-statt.html [2020年7月2日最終閲覧]

9　KMK : Pressemitteilung: Teilnahmeverpflichtung an VERA 3 und VERA 8 aufgehoben: https://www.kmk.org/presse/pressearchiv/mitteilung/kmk-iqb-bildungstrend-im-primarbereich-verschoben-teilnahmeverpflichtung-an-vera-3-und-vera-8-auf.html [2020年7月2日　最終閲覧]

10　KMK: „Sommersemester 2020 findet statt", https://www.kmk.org/aktuelles/artikelansicht/kmk-sommersemester-2020-findet-statt.html [2020年7月2日最終閲覧]

11 KMK: Pressemitteilung: Vorbereitung der Schulöffnungen, https://www.kmk.org/presse/pressearchiv/mitteilung/hubig-kmk-bereitet-schuloeffnungen-vor.html [2020年7月2日最終閲覧]

12 KMK: Beschluss vom 28.04.2020, Rahmenkonzept für die Wiederaufnahme von Unterricht in Schulen, https://www.kmk.org/fileadmin/Dateien/pdf/PresseUndAktuelles/2020/2020-04-28-Rahmenkonzept-Oeffnung-von-Schulen.pdf [2020年7月2日最終閲覧]

13 KMK: Pressemitteilung: Schnelle Rückkehr zum Regelbetrieb: https://www.kmk.org/presse/pressearchiv/mitteilung/kmk-beschluss-schnelle-rueckkehr-zum-regelbetrieb.html [2020年7月2日最終閲覧]

14 KMK „KMK schafft mit Rahmenkonzept Voraussetzung für schrittweise Schulöffnungen in ganz Deutschland": https://www.kmk.org/presse/pressearchiv/mitteilung/hubig-kmk-schafft-mit-rahmenkonzept-voraussetzung-fuer-schrittweise-schuloeffnungen-in-ganz-deutschla.html [2020年7月2日最終閲覧]

15 KMK: Pressemitteilung: Regulärer Schulbetrieb spätestens nach den Sommerferien: https://www.kmk.org/presse/pressearchiv/mitteilung/kmk-regulaerer-schulbetrieb-spaetestens-nach-den-sommerferien.html [2020年7月14日最終閲覧]

16 連邦レベルのプログラム「コロナ後のキャッチアップ（"Aufholen nach Corona"）」が展開し、コロナ禍での学習支援や教員加配のため、あるいは家族で休暇を過ごせる場の提供など、幅広い項目での特別予算（20億ユーロ、日本円にして約2600億円）が特別予算として計上されている。https://www.bmfsfj.de/bmfsfj/themen/corona-pandemie/aufholen-nach-corona [2021年11月24日最終閲覧]

17 Stephan Gerhard Huber, Paula Sophie Günther, Nadine Schneider, Christoph Helm, Marius Schwander, Julia A. Schneider, Jane Pruitt (2020), *COVID-19 und aktuelle Herausforderungen in Schule und Bildung: Erste Befunde des Schul-Barometers in Deutschland, Österreich und der Schweiz*, Waxmann, S. 39-44.同調査は、生徒2152人、保護者2222人のほか、校長655人、教職員1949人、教育行政・学校監督庁職員（代表者）58人、ICT化にともなう支援員80人を対象とする大規模なものとなっている。なお、全文web公開されている。https://www.waxmann.com/waxmann-buecher/?tx_p2waxmann_pi2%5bbuchnr%5d=4216&tx_p2waxmann_pi2%5baction%5d=show [2020年9月22日最終閲覧]

18 Universität Paderborn „Lehrkräfte-Umfrage während der Corona-Krise": https://www.uni-paderborn.de/nachricht/93655/ [2020年9月22日最終閲覧]

19 Medienpädagogischer Forschungsverbund Südwest, "JIMplus 2020 Corona-Zusatzuntersuchung": https://www.mpfs.de/fileadmin/files/Studien/JIM/JIMplus_2020/JIMplus_2020_Corona.pdf [2020年9月15日最終閲覧] なお、ドイツの成績評価は日本とは逆で、1が一番よい評価である。

20　地元の学校の対応は、各学校の公式ウェブサイトはもとより、学校公式Facebook
　　ページなどでも確認できる。たとえば、パッサウ市内のColumba-Neef-
　　Realschule Neustiftでは、3月の休校から現在に至るまでの様子が読み取れ、教
　　師による授業動画配信なども確認できる。https://www.facebook.com/
　　columba.neef.realschule/［2021年11月25日最終閲覧］
21　日本でも就学義務という点では同じだが、たとえばドイツで「不登校」が「就学
　　義務の不履行」として司法対応ともなりうるのに対し、日本では教育対応をとる
　　のが一般的であり強制の度合いに違いがある。他方、ドイツでは人格の発達はそ
　　もそも個人の自由（ドイツ基本法第2条）とされるため、合理性のない就学義務は
　　人格の自由な発達への侵害になるとも考えられている。そのため、日本のような
　　学校の無境界化はドイツ社会では受け入れられず、学校はあくまで教育専門的な
　　業務を扱うにとどまる制度ともなっている。

◆第２部　コロナ禍のなかでの世界の教育

2　スペイン

学校から家庭への学びがもたらした学校教育への「問い」
－COVID-19禍における教育施策－

公益財団法人世界人権問題研究センター　有江ディアナ

はじめに

　COVID-19禍において、スペインは他の国同様に教育の保障のために取り組んできた。スペイン政府の早い対応はあったものの、学校・教員、家庭の生徒と親の環境・設備面と家庭における学習のサポート不足が困難をまねき、２割程度の生徒が十分な教育を受けられなかったとされる。特に義務教育が学校から家庭へと一時的に移行し、地域的な対応の格差、そして脆弱な集団が従来から抱える問題への対応によって顕在化した課題や深刻化する課題がある。以上の問題背景を踏まえ、本稿ではまず、COVID-19禍が浮き彫りにしたものを整理し、取り組まれてきた教育施策を取り上げ、最後は日本との若干の比較によって、スペインの取り組みから示唆を得たい。

１．COVID-19禍は教育の何を浮き彫りにしたか

⑴対応への地域格差

　まず、対応への地域格差である。スペインは、1978年憲法に自治州制度を導入し、中央集権から自治州分権化へと移行した。また、1990年の教育改革によって中央と自治州の教育行政の役割を明確にした[1]。中央の教育省は、教育制度及び法律を制定し、教育予算や特別な教育政策及びプログラム等の各種補助金の配分を行う。一方、各自治州は、中央が制定した法律に則って独自の教育法を制定し、教育当局は学校の設置及び運営、教職員の給与、

生徒の給食費や教科書代等の免除・給付制度を管轄する。さらに、各自治州は中央政府の法制度に基づきながら、独自の生徒の不登校や欠席の取扱いの基準と指針を策定し、自治体の教育行政が社会福祉、司法機関と連携しながら対応することになる。

　今回のパンデミックによって、中央及び地方教育行政の施策については、各自治州の状況を考慮しながら、教育省、大学省及び自治州代表者会議（以下、政府各州会議）を中心に教育制度全般の方針が出された。また、疫学的なエビデンスを提供する専門機関の助言をもとに厚生省と政府各州会議は、感染予防方針「教育機関のためのCOVID-19に対する予防、衛生及び健康促進の措置：学校再開のためのガイドライン」（以下、「学校再開のためのガイドライン」）[2]［章末において掲載］を決定した。「学校再開のためのガイドライン」に基づき、各自治州は、地域性や財政事情、感染状況等を考慮しつつ、さらには学校の一定の自治のもとで様々な対応を実施してきた。「学校再開のためのガイドライン」は、主に接触回避、衛生予防、清掃と換気、感染者対応の項目に分類され、必要に応じて見直しもされている。2020年度の接触回避の項目との関連では、就学前教育から初等教育の低学年までは、ソーシャルディスタンスやマスク着用を気にせず、固定グループでの教育活動を実施した自治州は少なくなかった。時差登下校のみならず、休み時間や食堂の時間差利用、中等教育段階以上になると午前と午後の二部制や対面だけでなく、遠隔・オンラインも部分的に導入した自治州もあった。また、少人数制が試みられたため、多くの自治州では教員を追加配置することになった。特に、人口の多い自治州において十分に教員が確保されたが、教員を確保することが困難であるか、確保しない自治州では、1教室あたりの生徒数は比較的に多いままとなった。衛生予防に関連して、すでに公共の場における6歳以上がマスクの着用義務があったため、多くの自治州では一部例外を除き学校内でも6歳からの着用義務が課された。さらに、学校の再開に向けて一部の自治州では、教職員のPCR検査や抗体検査の機会を提供し、限定的ではあるが、学校の感染予防対策の一環として生徒の親に対し症状がある場合には生徒を登校させない宣誓書も求められた。

　このようにCOVID-19対策関連の政令法や全国的な方針が設けられたほ

か、財源の移譲も行われたが、具体的な取り組みについては各自治州や学校の自治に委ねられており、迅速な対応が可能であるという利点がある一方で、その財源が十分に感染対策に充てられていないといった課題もみられた。一部地域では中等教育段階以上から非対面式の授業が実施され、脆弱な環境・状況に置かれた生徒の教育の機会が十分に確保されているのかが懸念材料となったため、2021年度は完全な対面授業が目指されている。

⑵社会的弱者への対応

　次に、社会的弱者への対応として、初期段階では、貧困家庭の生徒の食の保障が行われた。学校閉鎖に伴い、給食費免除・学校食堂を利用していた生徒たちの栄養のある食事の確保をするために、食の保障のための政令法がだされた[3]。ただし、その具体的な対応については各自治州政府に委ねられたため、ある自治州は、飲食企業と締結し生徒に食事を届けたが、別の自治州では給食費が免除されている生徒らに対し、指定された店舗で食料を購入できるクーポンを配布するなど、異なった対応がとられた。また、長期間の遠隔・オンライン授業が強いられたものの、スペインでは月収900ユーロ未満の家庭のうち、1割程はインターネット環境が整っておらず、義務教育のデジタル化に十分に対応できない生徒が一部いた[4]。そのために、企業の支援に頼りながら、これらの家庭に対し学習のための電子機器の提供が行われた。

　また、スペインのエスニック・マイノリティであるロマ（ジプシー）を支援する財団が行った73都市、1.1万人対象のアンケート調査では、参加した世帯の4割が食料を含む基本的ニーズへのアクセスの際には、困難に直面したと回答している[5]。また、デジタル格差に伴い、子どもたちの学校と連絡が取れなかったと答えた。同財団は、従来から教育促進プログラムを実施しており、COVID-19禍の今も、これらのプログラムに参加する子どもや若者に対し、継続的な学習ができるようインターネット環境を整えるための機器類の提供を行った[6]。

　さらに、より脆弱な状況に置かれたのは在留資格のない非正規滞在の外国人である。義務教育は国籍に関係なく、また非正規滞在者であっても教育を受けられるが、COVID-19禍の学校内で預かる人数が制限されており、義務教育ではない就学前教育の学校に通う非正規滞在者の子どもらを預けるこ

とができなかったケースが報告されている[7]。一般の外国人も提供されるサービスは受けられるが、非正規外国人の親・保護者の不安定な法的地位、労働条件、公的な支援の欠如に伴う子どもへの影響については少なからずでている。例えば、非正規外国人は不安定な労働形態に伴い、長期休業及び失業手当の受給等の社会的な保障がないことに加え、2020年５月に導入された最低所得保障（ミニマム・インカム）の受給対象外であることから、安定した就労に着けず、社会保障制度の対象外であることから経済的な面による圧迫がさらに厳しくなり、学習環境を整えることができなかった家庭も多いのである[8]。

　学校再開に向けた学習方針と感染予防方針が決定され、その実現に向けて特に脆弱な状況に置かれる生徒への奨学金制度が過去最大増額されている。しかし、形式的には法政策は整えられている一方で、十分にその支援が届いていないあるいは一部対象外となっている人々もいる。そして、これらの人々への支援等ついては、市民団体や支援団体などが一端を担っているのである。

⑶就学義務と裁判

　次に就学義務との関連である。スペインの憲法において、教育を受ける権利の享有と教育の自由を認めることが規定されており、これを受けた教育制度全般について定める現行法には初等教育（6-12歳）、前期中等義務教育（12-16歳）の10年間が基礎教育であり、無償かつ義務であることが規定されている。加えて、スペイン国籍の保有、在留資格の有無に関係なく、外国人も対象とされている。また、課程主義のため、留年も認められ、前期中等義務教育第４学年に合格すれば、進学や就職に必要な前期中等義務教育修了資格を取得することができる。

　パンデミックの現在、就学義務を課すスペインは、原則対面授業が実施されており、各自治州とその自治体における欠席の取扱いの基準と指針に基づき対応している。そのため、生徒や家族の基礎疾患等の理由に基づかない通学拒否に対し、学校や地方教育行政から通学の督促状がその保護者に送られ、これに応じない場合は行政や司法機関が介入しており、司法判断が求められる事例がでてきている。以下、３つの事例をとりあげて第４節で考察する。

　1つ目はCOVID-19禍における別居夫婦の子どもの教育方針の不一致に関する事例である[9]。別居中の父母の間に5歳の子どもがおり、子どもは母親と暮らしていた。就学前教育では、父親が勤める学校に通学し、初等教育も同じ学校に通学する予定であったが、母親は感染への不安から、子どもの通学を拒んだ。父親は子どもの通学を望んだため、COVID-19禍において子どもが学校に通学させるべきかの判断を裁判所に求めた。裁判所は、COVID-19の影響がいつまで続くか分からないことから、子どもの利益を考慮し、その利益追求のために学校に通わせたいとしていた父親に決定権があるとした。また、教育を受ける権利は父親及び母親ではなく子どもにあることを確認した上で、学校の意義には学習のみならず、同年代の子どもの社会化のために必要であり、家族・親族のみでは築けないとした。

　2つ目は、自治州の学校に通う生徒の保護者らが自治州の教育当局及び保健当局に対し訴えを起こした事例である[10]。保護者らの子どもは学校が再開してから通学していない。保護者らは、当局（教育・保健）が原則対面授業を実施するために実施している感染予防対策が不十分であり、機会の平等の観点から遠隔及びオンライン授業の実施を学校や教育行政に要求したが、認められず、子どもらは不登校や欠席との扱いになった。以上のような行政側の実行が、子どもの最善の利益に反しており、また、予防措置の要請のために訴えを起こしたが、裁判所は、請求を認めなかった。裁判所は、予防措置を請求するためには、特別な緊急性の存在が必要であるが、この事例にはないとした。また、自治州当局の感染症予防の様々な対策が、財政状況も踏まえ現段階でできる公衆衛生を守るための対応であることを確認した。

　そして3つ目は、COVID-19禍において就学年齢の兄弟を長期間通学させない父母に対し刑事的責任が問われた事例である[11]。新年度が開始して以来、学校に出席していないことから自治州の不登校や欠席の取扱いに関する指針が適用されることが父母に通知された。一方、父母らは学校側に対し、学校が実施する感染予防措置が学習に不可欠な認知能力と必要な運動等を妨げるほか、社会的距離の制限が他者に対する不信感を生み出し、人間関係の活性化、社会的スキルの発達を妨げることからホームスクーリングの許可を要求した。しかし、法的に認められず、親権者としての法的義務の不履行と

なった。行政からの督促状や検察との話し合いの場も開かれたが、父母らは従わず、検事局は父母の刑事的責任の訴追の手続きを開始した。裁判所は、検察側の要請を認め、感染症への恐怖との理由により、子どもらを長期間学校に通わせていないことから、父母それぞれに11ヵ月間の禁固刑が求刑されており、まだ係争中である[12]。

2．COVID-19禍の教育にどう取り組んだか

⑴2019年度

　2020年3月11日の世界保健機関の「パンデミック宣言」から数日経った3月14日に政令に基づく警戒事態宣言が発令され、教育機関の活動が停止になるとともに、可能な範囲で遠隔及びオンラインを介した教育の推奨が規定された[13]。政府のイニシアティブによって遠隔教育を実施していた教育関連の研究機関や一般企業に対する教材提供の協力要請もあり、オンライン学習教材の提供が迅速に行われた。教員・家族・生徒向けの共通の学習教材プラットフォームサイトが作られたほか、就学年齢の生徒を対象としたテレビ教育番組が放映され、インターネットとテレビ放送を介して、より多くの生徒たちの教育機会の保障が図られた。

　COVID-19禍のなかでの教育制度全般に関する指針については、中央の教育省の大臣と各自治州教育当局の長で構成される常設の政府各州会議において決定された。2019年度3学期の方針、初等教育及び前期中等義務教育課程における復習や補強による学習の継続を図ること、遠隔・オンライン授業を進めていく中で柔軟な評価方法及び進級基準の緩和、前期中等義務教育修了資格取得の基準緩和が決定され、省令において明記されたほか、夏休みは予定通り開始されることも決定した。そして、次年度への対応としては、原則対面授業での実施とそのための感染予防対策に対し、全自治州に予算が追加配分された。加えて、COVID-19の影響を受けた家庭等も増えたことが想定され、奨学金の予算は前年度に比べ22%増額された。一方、遅れていたデジタル教育に対し、デジタル強化プログラムに対する予算配分やCOVID-19の影響に伴う一部生徒の学習の遅れへの支援のために予算投入

が決定された[14]。さらに、疫学的見地からは、2020年度版「学校再開のためのガイドライン」が発表された。

⑵2020年度

「学校再開のためのガイドライン」に基づき新年度が開始したのち、新たな課題が浮上した。例えば、推奨された少人数制の教育活動のための加配教員の確保が困難となり、教員採用要件の緩和に関する政令法が制定された[15]。しかし学校再開から2カ月弱経った、2020年10月25日に2度目の警戒事態宣言が発令され、2021年5月9日まで続いた[16]。そして、感染拡大が背景となり、学校での安全確保への不安等から、教員が早期退職する問題も見られ、労働組合は教職員のエッセンシャルワーカーとしての認定をはじめ業務を遂行する上で、安全確保の観点からワクチンの優先接種、高性能マスクの支給、感染症による家族の看病や子どもの付き添い等に伴う収入減に対する補償、有給休暇制度の整備が求められた[17]。これらの要望を受け、2021年3月下旬には、教員らも優先的にワクチン接種ができるようになった。さらに、同年4月には労働組合は、一部の自治州において提供されたマスクが省令で定められている基準を満たしていない、あるいは基準を満たしたものであっても十分な数が確保されていないことから、教育当局に対し次年度の完全な対面授業に向けて、高性能マスク（FFP2）の提供や学校での二酸化炭素計量器の設置に加え、教師のワクチン接種の具体的な接種計画の提示を求めた[18]。

この間、近隣国でも感染拡大に伴う学校閉鎖がみられたが、スペインでは2020年度の全土での一時的な学校閉鎖は、0.01％（学級閉鎖は0.4％）にとどまった[19]。多くの保護者団体が安全を十分に確保した上で、学校の再開と対面授業を望んだこともあり、特別なケアを必要とする障がいのある子どもらのための加配教員も要請された一方で、これまで通学していた障がいのある生徒に対し対面授業と同等のオンライン授業の提供も求められた[20]。他方、障がいや基礎疾患等を理由としないCOVID-19への恐怖や不安を理由に通学させない親・保護者の問題も起きていた。

⑶2021年度

2020年度は、パンデミックによって3-6歳の就学前教育に預けられた子

どもが127,244人減少し、初等教育でも65,433人減少となっていることが明らかになった[21]。一方、2021年度に向けた財源及び感染対策の指針は見直され、教育予算については、20万以上のデジタル教室の設置費及び維持費、教員のデジタル教育の訓練、30万個分のデバイス購入、職業訓練教育のデジタル化計画といったデジタル教育の促進に充てられることが発表された[22]。また、脆弱な生徒への学習支援のためのプログラム、テキストや教材の予算に加え、奨学金も増えている。

　2021年度は完全な対面授業に向けた感染予防対策のために、「学校再開のためのガイドライン」も見直しされており、前年度との大きな変化といえば、ワクチン接種である。学校が開始する2021年９月に向けて、同年７月より12歳-17歳までの子どももワクチン接種の対象になった[23]。自治州によってその接種計画は異なるが、７月３週目より開始した地域もあり、全体のワクチン接種率が10月中旬で、12歳以上でも８割程度に達している[24]。そして、変異株の影響や子ども間での感染が増加したことから2021年末から2022年１月にかけて12歳未満のワクチン接種も進めていくことが示唆されている[25]。他方、中央の教育行政は安全な対面授業を実施するために教員のワクチン接種の義務化を進められようとしておりその是非について議論が深まりそうだ[26]。

　学校が開始し、子どものマスク着用義務に対する緩和を求める声も一部に上がっている一方で、子どもへのワクチン接種が実施されるまではマスクを必要とする見方が医療関係者を中心にされている[27]。スペイン保護者会や労働者組合もまた、マスク着用の不便性を指摘しつつも、衛生当局に対する信頼や安全を優先させる方が望ましいとの見方が多数みられる。

３．日本との比較

　日本とスペインを含む多くの国は、学校再開に向けた感染予防対策の指針を設け、その基準に基づきながら学校現場は取り組んできた。そこで、日本とスペイン両国の対応の相違の整理をしてみたい。

　まず、2020年に日本で行われた「一斉休校」は首相の要請によりほぼ全

国の学校が閉鎖された。解除後には、学校運営のガイドラインに基づき各学校設置者や学校長の判断によって学校閉鎖や学級の閉鎖が行われている。一方、スペインでは閣議決定において、年間の最低授業日数（175日）の適用と２週間程度の学校閉鎖が決定された後、感染状況の拡大という疫学的な見地から、憲法の規定に基づく政令の発令により長期の学校閉鎖が実施されることとなり、日本との違いが見受けられる[28]。他方、学校再開後の学校閉鎖や学級閉鎖については、感染予防のガイドラインに従い各自治州の状況、さらには各学校の判断にゆだねられている点は日本と類似する。加えて、社会的弱者に対する支援については、地域間の取り組みに差異がある点も両国で類似している。

　また、学校が安全で感染予防対策が十分であることが学校再開の鍵であり、両国において中央と地域の教育行政が対策を行っているが、スペインにおいては労働組合等が大きな影響力をもつという違いがある。パンデミックの中、教育を提供する側の教職員の安全な職場環境と安定した人員の確保が必要であり、そのために、エッセンシャルワーカーとしてワクチンの優先接種、高性能マスクの基準の確定とその提供をはじめとした要望を交渉する体制がある。同様に、保護者団体や学生団体も存在し、これらの団体もまた要望を示すことがある。特に保護者団体は対面授業を望む一方で、子どもの安全の観点から本来の指針が遵守されない場合や状況を見て必要とされるものを要請してきた。例えば、2021年初頭の大寒波では、推奨とされる窓を開けた換気は困難であったため、高性能の空気清浄機や空調設備の整備を求めた。

　さらに、父母・保護者らが子どもらを学校に通わせない事例が両国で見られる[29]。基礎疾患が生徒自身にある又は家族の誰かにある場合は遠隔・オンライン授業が提供されることは両国でも確認されている。しかし、不安による自主的な欠席に対する対応に対しては、大きく異なっている。スペインでは、一部の事例でも紹介したように、不登校や欠席の取扱いが厳しく、それぞれの自治州の指針に基づきながら対応が行われる。より厳格な場合には、刑事的責任が問われることもあり、不登校や欠席の取扱いはCOVID-19禍でも認められない旨の通知を検察庁（未成年検察庁）が発表している。他方、日本の場合は、文部科学省から各教育委員会宛に「新型コロナウイルスに対

応した持続的な学校運営のためのガイドライン及び新型コロナウイルス感染症対策に伴う児童生徒の学びの『学びの保障』総合対策パッケージについて」の通知において、保護者の不安により休ませたい旨の相談があった場合には、その地域の感染状況等を考慮し、合理的な理由があると校長が判断する場合は「出席停止・忌引等の日数」として記録し、欠席扱いとしない、柔軟な取扱いが明記されている[30]。2021年2月19日の改訂版においても同様の内容が盛り込まれているが、感染症への不安や合理的な理由がない場合の特例的な欠席扱いの利用では、中学受験のための自主欠席は望ましくないとされている[31]。

　就学義務を課す両国であるが、日本が柔軟な対応をとっている背景には、自然災害が多く、これまでの感染症への対応についても、学校・学級閉鎖も実施してきたこれまでの経験が一要因であるかもしれない[32]。他方、スペインは、1918-1919年のスペイン風邪における感染防止対策として大規模な学校閉鎖をして以来、特に2000年代以降の新型インフルエンザでは実施していない。また、日本では「学習の遅れ」が問題視されているが、スペインはより深刻な問題を抱える。スペインにおける学習の遅れは進級にも影響しており、厳格な課程主義を採用するために留年率も高く、義務教育段階での修了資格を取得できないまま学校から離れる若者も多く、若者の高い失業率につながる要因とされている。欧州連合（EU）の中でも中途退学、早期の離学が高く、他のEU諸国と足並みを揃えることが求められているため、その対策として、このような厳格な不登校や欠席の取扱い指針が設けられているといえる[33]。

おわりに—日本への示唆

　このように、日本とスペインにはいくつかの類似点と違いがある。地域間格差は両国において見受けられるが、パンデミック下においても教育の機会が十分に確保されるための共通の基準が必要であるといえる。この点については、スペインは十分ではないが、疫学的見地からの判断と法的根拠に基づく指針や政令に基づく支援が実施されている点は、評価できる点として参考

にできる。また、社会的弱者に対する支援は、法制度上は可能であるものの、一部の人々が対象外となってしまっている状況の中で、市民団体及び支援団体等の実態調査による問題の可視化や支援は必要であり、行政だけでなく市民ネットワークがどのように構築され、学校との連携も含め注目していくことで、スペインの事例から学ぶことはあるだろう。さらに、教職員の状況については、日本の教員が声をあげることがみられず、弱い立場に置かれることもあり、スペインのような取り組みを参照しながら、安全な職場環境の提供をすることが求められている。そして、就学義務については、学校を開き完全な対面授業を提供することが両国で目指されている。特にスペインにおいて、中途退学者や早期の離学を防止することが喫緊の課題として取り組まれているために、長期の欠席に対し厳しい対応を行っており、司法判断を求めることもある。学校教育の意義については、学習するためだけの場のみならず社会性を育むためでもあるとスペインの裁判所は判断している。しかし、COVID-19禍においては、いくつかの制約により人間関係の構築が困難になり、子どもの成長に悪影響を与えるとする保護者の指摘も留意すべき点であろう。日本では、このような問題はまだ発生していないが、一時的に学校から家庭の学習に移行したことから、また、オンライン授業等のデジタル教育が発展していくなか、そして、今後も発生する可能性のある感染症への対応も踏まえ、学校教育の意義について再確認・再考することが求められているのではないだろうか。

1　教育制度基本法［Ley Orgánica 1/1990, de 3 de octubre de Ordenación General del Sistema Educativo］

2　厚生省・教育省合同作成（原文：Medidas de Prevención, higiene y promoción de la salud frente al COVID-19 para centros educativos en el curso 2020/2021）。2020年度版のほか、2021年度版も作成された。

3　2020年政令法7号［Real Decreto-Ley 7/2020, de 12 de marzo］。同政令法第8条において、経済への影響に対抗するための緊急措置として家族への対応に言及し、最も脆弱な状況に置かれる子どもの食への基本的な権利について規定され、各自治州の関係当局によって行われることが明記されていた。

4　UNICEF Comité Español（2020）*Covid-19: Reimaginar la Educación, Unicef España*, p.14. 過去のデジタル状況についてはUNICEF Comité Español

(2018) *Los niños y niñas de la brecha digital en España*, Unicef España, pp.8-9.

5　Fundación Secretariado Gitano
https://www.gitanos.org/upload/59/16/Folleto_resumen_Informe_anual_FSG_2020.pdf［2021年11月12日最終閲覧］

6　従来のプログラムは、就学前教育への就学促進に加え、ロマ（ジプシー）の子どもたちの多くは、義務教育後は進学しないことが多いため、学校からの早期の離学を防止する目的で行っている。

7　セーブ・ザ・チルドレンの報告書「スペインで非正規外国人として育つということ」
https://www.savethechildren.es/sites/default/files/2021-02/Crecer_sin_papeles_en_Espana_SC_PC.pdf　　［2021年11月12日最終閲覧］

8　移民を支援する250ものNGOが非正規外国人を最低所得保障の受給対象に加えることや正規化手続きの緩和を政府に求めている。El Confidehcial（2020年4月10日付）https://www.elconfidencial.com/economia/2020-04-30/ong-piden-regularizar-inmigrantes-acceso-renta-minima_2573175/ ［2021年11月12日最終閲覧］なお、正規化運動（#RegularizacionYa）に1200以上のNGO、市民団体、労働組合も支持を示している。

9　レオン第一審裁判所（家事）、2020年9月10日決定［JDO.1ra Instancia de León No.248/2020 de 10 de septiembre］

10　コルーニャ高等裁判所第三法廷（行政）、2020年10月30日決定［T.S.X.Galicia Con/Ad Sec.3 A Coruña Auto 2020 de 30 de octubre］

11　カンガス・デ・ナルセア第一審裁判所、2021年2月24日決定［JDO.1ra Instancia de Cangas de Narcea Auto 2021 de 24 de febrero］。

12　El Comercio（2021年3月17日付）https://www.elcomercio.es/asturias/piden-carcel-padres-cangas-narcea-hijos-colegios-covid-20210317143548-nt.html　［2021年11月12日最終閲覧］

13　2020年政令463号［Real Decreto 463/2020, de 14 de marzo］

14　この予算の追加背景には、EU（COVID-19）復興基金により、スペインなどの被害が大きかった国かつ債務水準が高い国には融資ではなく資金供与されることになった。ただし、計画的かつ適切に使用される必要がある。日本経済新聞（2020年7月21日付）https://www.nikkei.com/article/DGXMZO61758600R20C20A7I00000/ ［2021年11月12日最終閲覧］。

15　2020年政令法31号［Real Decreto Ley 31/2020, de 29 de septiembre］。

16　2020年政令926号［Real Decreto 926/2020, de 25 de octubre］。

17　一部の労働組合（Federación de Sindicatos Independientes de Enseñanza: FSIE, Central Sindical Independiente y de Funcionarios: CSIF）が要求。

18　Ondacero（2021年4月15日付）https://www.ondacero.es/emisoras/asturias/noticias/anpe-ccoo-pide-claridad-vacunacion-docentes_20210415607 85c947f2b2d000100c239.html［2021年11月12日最終閲覧］

19　教育省HP「関係者の協力で2学期は99.6%が学校閉鎖せず」https://www.educacionyfp.gob.es/prensa/actualidad/2021/03/290321-baiancesegundotrimestre.html［2021年11月12日最終閲覧］

20　保護者団体（CEAPA）: https://www.ceapa.es/la-ceapa-y-celaa-coincidenen-afirmar-que-la-presencialidad-es-el-unico-modelo-que-garantiza-la-igualdad-de-oportunidades/ マドリード障がい者連合会 （FAMMA Cocemfe Madrid） https://www.madridiario.es/famma-denuncia-exclusion-alumnos-discapacidad-excusa-covid-19 ［2021年11月12日最終閲覧］

21 Antena3（2021年7月26日付）https://www.antena3.com/noticias/sociedad/educacion-infantil-pierde-mas-127000-alumnos-curso-2020-2021-pandemia-coronavirus_2021072660fee09739fa6f000192d198.html ［2021年11月12日最終閲覧］

22 教育省HP（2021年5月12日付）他にも、20億ユーロ程が職業訓練教育に、また教育制度の公平性のためのプログラムに11億ユーロが投入される。

23 RTVE（2021年10月15日付）https://www.rtve.es/noticias/20211015/campana-vacunacion-espana/2062499.shtml ［2021年11月12日最終閲覧］

24 16歳以上は保護者の同意や付き添いが必要ないが、12歳から15歳までは保護者の同意と付き添いが必要である。厚生省HP https://www.mscbs.gob.es/profesionales/saludPublica/prevPromocion/vacunaciones/covid19/docs/Vacuna_COVID_adolescentes_PreguntasyRespuestas.pdf ［2021年11月12日最終閲覧］

25 7Televalencia（2021年9月15日付）https://7televalencia.com/es/asi-sera-vacunacion-menores-espana/ ［2021年11月12日最終閲覧］

26 RTVE（2021年8月9日付）https://www.rtve.es/noticias/20210809/ministra-educacionapuesta-presencialidad-descarta-obligar-docentes-vacunarse/2155680.shtml ［2021年11月12日最終閲覧］

27 El Pais（2021年10月3日付）https://elpais.com/educacion/2021-10-03/las-aulas-esperan-a-una-mayor-caida-de-la-incidencia-del-coronavirus-para-poder-dejar-atras-las-mascarillas.html ［2021年11月12日最終閲覧］

28 厚生省に助言し、疫学的なエビデンスに基づく分析を実施する疫学国立センター（Centro Nacional de Epidemiología: CNE）がある。他方、感染症対策のための臨時の専門家会議（comité de expertos）は、中央政府に対し警戒事態宣言の段階的な解除等のスペイン全域の政策への助言を行い、各自治州政府下の専門家会議は、自治州内の移動制限、外出禁止の時間帯等を含む政策への助言を行う。

29 2020年8月の3日間（19-21日）、名古屋市の小中高校において新型コロナウイルス感染等で欠席した児童生徒が2195人だったといった報道があった。ただし、夏休みの短縮期間と重なっている時期であることに留意しなければならない。中日新聞「コロナ不安で欠席、延べ2195人名古屋市の小中高、夏休み明け」（2020年9月1日付）。他方、感染者数が増え始めていた新年度の大阪では153人が同様の理由で欠席したと調査で明らかになった。読売新聞「『感染不安』153人が学校を自主欠席、大阪府教委『フォローできる態勢をとり』」（2021年5月11日付）。

30 文部科学省2020年6月5日付通知「新型コロナウイルスに対応した持続的な学校運営のためのガイドライン及び新型コロナウイルス感染症対策に伴う児童生徒の学びの『学びの保障』総合対策パッケージについて」。また、このガイドラインの対象期間は、新型インフルエンザ等対策特別措置法第15条1項の規定に基づく新型コロナウイルス感染対策本部が設置されている期間とされている。

31 浮島智子委員の質疑に対する萩生田国務大臣の答弁。衆議院「第204回国会　文部科学委員会　第10号（令和3年4月14日（水曜日））」: https://www.shugiin.go.jp/internet/itdb_kaigiroku.nsf/html/kaigiroku/009620420210414010.htm　[2021年11月12日最終閲覧]

32 文部科学省2021年2月19日付通知「感染症や災害の非常時にやむを得ず学校に登校できない児童生徒に対する学習指導について」。

33 ただし、バスク自治州のように一部の自治州では緩和されている。バスク自治州官報：[Decreto Balora, de julio de 2017] また、スペインの早期離学問題の詳細については、以下に詳しい。有江ディアナ（2021）「第8章　スペインにおける早期離学問題に対する教育制度上の対策と限界」園山大祐（編）『学校を離れる若者』ナカニシヤ出版、130-155頁。

教育相が0－3歳の就学前教育への視察の様子（2021年11月15日付、参照：スペイン教育及び職業訓練省）

		就学前教育/特別支援教育	初等教育	前期中等義務教育	後期中等教育	教職員
2020年度版「学校再開のためのガイドライン」	1．接触回避	全生徒の対面授業が保証され、感染拡大防止に伴う追加的措置がとられる場合、14歳までを対象とした対面授業を優先する。校内では、1.5m以上のソーシャルディスタンス（以下、1.5mSD※）を確保する。				
		15人以下（20人以下）の固定グループを設ける。グループ間の活動は避ける。固定グループ内での遊び等は、厳格な1.5mSDをとらなくてよい。初等教育において固定グループの設置が不可能な場合、1.5mSDを確保する。	教室内では、生徒と生徒（机の間隔）は1.5mSDをとる。			
		屋外の施設を最優先して利用する。登下校は段階的に（時差等）行う。対面の会合、会議は避ける。イベントの開催の場合、衛生指針に従い最大収容人数を守る。移動教室・授業を避ける。通学・通勤手段に徒歩や自転車等を検討する。				
	2．衛生予防	手洗い。顔の各部位に触れない。咳をするときは口と鼻を覆う。使い捨てティッシュを利用する。				
		最低1.5mSDを確保する（登下校時含め）、確保できない場合はマスクを着用する。通学バス等では着用義務である（一部除く）。				
		6歳未満のマスク着用義務無し。通学バス（公共交通機関）も着用義務無し。	固定グループ内はマスク無し。固定グループ外の場合は、1.5mSD確保できないときマスクを着用する。	1.5mSDを確保できない場合マスクを着用する。着席時、1.5mSD確保の上マスクを外してよい。	1.5mSD確保できない場合、中等教育以上は着用義務である。
	3．清掃と換気	清掃及び消毒のガイドラインを設ける。1日1回以上の清掃に加え、トイレ等重点的にすべき所は3回以上清掃する。共有スペースや多くの人が触れるドアノブ、手すり等に注意する。ごみの処理について、ティッシュやマスク等は蓋つきのごみ箱に処分されることが推奨される。換気は、1日の開始・終了前と授業と授業の間に5分以上の換気をする。可能な限り窓を開ける。なお、転落・事故防止対策もとる。				
	4．感染者（感染疑い）対応	学校の感染者対応ガイドラインを設けること。衛生局との連絡網を構築する。公衆衛生上のガイドラインを設ける。症状の観察：毎日の健康チェックをする。感染症の症状が出た場合は学校を欠席し保健所に連絡、呼吸困難がある場合は112（救急医療含むヨーロッパ共通の緊急通報電話番号）に連絡する。				
		生徒が学内で発症した場合、別室に移し、サージカルマスクを着用する（生徒と付添人）、家族に連絡する。保健所等へ連絡し、指示に従う。症状がひどい場合112に連絡する。			教職員が学内で発症した場合は、生徒と同様の対応に加え、労働リスク防止サービスに連絡する。	
2021	1．接触回避	全生徒の対面授業が保証される。ただし、感染拡大レベル3・4では、前期中等義務教育第3学年以上の場合に限りセミ対面式で行うことができる。1.5mSDを確保することが困難かつ屋外施設の利用が困難とされた場合のみ特別に認められる。				

※SD：ソーシャル・ディスタンス

		就学前教育/特別支援教育	初等教育	前期中等義務教育	後期中等教育	教職員
2021年度版「学校再開のためのガイドライン」	ニューノーマル：感染拡大レベル1・2	固定グループのみでの活動。	固定グループのみでの活動。ただし5年・6年生は1.5mSD（緩和して1.2mSDも可）を保つ場合は固定グループでなくても良い。	1.5mSDを確保（緩和して1.2mSDも可）。	1.5mSDを確保（緩和して1.2mSDも可）職業訓練の中級及び上級、スポーツ、芸術等の教育では、その専門職において課される措置を適用する。	1.5mSD確保。
	ニューノーマル：感染拡大レベル3・4			3年・4年生の場合は1.5mSDの確保や屋外設備を利用する。不可能な場合のみ、特別にセミ対面式を実施する。その際、社会的及び学習困難の高い生徒の対面での参加を優先する。	1.5mSDの確保または屋外で授業を実施する。これらができない場合のみ、特別にセミ対面式を実施する。その際、社会的及び学習困難の高い生徒の対面での参加を優先する。	
	2.衛生予防	手洗い。顔の各部位に触れない。咳をするときは口と鼻を覆う。使い捨てティッシュを利用する。				
		6歳未満のマスク着用義務はない。通学バスでは3-5歳の着用が推奨される。	ソーシャルディスタンスを保っていようと、また、固定グループでの活動に制限されていても、6歳以上は、マスクの着用義務はある。ただし、疫学的見地から、感染状況の考慮の上、屋外での管理できる活動であり、1.5mSDが確保できる場合は、その活動の間はマスクを着用しなくても良い。			
		健康な場合は衛生用マスクを着用する（省令における要件を満たすこと）、透明マスク（唇を読むためや表情をわかるための目的であり、省令における要件を満たすこと）。				衛生用マスクを着用する。生徒がマスク着用できない場合にはサージカルマスク等を着用する。
		手袋の使用は推奨されない。				清掃担当の職員には、手袋の使用は推奨される。

		就学前教育/特別支援教育	初等教育	前期中等義務教育	後期中等教育	教職員
2021年度版「学校再開のためのガイドライン」		子ども及び若者のワクチン接種は、認可された後、順次、優先的なグループから実施する。				就学前・初等教育・前期中等義務教育・特別支援教育の教員及び職員はワクチン接種の対象者である。
	3．清掃と換気	清掃及び消毒のガイドラインを設ける。1日1回以上の清掃に加え、トイレ等重点的にすべき所は3回以上清掃する。共有スペースや多くの人が触れるドアノブ、手すり、机、棚類、床、電話等に注意する。ごみの処理について、ティッシュやマスク等は蓋つきのごみ箱に処分することが推奨される。				
		自然換気と混合換気（自然換気が不十分な時は機械換気設備の使用）の推奨、可能であれば継続的な換気が望ましい。一か所の集中換気ではなく、複数の対向する窓やドアを開けて換気する。換気については、1日の開始と終了前と授業と授業の間に15分以上の換気をする。天気が許す限り窓を開放する。自然換気だけでは不十分な場合、また困難な場合には、機械換気を用いる（HEPAフィルターにより清浄可能なもの）。				
	4．感染者（感染疑い）対応	ガイドライン：学校の感染者対応ガイドラインを設ける。衛生局との連絡網を構築する。公衆衛生上のガイドラインを設ける。 症状の観察：毎日の健康チェックをする。感染症の症状が出た場合は学校に通学・通勤せず保健所に連絡、呼吸困難がある場合は112に連絡する。				
		日常的に通学前に体温を測り、COVID-19の症状がある場合又は診断をされた場合、あるいは濃厚接触者となった場合は通学・通勤しない。				
		生徒が学内で発症した場合、個別で使用できる別室に移し、サージカルマスクを着用させ、家族に連絡する。付添人の教職員は、高性能マスク（FFP2）を着用して対応する。ただし、生徒がマスクを着用できない場合（疾患や精神的な理由により付けることが困難な場合等）は、フェイス・シールドとビニールエプロンを付けて対応する。家族が保健所等へ連絡し、指示に従う。				
		教職員が発症した場合は、感染予防対策をしながら帰宅する。教職員自身で移動できない場合は、別室で待機し、付添人が必要な場合は、付添人は高性能マスク（FFP2）を着用して対応する。教職員は、保健所に連絡する、又は、自治州指定の電話番号、あるいは労働リスク防止サービスに連絡する。				
		症状がひどい場合は112に連絡する。保健所又は自治州が指定した機関と学校と共に、感染者の濃厚接触者の調査や学校内での必要な措置を指示する。				

◆第2部　コロナ禍のなかでの世界の教育

3　スウェーデン ───────────

コロナ禍で問い直される学校教育

信州大学教育学部　**林寛平**

大阪大学大学院人間科学研究科　**田平修**

はじめに

　新型コロナウイルス感染症の拡大により各国が都市封鎖や一斉休校に向かうなか、スウェーデンは特異な対応をとった。当初はマスクの着用を推奨せず、厳しい行動制限や全国的な学校閉鎖も行わなかった。国内での賛否両論はもちろんのこと、米国のトランプ大統領がTwitter上で批判したり、「ノーガード戦法」と揶揄されたりするなど、各国から大きな関心を集めてきた[1]。

　スウェーデン政府は新型コロナウイルスを「社会的脅威（samhällsfarlig）」とし、感染拡大を抑制することで人々の生活、健康、仕事を守ることを目指した（Regeringskansliet 2020a, 2020b）。他国が非常事態を宣言したり、大統領令を出して軍隊を動員したりするなかで、スウェーデンでは市民の権利制限に抑制的で、立法府による迅速な法改正と、行政府による強制力を伴わない「勧告（rekommendation）」を組み合わせた穏やかな対応が採られた[2]。スウェーデンは平時の延長として新型コロナウイルスに対峙してきたといえる。特に、個人と社会の両方を守ることを掲げ、リスクの高い人を隔離し、それ以外の人には感染症対策の上、これまで通りの活動を推奨した点が特徴的である（Folkhälsomyndigheten 2020a, HSLF-FS 2020:12）。

　これらの対応は主に感染対策法（Smittskyddslagen（2004:168））と労働環境法（Arbetsmiljölagen（1977:1160））、そして公衆衛生庁（Folkhälsomyndigheten）が2019年に策定したパンデミック準備計画に基づいている。準備計画はインフルエンザを想定したものだが、新感染症全般に応用できる内容で、パンデミックへの備え、コミュニケーション計画、薬

へのアクセスと利用の 3 部構成となっている（Folkhälsomyndigheten 2019a, 2019b, 2019c）。このうちコミュニケーション計画では、情報が錯綜することで無用な混乱や政府への不信感を生まないよう、各機関の役割を明確にすることが示されている。SNSでは政府のコロナ対応に対する不安や批判の声が多数あがっていたが、主要メディアでは比較的穏やかな報道だったのは、このようなコミュニケーション計画の方針に則っていることもある。

　世界保健機関（WHO）がパンデミックを宣言すると、公衆衛生庁は2020年 3 月17日に高校や大学等は通信授業[3]に移行するよう勧告した（Folkhälsomyndigheten 2020a）。高校生以上は学校に集まらなくても授業ができることから、感染拡大を予防し、最も脆弱な人が医療を受けられるようにするためだと説明された。また、高校生や大学生等は幼い子どもと違ってケアが必要ないことや、授業集団が大きいことが理由として挙げられた。

　プリスクールと基礎学校は、一部の自立学校（運営費の大半を公費で運営される私立学校）が独自の判断で閉鎖した例や、生徒や教職員から感染者が出た学校で学校閉鎖が行われたものの、全国的な休校にはならなかった。公衆衛生庁は学校閉鎖が感染拡大のリスクを減らすという科学的な根拠はないとして、子どもを自宅に待機させるのは効果的ではないと考えていた（Folkhälsomyndigheten 2020b）。これに加えて、休校を措置する法的根拠がなかったこと、教育を受ける権利と義務の扱い、学校の保育機能に関する議論、学校の福祉的機能に関する議論などが背景にあった。

　教育法（Skollag（2010:800））では、「学校における教育は子どもと生徒が知識と価値を獲得し、発展させることを目的とする。これはすべての子どもと生徒の生涯にわたる学習意欲を促進するものである。教育はまた、スウェーデン社会が基づく人権と基礎的な民主主義的価値を尊重することを伝え、定着させるものである」としている。これに続けて「教育は子どもと生徒の多様なニーズを考慮に入れなければならない。子どもと生徒は可能な限り成長するように支援と刺激が与えられるべきである」とうたわれている。

　スウェーデンのパンデミック対応は、2020年末に国王が「我々は失敗したと思う」と述べたビデオメッセージの公表によって大きく方針転換が図られたように見える（SVT 2020a）。2021年 1 月には、高校や大学は徐々

に対面に戻す方針になる一方で、基礎学校高学年（日本の中学校に相当）では学校が開いていても通信あるいは遠隔授業を併用できるように規制が緩和された。そして、2021年9月29日にはすべての規制が撤廃され、社会は「ポスト・コロナ」のフェーズに入った。本章では、パンデミック下においてスウェーデンの学校が子どもの権利保障にどのように取り組んだのかを整理し、その背景にある制度や思想を考察する。

1. 一斉休校にできなかった事情

　スウェーデンでは、インフルエンザ等でも学級や学校を閉鎖する措置は採られてこなかった。以前より、風邪症状のある生徒や職員は自主的・個人的に欠席することが推奨されてきた。感染対策法は主治医が個人に対して学校教育への参加を制限できると定めるものの、学級閉鎖の根拠とはなっていない。すなわち、学校閉鎖の習慣や法的根拠がないために一斉休校に即座に対応できなかったという事情があった。

　具体的には、以下の3点が制度的課題となった。第一に、感染症対策を理由に休校を措置する法がなかった点である。第二に、脱集権化や地方自治の考えから、授業日の設定は校長あるいは学校設置者（公立学校であれば基礎自治体であるコミューン、自立学校であれば理事会）の裁量とされ、中央政府には休校を命じる権限がなかった点である。第三に、教育法では、非常時（戦時下等を想定）に休校する場合には教育を受ける権利を保障すべきとする規定はあったものの、これを誰がどのように保障するのかに関する規定がなかった点である（prop. 2009/10:165）。

　そのため、政府は休校対応の法整備に急きょ取り組んだ。まず、2020年3月13日に新施行令（Förordning (2020:115)）を作り、学校設置者が休校を決めた場合に、どのような代替手段で教育を受ける権利を保障できるかを定めた。

　教育法では授業日は平日のみで年間190日以内、1日当たりの授業時間は就学前学級（基礎学校の組織内にあるいわゆる「0年生」（標準的には満6歳～7歳）で、就学義務がある）から2年生までは6時間以内、それ以降は

8時間以内と定められている。新施行令では、学校設置者の判断により、平日以外に授業を実施したり、授業日数や1日当たりの授業時間を増やしたりできるとした。これらの対応を採ることで、学校設置者は生徒の教育を受ける権利を保障したとみなせると定められた。また、ナショナル・カリキュラムに記されている学年段階別の内容を柔軟に変更できること、学校設置者が認める場合には通信授業を授業時間に含められること、事情により別の学校で学ぶことも許容されることが定められた。さらに、新型コロナウイルスの影響で欠席した生徒の成績が通常通り評価できない場合には、校長の裁量で代替的な措置を採れることになった（Fm 2020: 1）。

　教育を受ける権利に関する規制を緩和したうえで、国会は2020年3月19日には一時的な学校閉鎖に関する新法を制定した（2019/20:UbU25、3月21日に施行）。新法は学校設置者がプリスクールや余暇クラブ（学童保育）を閉鎖する場合には、特別な支援が必要な子ども・生徒や社会的に重要な活動に従事する保護者の子どもに対して引き続き保育を提供しなければならないと定めた。

　これらの法改正によって、中央政府が全国、地域、あるいはコミューンごとに一時的な学校閉鎖を命じるための法制度が整った。

2．パンデミックが問う学校教育の多面的な役割

　世界の多くの地域で休校措置が採られ、スウェーデンでも感染が広がっていたことから、新法の施行後すぐに一斉休校になると見込まれていた。しかし、新法が制定された2020年3月19日、ステファン・ロヴェーン首相は「全国的な休校措置は適切ではない。地域によっては、休校すべきというスタンスの感染症医もいる。休校措置を講じる可能性は十分にあるものの、まだその段階ではないというのが公衆衛生庁の立場だ。しかしながら、その準備は整えておかなくてはならない。もちろん、学校設置者はこの厳しい状況に対応できるよう十分なサポートを受ける必要がある。同時に、休校になれば、多くの保護者が仕事に行けなくなる。この点が、我々がそのような対応を採るときに注意すべき理由である。社会の重要な機能が影響を受けるため、

極めて丁寧に分析されなければならない」と発言した（Sverigesriksdag 2020, Anf. 60）。翌日には、アンナ・エクストローム教育相が休校の可能性を見据えながらも、「社会が機能し続けるためには、感染防止のために休校となる非常時においても、社会的に重要な仕事に従事する保護者は働き続けなければならない」と述べた（Regeringskansliet 2020c）。

　そして、実際に新法の施行後もプリスクールや基礎学校の全国的な休校措置は採られなかった。スウェーデン政府は社会的な影響に鑑みて学校閉鎖のデメリットの方が大きいと判断していた。

2-1. 多様な学習ニーズと社会的養護

　高校以上は公衆衛生庁の勧告を受けて即時に通信授業に移行したが、多くの基礎学校でも、アレルギー等で重症化リスクがある生徒や基礎疾患のある保護者をもつ生徒、あるいは感染への不安などによって、在宅学習を希望する生徒が多くいる。スウェーデンでは従前より学校におけるICT活用に積極的に投資しており、多くの生徒が日常的にノートパソコン等を使って学習してきた。また、新型コロナウイルスの感染拡大期（いわゆる第一波）には、多くの教職員も感染したり感染への不安を感じていたりしたことから、従業員の保護という観点からも、基礎学校の校長や学校設置者は通信授業に比較的前向きに取り組んだ[4]。その場合でも休校ではなく在宅学習であり、学校施設に集まらないけれども教育は提供しているというスタンスだった。

　公衆衛生庁は2021年1月に、高校や大学は徐々に対面授業に戻すことを勧告した。学校教育庁（Skolverket）の調査では、授業の大半を通信あるいは遠隔授業で行っていると回答した高校は2月には79%だったが、4月には61%に減少した。基礎学校高学年においても1月には89%、2月には71%、4月には53%と徐々に減少していった（Skolverket 2021a, 2021b）。そして、夏休み明けの9月29日にはすべての規制が撤廃され、全国の学校は従来の対面授業を中心とする学校生活に戻っていった。この時期には、教育法等に書かれた「原則」と、パンデミック対応による「特例」と、ポスト・コロナに向けた「移行措置」とポスト・コロナの「新制度」の4つの制度が混在する状態になった。通信授業については、就学義務の要件として原

則的に認められないものの、特例として認められる場合があった（Skolverket 2021c）。また、2022年度からは、事前に申請し、学校監査庁（Skolinspektionen）から許可を得た学校（基礎学校、特別支援基礎学校や高校等）では遠隔授業による教育の提供が認められるようになった（Skolinspektionen 2021）。

　これらの緩和措置を受けてもなお、通信授業を提供するかどうかは学校設置者あるいは学校の判断に委ねられるため、生徒や保護者が通信授業による履修を望んでも認められない場合もある（Förordning（2020:115），Fm 2020: 6）。

　パンデミックの長期化に伴って在宅学習が一般化すると、オンラインで授業さえ受けていれば就学義務を履行したとみなせるのかという疑問が生まれた。教育法では基礎学校の生徒に就学義務を課し、保護者には子どもに就学義務を果たさせる責任があるとしている。就学義務は生徒が学校に通うことを前提にしているが、特別な事情により登校しない（できない）生徒には居住コミューンが別の方法で教育を提供しなければならない。例えば、病気療養中の生徒が在宅で授業を受ける場合などである。しかし、こうした事例は学校設置者が認めたごく少数に限られていた。特別な事情がない場合には、生徒が在宅で学習しても就学義務の履行や出席とはみなされず（Skolverket 2020a, 2020b）、今般のように多くの生徒が一斉に代替措置を求めるような事態は想定されていなかった。そのため、法改正により学校設置者が認める場合には通信授業を授業時間に含めるという規定が盛り込まれた[5]。

　教育を受ける権利という観点からは、教育法にある「教育は子どもと生徒の多様なニーズを考慮に入れなければならない」という記述をどう解釈するかによって対応が分かれた。例えば、診断書等の客観的な根拠がなく、本人や保護者が感染への主観的な不安を訴えている場合に、通信授業を提供すべきどうかは判断が難しいところである。

　就学義務は学校に登校することを前提にしているが、実のところ、出席の法的定義は定められていない。一方で、校長には在籍生徒が10日以上欠席した場合には、学校設置者に対して報告する義務が課されている。この際、欠席理由の正当性にかかわらず、すみやかに状況を調査することになってい

る（林・本所 2021）。これは就学義務の履行や学籍管理上の必要性だけでなく、子どもたちを虐待などのリスクから守ったり、教育を受ける権利を保障したりするための措置だと理解されてきた。このため、在宅学習を出席として認めると、家庭からの緊急性の高いシグナルが受け取りづらくなり、福祉的対応が遅れることも懸念される。これらの影響を考慮に入れる必要があるため、校長や学校設置者は在宅学習の出席扱いに慎重にならざるを得ない。

　在宅学習をめぐる教育現場の判断では、生徒の教育を受ける権利を保障し、生徒の多様なニーズに応じた支援を提供したいという考えと、社会的養護を重視する考えとの間で葛藤が生じている。

2-2.　エッセンシャルワーカーのジレンマ

　学校が保護者から子どもを預かり、子どもたちが安心して過ごせる居場所を提供するという、社会的に不可欠な機能を果たしている点も議論された。一方で、教職員の感染リスクも問題になった。

　危機管理庁（Myndigheten församhällsskydd och beredskap: MSB）は2020年3月26日に「社会的に重要な活動（samhällsviktig verksamhet）」を次の12業種と定義した（MSB 2020）。その業種で働く人はいわゆるエッセンシャルワーカーで、エネルギー供給、金融サービス、貿易産業、保健医療およびケア、情報通信、公共インフラ、食糧、軍事防衛、行政職、セキュリティ、社会保険、運輸が含まれる。学校で働く教職員も行政職の一部として含まれている。

　スウェーデンでは子どもが病欠する場合には保護者が看護休暇を取得でき、仕事と育児を両立できる環境が整備されている。これに加えて、政府は雇用保険制度を変更し、新型コロナウイルスの影響で解雇予告や一時帰休、一時解雇や解雇された人に給付金を支給することにしたほか（Regeringskansliet 2020d）、各コミューンでも、一時帰休を命じられた保護者の職場復帰や転職をスムーズに進めるために余暇クラブの継続利用を認めた。ウプサラ市はこの措置を、子どもたちが日常を通常通り続けられるようにするためだと説明した（Uppsala kommun 2020a）。2021年9月にポスト・コロナ体制に移行すると、これらの特例措置は多くの自治体で廃止され、特別な事情があ

る場合には個別に対応する方針に転換している。

　新法の成立により、限定的な条件の下で基礎学校でも通信授業が提供できるようになったが、プリスクールと就学前学級では認めれらなかった。これは、通信授業では子どものケアができないという理由による。また、国や学校設置者が基礎学校を休校にしたとしても、居住コミューンは保育を受ける権利を保障しなければならないとされている（Förordning (2020:115)）。

　一方で、通信授業に移行した高校の教員たちからは、生徒が登校しないにもかかわらず出勤を求められることに反発の声が上がった。ルンド市では、すべての高校生が在宅で授業を受けることになったが、高校教員は風邪症状等がなければ出勤しなければならないとされた。ルンド市のステファン・ノレスタム教育部長は通信授業への移行が大仕事になることから、同僚と助け合って挑戦するためには職場にいることが必要だと説明した。しかし、感染リスクを負って通勤することは、公衆衛生庁ができる限り感染予防に努めるよう勧告したことと矛盾していると主張する教員もいた（Skolvärlden 2020a）。

　教職員の職場での感染も報告されている。フェレフテオ市の基礎学校では76人の教職員のうち18人が感染し、このうち1人が亡くなった。感染が生徒から広がったのかは不明だが、感染者は高学年を担当する教員に多く、低学年や余暇クラブの教員にはそれほど広がっていなかった（SVT 2020b, 2020c）。学校は職員の病欠が多いことを理由に学校を2週間閉鎖した。同僚から犠牲者が出るという悲劇がありながらも、学校閉鎖の間も、教員たちは生徒に通信授業を提供し、会議はオンラインで行うなどの対応をした。閉鎖が解けると、学校は次第に平常に戻っていったという（Läraren 2020a）。

　アンデシュ・デグネル国家疫学官は「教員の感染リスクが他のグループに比べて高いというシグナルはない」と述べる（Skolvärlden 2020b）。しかし、ヴラチョスら（Vlachos et al. 2021）によると、学校閉鎖は保護者の感染抑制にはわずかな効果しかなかったが、対面授業を継続していた教員たちは約2倍の感染リスクがあったと推計している。同様に、社会保険庁（Försäkringskassan）が公表している2020年の業種別病休取得日数をみると、全業種平均が1000人当たり122.7件だったのに対して、プリスクール

教員は216.1件、余暇指導教員は186.5件、生徒補助員は176.3件、基礎学校教員は125.9件、高校教員は67.0件、大学教員は53.3件で、対象の年齢が低いほど申請が多かった（Försäkringskassan 2021）。この統計は新型コロナウイルス感染症以外の全疾病を含んでいるものの、パンデミックに伴う健康リスクを教員が背負わされていることは明らかで、教職員組合などから懸念の声が上がっている（UNT 2020）。

　プリスクールでは「鼻水ポリス（snorpolis）」という新語が生まれた。プリスクールの教員たちは、社会機能を維持するために保護者が仕事に行かなければならず、それに伴って幼児を預かる職務の重要性を理解している。新型コロナウイルス感染症が広がる前でも、風邪症状がある子どもは軽症であっても自宅に居るように言われていた。しかし、実際には鼻水を垂らした子どもがプリスクールにやってきて、その日はやむなく受け入れた結果、教員にも風邪がうつり、軽症だからと誤魔化しながらやりくりするというのが日常だった。しかし、パンデミック下では公衆衛生庁の勧告に従い、鼻水を垂らした子どもは預かれないと保護者に伝えなければならなくなった。それぞれの家庭の厳しい事情をよく理解しているからこそ、なるべく丁寧に、毎朝、何度も同じ説明をする日々が始まった。こういった精神的な負担は大きく、プリスクールの教員からは、鼻水の取り締まりではなく、教育の専門的な仕事をさせてほしいという声が聞かれた（Förskolan 2020）[6]。

2-3. 学校の福祉的機能の維持

　学校は福祉的な機能も担っている。学校閉鎖をめぐっては、給食提供がたびたび話題になった。給食だけが栄養源という子どももいることから、給食は子どもたちの生活に重要な役割を果たしている。スウェーデンの給食はカフェテリア方式で提供されることが多いが、2020年3月24日に公衆衛生庁がレストランやカフェでビュッフェ形式を禁じたことから（HSLF-FS 2020：9）、多くの学校で教室での配膳に切り替える動きがあった。しかし、その後食糧庁（Livsmedelsverket）は子どもが自分で食事を取り分ける方式で問題ないとし（Livsmedelsverket 2020）、公衆衛生庁も生徒が一度に集まらないように時間をずらすなどの工夫をすれば問題ないとしたことから

（Folkhälsomyndigheten 2020c）、多くの学校がカフェテリア方式に戻した。

　教育法では学校設置者に対して、基礎学校までの子ども・生徒に無料で栄養価の高い給食を提供するよう義務づけている。自治体の雇用者組合であるスウェーデン地方自治体組合（Sveriges Kommuner och Regioner）は、施設が閉鎖され教育活動が行われない場合には給食提供の義務はないと解釈している（Sveriges Kommuner och Regioner 2020）。

　しかし、通信授業を義務教育の代替として提供する場合には、教育活動は行われているため、生徒は在宅学習になるが、学校には給食提供の義務が生じる。政府は「給食を提供する場合、一週間分をまとめて冷凍保存したものを提供する、提供時に一度に生徒が殺到しないよう時間帯を設けるなどの工夫が考えられる」（Fm 2020: 4）との立場をとっている。

　給食は高校には提供義務はないが、多くの高校で提供されている。給食を提供する場合には費用を生徒に請求するかどうかをコミューンが決める。自立学校の場合は各校で徴収方法を決められるが、生徒が居住するコミューンが公立学校の生徒から徴収しない場合には、その生徒からは徴収できないことになっている。

　通信授業に移行した2020年3月ごろは、給食提供の対応が高校によってまちまちだった。給食を一切提供しない高校も多かったが、材料は購入済みで調理員も雇用しているため、普段通りに提供したり[7]、弁当を作って予約制で生徒に取りに来させたりする場合もあった（SVT 2020d）。

　ウプサラ市では、2020年度の秋学期については、高校1年生は学校で授業を行うが、2、3年生は教室での授業と通信授業を併用した。この際、給食は提供しないものの、通信授業を受ける生徒には昼食費の補償として日額30SEK（約360円）を生徒あるいは保護者の銀行口座に払い込むことになった。ウプサラ市議会のヘレーナ・ヘドマン・スコーグルンド教育委員会長は「授業が対面か遠隔かにかかわらず、昼食は生徒のパフォーマンスにとって非常に重要だ。この状況を解決する最善の方法として、秋学期に通信授業を受ける生徒たちに食費補償を支払うことを決めた」と述べた（Uppsala kommun 2020b）。2021年の秋学期からは対面授業に戻ったため、昼食費

の補償は廃止された。

　奨学金給付の特例措置もあった。高校以降では生徒・学生に奨学金が支払われるが、正当な理由なく登校しないと奨学金が止められる。そのため、生徒・学生にとって出席の扱いは重要な問題である。新型コロナウイルスの影響で高校や大学は全国的に学校閉鎖になったが、通信授業により教育活動は継続された。これに対して中央学生委員会（Centrala studiestödsnämnden: CSN）は、特例として経済的支援を継続した。この特例は対面授業に戻った2021年秋学期から廃止されたが、引き続き特殊な事情がある場合には個別に対応する方針を示している。

　中央学生委員会の統計によると、2019年度に無断欠席によって受給資格を失った高校生は8.0%で、11年ぶりに減少に転じている（CSN 2020）。特に新型コロナウイルスの影響で通信授業が行われた4-6月期は前年に比べて無断欠席が大きく減ったと報告されている。一方で、学校閉鎖の解除後に欠席率が上昇するのではないかと懸念されている（Skolverket 2020c, 2021d）。

3．学校はどう変わったか

　学校監査庁が2020年5月に行ったインタビュー調査では、106の学校設置者に対してパンデミックによって基礎学校の職務遂行に影響があったかを尋ねている。回答は影響が「まったくなし」が34件、「やや小さい」が43件、「やや大きい」が25件、「とても大きい」が4件で、多くが影響は限定的だと捉えていた。また、当初は欠席者が増えたものの、次第に例年通りに戻っていったと答えている。一方で、移民の背景を持つ生徒、社会経済的に不利な地域の生徒、保護者がリスクグループに属していたり、その他の理由で不安であったりする場合、以前から欠席傾向が高かった生徒については欠席が増えており、これらの生徒の教育を受ける権利を保障し、進級できるようにするための特別な手立てが必要だと認識していた（Skolinspektionen 2020）。

　ファルケンベリ市の基礎学校に勤めるマーリン・ラーション教諭は、

2020年3月ごろの突発的な事態において、学校に来られない子どもたちにGoogle Classroomを使って授業を提供した経験を振り返っているが、「日常はそれほど大きな変化はなく、大部分は普段通りだ」と述べている（Skola Hemma 2020）。筆者らが行った聞き取り調査でも、基礎学校では新型コロナウイルスの一時的な影響はあったものの、おおむね普段通りの生活に戻っているという意見が多かった[8]。

　一方で、新感染症と向き合いながら新しい日常を作ろうとする動きもある。以下では懸念と挑戦を含めて、今後の見通しを検討する。

3-1. ニューノーマルと教員の過重労働

　感染症対策を踏まえた生活には大きな労力がかかるため、教職員の過重労働への懸念が日増しに大きくなっている。学校現場では2020年3月ごろから徐々に日常を失いつつあった。公衆衛生庁が体調がすぐれない場合は登校しないことを推奨したため、生徒の欠席や教職員の欠勤が相次いだ。生徒の欠席が目立ち、授業が成立しているのか疑問に感じられる時期もあった。多くの学校では、代理教員を配置し、授業を録画したり、補充プリントを配布したりする対応に追われ、学期を乗り切った印象がある。消毒作業や給食の特別対応などの業務が増えたほか、体育は屋外で行うようになり、卒業式や終業式は大勢が集まらないように対策を考える必要があった。このような追加業務によって、教職員の負担増加が指摘されている（Läraren 2020b）。教員組合が行ったウェブ調査では、78%の教員が負担が増えたと回答した（Lärarförbundet 2020a, 2020b）。

　労働環境庁（Arbetsmiljöverket）や学校教育庁は教員が過重労働にならないよう、学校設置者や校長に労働規則を遵守するように求めているが（Arbetsmiljöverket 2020）、その責任者である管理職も疲弊している。スウェーデンでは恒常的な教員不足で、以前から代理教員の確保が難しい状況があった。校長は休校を求める保護者と対面授業の維持を求める保護者の要求に板挟みになりながら、相次ぐ欠勤教員の代理を探し、日々のルーティンを再構築しなければならなかった。教員と同様に校長も慢性的な人手不足で、校長職が不在だったり、複数の学校を一人の校長が兼ねたりする場合も多い。

そのため、責任者が不在で、感染症対応を丸投げされていると感じる教員もいた。

3-2. 子どもの「知る権利」の保障

　政府は早い段階から子ども向けの会見を開いたり、多言語で情報を発信したりするなど、社会の多様な構成員にアプローチする努力をしてきた。子ども向けの会見は、首相が2020年3月19日に初めて行った。会見場には椅子が距離を取って並べられ、そこにタブレット端末が置かれた。会見が始まると、子どもから寄せられた質問に首相が平易な言葉で答えた。「他の国は学校を閉鎖しているのに、なぜ私たちはしないの？」（8歳のイサベッレ・マグナソンさん）という質問には「それぞれの国は少しずつ違います。学校を開き続けている国はスウェーデンだけではありません。必要なら私たちも学校を閉じる準備はできていますが、まだそのようではありません」と応じた（SVT 2020e）。子ども向け会見はジェンダー平等相（子どもの権利政策を担当）や教育相も開いた（Regeringskansliet 2020e, 2020f）。

　新型コロナウイルス感染症は子どもたちに特に大きな影響を与えてきた。ナショナル・テストは中止になり、成績評価の方法も変更になった（Skolverket 2020d, 2020e）。基礎学校8年生に義務付けられている職場体験学習（Prao）も実地では実施できなくなり、YouTube上でのデジタル職場訪問や、職業仲介所（Arbetsförmedlingen）や企業に質問することで代替することになった（Skolverket 2020f）。こうした状況で、子ども向け会見は子どもの「知る権利」を保障する手立てとしてメディアで盛んに取り上げられた。

3-3. ウィズ・コロナの授業

　教員組合の機関紙はコロナを教材にした4つの授業例を紹介している。ボロース市の高校でスウェーデン語を担当するサラ・アンドレアソン教諭は生徒に首相と国家疫学官の記者会見を比較させる授業を構想した。二人の話し方の違いを分析することで、エトス、パトス、ロゴスの概念を実際の題材から学ぶよい機会が得られたとアンドレアソン教諭は振り返る。

　ノシュベリ市の高校で歴史を教えるマッティン・ホルメン教諭は今般のコロナ危機を1930年代の経済不況と比較する授業を行った。生徒はジョン・メイナード・ケネディの考え（1930年代の危機を背景とした自由主義経済）に基づいて、これまでのスウェーデン、米国、EUの戦略との類似性を考えた。

　科学館（Vetenskapens Hus）は数理統計を専門とするストックホルム大学のトム・ブリットン教授を講師に、新型コロナウイルスの感染者数や重篤者数の推計モデルの作り方を解説するビデオを作った[9]。このビデオはSNS等で拡散され、10万回以上再生されている。公衆衛生庁の記者会見やテレビのニュース番組で示されるグラフの意味が理解できる優れた教材である。

　ストレングネス市の基礎学校で工芸の授業を担当するルイス・ヴィルド教諭は、生徒が在宅でも学べるように、家にある不用品を再利用して新しい活用方法を考える課題を出した。材料は服や缶、ベルトなど何でもよい。生徒は不用品の新しい可能性を見つけ、その摩耗を防ぐ方法や、手工芸品を日常生活に取り入れることを学ぶ（Läraren 2020c）。

　スウェーデンでは、コロナ禍より前から著名なユーチューバー教師がいた。リンデスベリ市の高校で教えるフレデリック・リンドマルク教諭は、2014年にYouTubeチャンネルを開設し、全国の高校生から問い合わせのあった数学と物理、化学の問題を解きながら解説する動画を公開している[10]。動画チャンネルには毎週30万人の訪問がある。他の高校の教員が補充課題として自分の生徒に彼の動画を見せることもある（Skolvärlden 2017）。通信授業の必要性がにわかに高まるなか、全国の教員がリンドマルク教諭の工夫から学んでいる。

おわりに

　新型コロナウイルス感染症は長期にわたって広範囲に影響を及ぼしてきた。スウェーデンでは全国的な一斉休校を避け続けたが、その結果として通信授業による在宅学習が一般化することになった。在宅学習をめぐっては、就学義務の要件の問題、多様なニーズに応じた教育を受ける権利の保障と社会的

養護、そして学校の福祉的機能の問題が浮き彫りになった。また、感染リスクだけでなく、感染症に伴う業務上の様々な負荷を負わされ、教育の専門的な仕事に集中できない教職員の労働環境の問題も生まれた。これらの課題は、学校がこれまでに暗黙的に担ってきた多面的な役割を改めて明るみに出し、問い直す契機となっている。

　他国に比べて一足早くポスト・コロナ期に突入したスウェーデンでは、感染再拡大に警戒しつつも、日常を取り戻そうと努めている。コロナ禍の経験を踏まえて、スウェーデンの学校や社会がどのようにレジリエントになっていくのか、その動向に注目したい。

1　トランプ大統領の批判（https://twitter.com/realDonaldTrump/status/1255825648448348161、2021年1月8日に凍結）に対し、アン・リンデ外相は「多くの誤解がある。スウェーデンは集団免疫（herd immunity）戦略を採ったことはない」と反論している（https://www.facebook.com/watch/?v=1565031003651347）。

2　第二波に伴い、より強い対策が求められたことから、2020年末には罰金等の法的拘束力を伴う時限法（2021年9月まで）を設け、政府が必要に応じて集会やイベント、余暇・文化施設、商店、公共交通機関や国内線の利用制限や停止などの措置を命じられるように関連法を改正した。

3　遠隔授業（fjärrundervisning）は2015年から教育法に規定が設けられ、限定的な条件下で授業の代替措置と位置づけられていた（SFS 2015:194）。通信授業（distansundervisning）は法的定義がなかったが、今般の学校閉鎖を受けて新たに規定された（SFS 2020:605）。前者は「ICTを用いて生徒と教師が別室で同時に行う双方向的な授業」、後者は「ICTを用いて生徒と教師が別室で別時間に行う双方向的な授業」と定義される（Skollag (2010:800)）が、法的定義が定まった現在ではICTを用いた在宅学習という意味では双方の違いはそれほど意識されなくなり、「通信あるいは遠隔授業」という表記が増えている。

4　Facebookには"Distansundervisning i Sverige"というグループページが作られ、2万人以上の教職員が参加して通信授業の情報交換を行っている（https://www.facebook.com/groups/342845539990214）。

5　後日教育法及び学校教育法（Skolförordning (2011:185)）も改訂され、通信授業に関する規定が追加された（Förordning (2020:779)）。

6　公衆衛生庁は2020年12月に方針を転換し、同居人に陽性者がいる場合には、症状の有無にかかわらず子どもを自宅待機させるよう勧告した。プリスクールや基礎学校の教職員が教育的活動に集中できるようにするためと説明された（https://www.folkhalsomyndigheten.se/nyheter-och-press/nyhetsarkiv/2020/

december/symtomfria-barn-bor-stanna-hemma-om-nagon-i-familjen-har-covid-19/)。

7　LBS Kreativa Gymnasiet Växjöでの聞き取り調査、2020年10月17日に田平が実施。

8　Saltsjöbadens Samskola（2020年8月31日に林が実施）、Lammhults skola（2020年9月20日に田平が実施）、Växjö Islamiska Skola（2020年10月5日に田平が実施）への聞き取り調査。

9　https://youtu.be/gSqlwXl6ljQ

10　https://www.youtube.com/c/FredrikLindmark/

引用・参考文献

林寛平・本所恵（2021）「スウェーデンの離学予防・復学支援施策」、園山大祐（編）『学校を離れる若者たち―ヨーロッパの教育政策にみる早期離学と進学保障―』ナカニシヤ出版、pp.156-172.

Arbetsmiljöverket (2020) Arbetsmiljöansvar i skolan, https://www.av.se/arbetsmiljoarbete-och-inspektioner/arbetsgivarens-ansvar-for-arbetsmiljon/arbetsmiljoansvar-i-skolan/ (retrieved 2020-11-13).

CSN (2020) Betydligt färre elever får studiebidraget indraget på grund av skolk (2020-07-09), https://www.csn.se/om-csn/press/pressmeddelanden/2020-07-09-betydligt-farre-elever-far-studiebidraget-indraget-pa-grund-av-skolk.html (retrieved 2020-11-13).

Folkhälsomyndigheten (2019a) Pandemiberedskap, Hur vi förbereder oss – ett kunskapsunderlag.

Folkhälsomyndigheten (2019b) Pandemiberedskap, Hur vi kommunicerar – ett kunskapsunderlag.

Folkhälsomyndigheten (2019c) Pandemiberedskap, Tillgång till och användning av läkemedel – en vägledning.

Folkhälsomyndigheten (2020a) Lärosäten och gymnasieskolor uppmanas nu att bedriva distansundervisning (2020-3-17), https://www.folkhalsomyndigheten.se/nyheter-och-press/nyhetsarkiv/2020/mars/larosaten-och-gymnasieskolor-uppmanas-nu-att-bedriva-distansundervisning/ (retrieved 2020-11-13).

Folkhälsomyndigheten (2020b) Ingen effektiv åtgärd att låta friska skolbarn stanna hemma (2020-03-01), https://www.folkhalsomyndigheten.se/nyheter-och-press/nyhetsarkiv/2020/mars/avstangning-av-friska-skolbarn-ingen-effektiv-atgard/ (retrieved 2020-11-13).

Folkhälsomyndigheten (2020c) Förslag på förebyggande åtgärder i förskolan och grundskolan, https://www.folkhalsomyndigheten.se/smittskydd-beredskap/utbrott/aktuella-utbrott/covid-19/verksamheter/information-till-skola-och-forskola-om-den-nya-sjukdomen-covid-19/forebyggande-atgarder-i-for--och-grundskola/ (retrieved 2020-11-13).

Förskolan（2020）Lindström: Jag är l ärare, inte snorpolis!（av Eva Lindström, 2020-09-15）, https://www.lararen.se/forskolan/eva-lindstrom/jag-ar-larare-inte-snorpolis-20852（retrieved 2020-11-13）.

Försäkringskassan（2021）Antal startade sjukfall per 1000 förvärvsarbetande i yrket och medel antal sjukskrivningsdagar per förvärvsarbetande i yrket.

HSLF-FS 2020:9 Föreskrifter och allmänna råd om att förhindra smitta av covid-19 på restauranger och caféer m.m.

HSLF-FS 2020:12 Folkhälsomyndighetens föreskrifter och allmänna råd omallas ansvar att förhindra smitta av covid-19 m.m.

Lindblad, S., Lindqvist, A., Runesdotter, C. & Wärvik, G.-B.（2021）In education we trust: on handling the COVID-19 Pandemic in the Swedish welfare state, Z Erziehungswiss, 24, pp.503-519.

Lindblad, S., Wärvik, G.-B., Berndtsson, I., Jodal, E.-B., Lindqvist, A., Dahlberg, G. M., Papadopoulo, D., Runesdotter, C., Samuelsson, K., Udd, J. & Johansson, M. W.（2021）School Lockdown? Comparative analysis of responses to the COVID-19 pandemic in European countries, European Educational Research Journal, Vol 20（5）, pp.564-583.

Livsmedelsverket（2020）Offentliga kök – coronavirus, https://www.livsmedelsverket.se/livsmedel-och-innehall/bakterier-virus-parasiter-och-mogelsvampar1/coronavirus/offentliga-kok（retrieved 2020-11-13）.

Läraren（2020a）Nu öppnar Kågeskolan igen efter coronadödsfallet（av Lenita Jällhage, 2020-05-06）, https://www.lararen.se/nyheter/coronaviruset/efter-larardoden--nu-oppnar-kageskolan-igen（retrieved 2020-11-13）.

Läraren（2020b）Efter beslutet – fler kan undervisa men oro för dubbelarbete（av Emma Olsson, 2020-04-26）, https://www.lararen.se/nyheter/coronaviruset/efter-beslutetfler-kan-undervisa-men-oro-for-dubbelarbete（retrieved 2020-11-13）.

Läraren（2020c）Så blir coronakrisen undervisning（av Anna-Karin Hallonsten & Björn Andersson, 2020-05-10）, https://www.lararen.se/grundskollararen/coronaviruset/sa-blir-coronakrisen-undervisning（retrieved 2020-11-13）.

Lärarförbundet（2020a）"Inte ens en meter mellan eleverna" Lärares syn på hur det egentligen fungerar att följa Folkhälsomyndighetens riktlinjer och rekommendationer.

Lärarförbundet（2020b）"Läget är katastrofalt, pressat och ohållbart." - Lärarnas syn på hur det fungerar att arbeta under covid-19.

MSB（2020）Föreskrift om omsorg för barn med vårdnadshavare i samhällsviktig verksamhet, https://www.msb.se/sv/amnesomraden/krisberedskap--civilt-forsvar/samhallets-funktionalitet/foreskrift-om-omsorg-for-barn-med-vardnadshavare-i-samhallsviktig-verksamhet/（retrieved 2020-

11-13）.

Regeringskansliet（2020a）Strategi med anledning av det nya coronaviruset（2020-04-07）, https://www.regeringen.se/regeringens-politik/regeringens-arbete-med-anledning-av-nya-coronaviruset/strategi-med-anledning-av-det-nya-coronaviruset/（retrieved 2020-11-13）.

Regeringskansliet（2020b）Förslag om tillfällig lagändring för att effektivt kunna bekämpa coronaviruset（2020-04-04）, https://www.regeringen.se/pressmeddelanden/2020/04/forslag-om-tillfallig-lagandring-for-att-effektivt-kunna-bekampa-coronaviruset/（retrieved 2020-11-13）.

Regeringskansliet（2020c）Så ska samhället fortsätta fungera – även om skolorna skulle behöva stängas（2020-3-20）, https://www.regeringen.se/pressmeddelanden/2020/03/sa-ska-samhallet-fortsatta-fungera--aven-om-skolorna-skulle-behova-stangas/（retrieved 2020-11-13）.

Regeringskansliet（2020d）För anställda och arbetssökande med anledning av Covid-19, https://www.regeringen.se/regeringens-politik/regeringens-arbete-med-anledning-av-nya-coronaviruset/for-anstallda-och-arbetssokande-med-anledning-av-covid-19/（retrieved 2020-11-13）.

Regeringskansliet（2020e）Jämställdhetsministern håller pressträff för barn om det nya coronaviruset tillsammans med inbjudna experter（2020-04-17）, https://www.regeringen.se/pressmeddelanden/2020/04/jamstalldhetsministern-haller-presstraff-for-barn-om-det-nya-coronaviruset-tillsammans-med-inbjudna-experter/（retrieved 2020-11-13）.

Regeringskansliet（2020f）Jämställdhetsministern och utbildningsministern håller pressträff för barn om det nya coronaviruset（2020-05-12）, http://www.regeringen.se/pressmeddelanden/2020/05/jamstalldhetsministern-och-utbildningsministern-haller-presstraff-for-barn-om-det-nya-coronaviruset/（retrieved 2020-11-13）.

Skola Hemma（2020）Några lärdomar från vårens distansundervisning（av Stefan Pålsson, 2020-09-22）, https://www.skolahemma.se/nagra-lardomar-fran-varens-distansundervisning/（retrieved 2020-11-13）.

Skolinspektionen（2020）Skolhuvudmäns utmaningar och möjligheter under Corona-pandemin, Kartläggning med särskilt fokus på stöd till elever i grundskolan, baserad på intervjuer med 106 huvudmän, Dnr 2020:4850.

Skolinspektionen（2021）Distansundervisning, https://www.skolinspektionen.se/tillstand/ovriga-ansokningar-och-anmalningar/distansundervisning/（retrieved 2021-11-12）.

Skolverket（2020a）Coronaviruset och covid-19 – frågor och svar om förskola, skola och vuxenutbildning, https://www.skolverket.se/regler-och-ansvar/coronaviruset-och-covid-19---regler-for-skolor-och-forskolor/coronaviruset---fragor-och-svar-utifran-skollagstiftningen（retrieved 2020-11-13）.

Skolverket（2020b）Hemundervisning, https://www.skolverket.se/regler-och-ansvar/ansvar-i-skolfragor/hemundervisning (retrieved 2020-11-13).

Skolverket (2020c) Lägesbild av situationen i gymnasieskolan med anledning av covid19-pandemin, Dnr 2020:1469.

Skolverket (2020d) Vårens nationella prov ställs in (2020-03-23), https://www.skolverket.se/om-oss/press/pressmeddelanden/pressmeddelanden/2020-03-23-varens-nationella-prov-stalls-in (retrieved 2020-11-13).

Skolverket (2020e) Vårens nationella prov ställs in (2020-12-15), https://www.skolverket.se/om-oss/press/pressmeddelanden/pressmeddelanden/2020-12-15-varens-nationella-prov-stalls-in (retrieved 2021-01-06).

Skolverket (2020f) Så ersätter du prao, https://www.skolverket.se/skolutveckling/inspiration-och-stod-i-arbetet/stod-i-arbetet/sa-ersatter-du-prao (retrieved 2020-11-13).

Skolverket (2021a) Fjärr- och distansundervisning på högstadiet och i gymnasieskolan, INTERVJUER MED HUVUDMÄN MED ANLEDNING AV COVID-19-PANDEMIN. FEBRUARI 2021.

Skolverket (2021b) Fjärr- och distansundervisning på högstadiet och i gymnasieskolan, INTERVJUER MED HUVUDMÄN MED ANLEDNING AV COVID-19-PANDEMIN. APRIL 2021.

Skolverket (2021c) Fjärr- och distansundervisning under coronapandemin, https://www.skolverket.se/regler-och-ansvar/coronaviruset-och-covid-19---regler-for-skolor-och-forskolor/fjarr--och-distansundervisning-under-coronapandemin (retrieved 2021-11-12).

Skolverket (2021d) Nationell kartläggning av elevfrånvaro, De obligatoriska skolformerna samt gymnasie- och gymnasiesärskolan.

Skolvärlden (2017) Fredriks lektioner når miljonpublik (av Fredrik Wallin, 2020-10-27), https://skolvarlden.se/artiklar/sa-blev-lararen-en-miljonsucce-pa-youtube (retrieved 2020-11-13).

Skolvärlden (2020a) Lärare vädjar om att få undervisa hemifrån – stoppas av kommunen (av Fredrik Wallin, 2020-03-31), https://skolvarlden.se/artiklar/larare-vadjar-om-att-fa-undervisa-hemifran-stoppas-av-kommunen (retrieved 2020-11-13).

Skolvärlden (2020b) Tegnell om lärares oro: De är inte mer sjuka än andra (av Emil Hedman, 2020-04-14), https://skolvarlden.se/artiklar/tegnell-om-larares-oro-ar-inte-mer-sjuka-an-andra (retrieved 2020-11-13).

Sveriges Kommuner och Regioner (2020) Frågor och svar om kommunens ansvar för förskola och skola vid epidemi eller pandemi, https://skr.se/covid19ochdetnyacoronaviruset/forskolaochskola/fragorochsvaromkommunensansvarforforskolaochskola.32385.html (retrieved 2020-11-13)

Sverigesriksdag (2020) Protokoll 2019/20:90 Torsdagen den 19 mars.

SVT (2020a) Kungen om pandemin: "Jag anser att vi har misslyckats" (av

Sara Bull & Madeleine　Bäckman, 2020-12-17）, https://www.svt.se/nyheter/inrikes/kungen-jag-anser-att-vi-har-misslyckats（retrieved 2021-01-06）.

SVT（2020b）Lärare vid Kågeskolan död – testad positiv för covid-19（av Marit Israelsson, 2020-05-11）, https://www.svt.se/nyheter/lokalt/vasterbotten/larare-vid-kageskolan-dod-testad-positiv-for-covid-19（retrieved 2020-11-13）.

SVT（2020c）18 av 76 medarbetare på Kågeskolan har covid-19（av Maria Brändström, 2020-04-29）, https://www.svt.se/nyheter/lokalt/vasterbotten/18-av-76-medarbetare-pa-kageskolan-har-covid-19（retrieved 2020-11-13）.

SVT（2020d）　Många gymnasieelever som pluggar hemma blir utan skolmat（av Astrid Iselidh, 2020-03-28）, https://www.svt.se/nyheter/lokalt/uppsala/gymnasieelever-som-pluggar-hemma-blir-utan-skolmat（retrieved 2020-11-13）.

SVT（2020e）Statsministern　höll pressträff –　för barnen（av Jonathan Bengtsson, 2020-03-23）, https://www.svt.se/nyheter/inrikes/statsministern-holl-presstraff-for-barnen（retrieved 2020-11-13）.

UNT（2020）Lärarna löser kris på kris men betalar med sin hälsa, https://unt.se/artikel/lararna-loser-kris-pa-kris-men-betalar-med-sin-halsa/2r4z250l（retrieved 2021-11-28）.

Uppsala Kommun（2020a）Information med anledning av coronavirus – grundskola och grundsärskola, https://www.uppsala.se/skola-och-forskola/grundskola-och-fritids/coronaviruset/information-med-anledning-av-coronaviruset/（retrieved 2021-01-25）.

Uppsala Kommun（2020b）Kommunen ger distanselever lunchpengar（pressmeddelande）（2020-09-08）, https://www.uppsala.se/kommun-och-politik/nyheter-och-pressmeddelanden2/kommunen-ger-distanselever-lunchpengar2/（retrieved 2020-11-13）.

Vlachos, J., Hertegård, E. & Svaleryd, H.（2021）The effect of school closures on SARS-CoV-2 among parents and teachers, Proceedings of the National Academy of Science, 118（9）; DOI: 10.1073/pnas.2020834118.

付記・謝辞

　本章は、田平修・林寛平「コロナ禍におけるスウェーデンの学校教育」日本比較教育学会（編）『比較教育学研究』62、pp.41-58を大幅に加筆・修正したものであり、一部の内容に重複があります。また、本研究はJSPS科研費16H05960, 19H00618, 21H00832の助成を受けたものです。

◆第2部　コロナ禍のなかでの世界の教育

4　フランス

パンデミック宣言が学校教育にもたらしたこと―通学継続と格差是正策―

大阪大学人間科学研究科　園山大祐

はじめに

　本章では、フランスにおける義務教育制度の特徴を概観した上で、2020年3月のパンデミック宣言から2021年10月までの教育政策の取り組み経過を追いつつ、最初の休校以降、外出制限下においても通学継続措置に拘った中央政府および国民教育省の施策について検討する。そこには、欧州の学校は主知主義といわれる教科指導を基本としながらも、学習権から子どもの福祉に至る強い学校教育の使命が感じられた1年半であった。

1．フランス学校教育制度の特徴

　フランスにおける義務教育制度は、障がい者、外国人、非正規滞在者や難民、住民登録のないトラベラーズ（サーカス団、行商人など）やロマ人（移動型民族）も含むすべての子どもを対象とする教育義務となっている。2019年9月より義務教育年齢をそれまでの6歳から3歳へと早め、16歳までと修正したところである。保育学校の3年、小学校の5年、中学校の4年、高校の1年までが義務教育年齢の対象となる。ただし厳格な修得主義をとり、初等教育段階から原級留置、並びに飛び級があるため、16歳で高校を卒業する場合（2%）もあれば中学校在籍中の場合もある。何よりも、「義務教育は、公立もしくは私立の学校において、または家庭において父母、父母のいずれか、もしくは父母の選ぶ何人でも、これを行うことができる」（教育法典第3章第1節L131-2条）とされるように、就学義務ではなく教育義務

をとる点がフランスの特徴である。

　「学校に就学することができない子どもの教育を主として保障するために、遠隔教育に係る公共サービスを組織する」（同法同条第２項）とされており、メディア教育や教材が国立遠隔教育センター（CNED）を中心に用意されてきた。さらに、教育課程基準においても３年の学習期内で調整することとされている（同法L311条）。休校があったため授業時数が2019年度は満たないまま、2020年９月の新年度を迎えたが、「教育課程は、児童生徒の平等及び成功を保障するために、各学習期の期間中及び就学期間全体にわたる教育の継続性をもって、児童生徒の多様性に合わせて調整する」とされた。つまり「教師は、その中で、各児童生徒の学習リズムを考慮して教育を組織することができる」とされている。

２．パンデミック宣言後、学校はどう取り組んだか

2-1. 休校から、ハイブリッド、そして対面重視へ

　2020年３月16日より、休校に追い込まれたため、遠隔授業の対応及びコロナ禍に応じた態勢と人員が用意された。５月11日より段階的な登校が実施され、６月22日からの２週間は全学年の登校へと拡大された。２か月の夏休みは例年通り実施された。専門機関である国立感染症研究所（パスツール研究所）が、感染症対策に一貫して大きな役割を果たしてきた。2007年に設置された首相府直属の疫学の専門家による高等保健委員会の議定書（６月22日）及び意見書（７月７日）により、教育機関に子どもを受入れるための規則が決められた。これらは、７月10日には政令として施行され、知事の権限において教育機関の閉鎖等（３つの段階に分けられている：緊急時における閉鎖段階、感染者増加段階、管理可能な段階）について判断できることになっている。2020年９月から国民教育省の指針の下、学校は再開された。10月より２度目の外出制限措置のなかでも、高等教育以外の学校は基本継続された。それでも、変異種への対応として2021年４月６日から10日の１週間を遠隔授業に切り替えた。また春休みは全国同一時期の２週間とされた。４月26日からは遠隔授業とされ、５月３日より保育学校と小学校

は２部制による分散登校、中等教育については対面と遠隔のハイブリッド授業とした。

　2021年９月の新年度からは、デルタ株への対応が本格化し、４つの段階（緑、黄、橙、赤）を設けている。自治体の保健所からの判断を基に学校の閉鎖を含めた連携をとることになっている。例えば、初等教育では最もリスクが低い第１段階（緑）から最も高い第４段階（赤）においても対面授業を基本としている。マスクの着用は第２段階から、生徒の接触は第１段階では同一学年内まで、第２段階では同一学級内、第３段階からは食堂の給食も同一学級生徒同士に限定される（バブルシステム）。教室内の消毒も、第１段階では１日１回で、第２段階以降、複数回とされている。体育の授業も第２段階から接触競技を禁じている。第４段階になると屋外のみとなり、また２メートルの距離をとった体育授業となる。

　これら対面授業は、中学校３年と４年の高学年では第４段階から、高校では第３段階から50%のハイブリッド授業としている。

　学級閉鎖は、初等教育では学級内に１人陽性者が発見された翌日からオンライン授業に切り替えることになっている。中学校以上では、ワクチン未接種者においては７日間のオンライン授業を課し、ワクチン接種者には、登校を認めている。６月15日から12歳〜18歳のワクチン接種を行い、９月15日現在58%が２回の接種を終えている[1]。教師の８割以上が２回接種を完了した。

2-2. なぜ学び続けることができたのか？

　2020年３月16日から５月10日の初期段階から休校にもかかわらず、概ね遠隔教材・授業をはじめとした対応が一定の成功と満足を与えたとされている。先述したように就学義務がないために、元々存在していた不登校者および学校嫌い、あるいは、院内学級やホームスクール[2]の児童生徒のために用意されたCNEDのプログラムが即活用できた点が功を奏した。特に「自宅学級（Ma classe à la maison）」というサイトの充実強化がとられた。既存のヴァーチャルな授業は、３分の２に相当する50万人の教師に活用されることになる。同時に、デジタル教材にアクセスできない家庭には、国民教

育省は郵便局と提携して、4万1千人の児童生徒には郵送による33万件以上の課題を送付している。さらには、国営テレビ局（France4）とも提携し、既存の子ども向けの番組「Lumni家（la maison Lumni）」の普及拡大を実施し、計700以上の授業番組を国民教育省の正規教師によって制作配信した。約百万人の視聴者を数える。くわえて「国民皆学習者（Nation apprenante）」というキャンペーンを展開し、ラジオ、テレビ、新聞・雑誌等に動員を求めた。ほかにも、何らかの理由で学校に受入れることができない小中学生を「スポーツ、健康、文化、公民（2S2C）」教育活動の場として地方自治体に受入れるよう働きかけた。3千の自治体と契約締結にあり、約17万人が登録されている。外出制限があるなか、学校外の運動の重要性は、当初から大臣は指摘していた。これは長時間のデジタル教育による子どもの発達への弊害について、平時からのフランスのICT教育へのアレルギー反応における科学的な根拠（脳科学や精神医）によるものである[3]。また学校が休みの水曜日には、脆弱都市のなかでも特に「80の教育団地（80 Cités éducatives）」の3歳から25歳の54万人が教育活動に参加している。学校－地域（行政・協会等）－家庭の三者連携を通じた幼児から若者の安定した健康的な生活と学業から職業参入に向けた支援活動を行っている。活動は勉学から、健康面、運動、音楽、文化、市民教育など多岐にわたる。それでも、この初期段階に全国平均およそ4-5%の子どもがこれらの恩恵を受けることができなかった（この数値は、地域や年齢によって差がみられる）。

2-3. COVID-19以前からの社会経済的に脆弱な児童生徒への支援

　休暇中には平時から学校開放事業があるが、2019年度の春休みおよび夏休みだけで、小学生18万7千人、中学生2万9千人が利用した。特に夏休みは、3800校が協力している。これらは1日3時間×5日間の無償事業で、小学校4、5年生と中学校1年生を優先するもので、2020年春休みは25万人に、夏休みは50万人に提供された。夏には、職業高校生も1万5千人が参加し訓練を受けている。

　ちなみに平時から8月末の新学年前と10月末の秋休みにも少人数制の補習学習週間として1日3時間の計5日間の学習が用意されている。教師は臨

時雇用のため手当てがつく。このほか長期休暇中の林間学校には、５千の事業が展開され、参加費の８割は国家が負担し、経済的に脆弱な家庭を優先的に受入れている。

　2020年度において最重要課題とされているのは、児童生徒の現状把握である。通常の小学校１、２年生と中学校１年生の学力調査以外にも学齢期のそれ以外の全学年の学習状況調査（フランス語と算数・数学）が９月14日から25日に実施された。こうした診断を基に、10月９日までに結果をフィードバックし、個別学習計画を用意したり、補習授業を受けさせたり、ネット上の「宿題完了（Devoir faits）」の活用を促進することで、学習の遅れ（損失）を補い、学力格差縮小と早期退学（不登校）を防止するよう対策を講じている。なお、2020年度は高校１年にも同様の調査が実施され、各教師は対策を講じている。また大臣の下、迅速なデジタル介入対策チームも設置された。これらは、今後の一時学級閉鎖および数週間に及ぶ休校における対策支援として、地方教育委員会をバックアップするものと位置付けている。

　また先の学習状況調査におけるフランス語と算数・数学における追跡カルテは、少なくとも７週間（11月の休暇まで）継続され、学年終了までの学習計画案を作成する。各学習期（小１から中学終了までの９年間を３年ごと）に応じた個別対応、学級内、学級外、習熟度別対応など工夫するよう指示がされている。積極的な課外における学習活動への参加を保護者に促すことや、課程内の授業時間中における取り出し授業（週５時間内）も適宜用意する。中学生向けの「宿題完了」には、校内における放課後の補習時間の利用（約３割70万人が受講、うち４割が中学１年、平均週２時間利用、約６割は教師による補習）、デジタル教材「Jules」を用いた宿題支援の活用も推進されている。そして、これまで以上に、休暇中の学校開放事業を実施する。公立以外の契約私立校にも提供し、特に学習困難な生徒、経済的困窮家庭、過疎地域において拡大するとされている。

　なお2019年から取り組まれている、無償朝食および１昼食１ユーロ運動も脆弱都市（QPV）や優先教育地域（失業率等の経済社会文化指標の改善対策が施される地域）の学校を中心に拡大する予定となっている。

　他方、過疎地域への対策もとられている。2020年度においては、人口５

千人以下の自治体における市長の支持なしによる小学校の閉鎖はゼロであった。フランスの小学校の約2割は1学級ないし2学級である（うち85%は、1,500人以下の高齢化した市町村）。そしてこうした学校は校長兼教師が1名体制となるため、コロナ禍、学級閉鎖や緊急時の対応がより難しかったはずである。こうした背景もあって、デジタル教材に対応できる人員の配置と研修、過疎地域の学校のデジタル環境の整備は死活問題と言える。

　フランスの動向で注目したいのは、コロナ禍において浮き彫りとなった学校の課題を、例えばデジタルディバイド、医学的・社会文化的障害に対する特別支援への配慮にあろう。あるいは具体的な経済支援として、上記の事業のほとんどが無償であるのに加えて、パンデミック宣言から半年後の学年始の教育手当（ARS）に追加で100€の支給や中学生、高校生への奨学金の前年度比＋2%、寄宿生への手当は最大64%も上げられている点は見逃せない。

2-4.　デジタル教育は促進されるか？

　コロナ禍の2020年3月からの教訓を経て9月の新年度の中核的な政策は、学校教育におけるデジタル化の促進にある。2018年のTALIS調査（国際教員指導環境調査）においても、フランスはOECDの平均以下であり、日常的に授業でパソコンを使用するのは、初等教育で14.5%、中学校で36.1%である。この数値の背景としては、パソコンやタブレットの保有率の低さ、インターネット環境の整備の不十分さ、教師の知識の不十分さなどがあげられている。そこで、生徒だけではなく教師におけるデジタルディバイドも縮小するために、そしてデジタル教育の普及拡大に向けた取り組みの実験特区をフランス北部のエーヌ県とパリ市の隣のヴァルドワーズ県に指定した。重要課題として、すべての教師におけるハイブリッド教育の実現、実験的なサイトにおける全教科のデジタル教材の実施、家庭においてPC環境のない1万5千人の小学生に対するタブレットの貸出、デジタル環境が未整備の3千学級の環境整備、小中学校に千人の新規教師の配置、小中学校の1万5千学級にハイブリッド教材の提供、最後にこれらの教育と学習効果を評価することがあげられている。

　2020年5月の休校中の中高生の学習状況調査[4]からは、4割の生徒は1日

3時間未満自宅で勉強をしていたとする。自立した勉強が可能な生徒の特徴は、高成績、女子、高所得層の家庭とされている。また保護者の支援をより多く受けたのも、同様の特徴となっている。つまり、この間の学習の質量に格差が開いた可能性が指摘できる。デジタル教材やビデオ教材などが普及していたフランスでは、こうした利用率と利用者の特徴から、今後の課題として自立的な学習だけでは難しいため、対面授業の重要性が示された結果とも言える。本調査結果を踏まえれば、学習意欲や共同作業などを補うためにも一定の学級生活は必須と言えるのではないだろうか。

3．パンデミック宣言後に浮上した課題

3-1．障がい者支援

　2005年に障がい者法が施行され、通常学校への障がい児童生徒の受入れを促進してきた。初等教育段階の200,421人の障がい児童のうち147,365人が通常学級に在籍している。この147,365人には個別支援員が付いている。加えて53,056人の児童生徒には、集団支援員が配置されている。中等教育段階では、それぞれ130,689人の生徒と52,930人の生徒に支援員が配置されている。さらに中学校には特設の普通職業適応教育科が設置されていたり、または院内学級の児童生徒もいる。保健省管轄の医療社会系の機関もあり、そこには69,677人の障がい児童生徒がいる。2004年から2020年までに障がい児童生徒は約21万人から45万人に倍増している（DEPP 2021）。このパンデミック宣言の初期から一貫して注意が注がれたのは障がいや、特別な支援を必要とする子どもたちと教職員への配慮であった。障がい児童生徒については、通常より手厚く5名あたり1名の教師の割当に変更した対応を2020年5月の登校再開時に各教育委員会に通知がされた。ブランケール国民教育大臣の関心事でもあり、2019年度からインクルーシブな学校教育体制づくりの促進が施されていて、様々な相談窓口や校長との定期的な面談などが制度化されてきたことと一貫した動向である[5]。

3-2.　学習支援

　フランスでは、小学校1、2年生と中学校1年生の学力調査がフランス語と算数・数学に限定して学年始に実施されている。2020年11月に国民教育省（DEPP）より経年比較による報告がされた。そこでは、小学生においては、前年比で少し2020年度の調査結果に低下がみられた。特に保育学校の年長組の終わりに学習する算数において、不正解率が高いという結果が明らかとなった。いわばコロナ禍の学校閉鎖の影響がうかがえる。さらに全国平均より1-2%の低下であるが、優先教育地域の小学生についてはより大きな低下がみられ、つまり社会階層間の家庭における学習環境の格差が反映された結果となった。ただ、2017年から優先教育地域では、学級規模を15人以下にさせ、学級環境は大きく変わった点もあり、調査結果にはより慎重な解釈も必要とされている。中学1年生については、2017年から4年連続で正解率が増加している。2020年は前年比でもフランス語と数学の両方で、全国平均、私学、優先教育地域のいずれの点数も上がっている。

　2021年度の調査結果では、小学校1、2年生と中学校1年生のフランス語と算数・数学のいずれの場合も、2019年度の調査結果と同等か、むしろ良い結果となっている[6]。

3-3.　エッセンシャルワーカーとしての教職員

　パンデミック宣言後、教師の給与の見直しやデジタル対応として2021年1月より毎年150ユーロの手当が支給されることになった（2020年12月5日付デクレ2020-1524号）。この間、教育従事者全体への配慮なども検討されており、エッセンシャルワーカーとしての教師以外の公務員や、課外活動、余暇活動に従事する人たち（特に女性が多い職業のため）に対する労働環境へのケアも同時に議論がされている点は、日本にも示唆的である[7]。あるいはワクチン接種の優先と、接種への抵抗や基礎疾患のある教職員への配慮など論争も早くから起きていた点もフランスらしい自由と平等の精神がみられた場面であった。近年先進国における教員不足は深刻であり、フランスでも早期辞職する教員が増えている。あるいは非常勤職が2割を超える状況があり、コロナ禍によって加速しないか心配されるところである[8]。

3-4. 遠隔教育の弊害（児童生徒の精神的ケア）、福祉としての学校

　フランスは、OECD諸国の中でも、休校期間は平均以下と短い。国民教育大臣の固い信念の下、保健衛生議定書を厳守することを条件に通学による対面授業を重視してきた[9]。それでも、生徒の精神衛生上の問題の表面化が指摘されている（Le monde 21年3月17日付）。変異種の感染者が増えた21年2月下旬以降、さらなる学級閉鎖や、教師の陽性反応による代替教師配置の問題などがある[10]。フランス小児科医の声明（21年1月25日付）は、子どもの社会化、健康、精神衛生上、学校の対面授業の維持を表明している。

3-5. デジタル教材、ICT開発と教育産業

　2020年秋に、デジタル教材とその活用に関して全国大会を実施し、この間の状況を把握し、今後の改善点を40項目にまとめた[11]。地方教育委員会毎にも、それぞれの課題がまとめられている。学校が休校中の代替として遠隔教材へのアクセスに家庭間の環境の格差への対応に苦慮した点、また教師自身のデジタル教材の利用経験の格差もあり、今後の研修の必要性があること、並びに、サイバーセキュリティの課題があげられている。また子どもへの健康被害や、保護者の支援の必要性など課題も多い。この全国大会には、国民議会（下院）、過疎地域協議会（APVF）、教育課程高等審議会、教職員組合、全国保護者団体（PEEP）などからも提案書や調査報告書が提出されている。このような各団体が学校教育の改善に総力をあげて結集するように国民教育省がリーダーシップを発揮した点は評価したい。

3-6. 国家試験の実施方法

　2019年度は、大学入学資格（バカロレア）試験を始めとする国家試験の口頭試問、筆記試験ともに未実施に終わった。2020年度は通常通り実施できた。現時点で200年以上の歴史のあるバカロレアを始めとした国家試験のデジタル化は予定していない。唯一、COVID-19以前に全国学力調査のみがコンピューターベースに切り替えられている。今後も国家資格については、従来通りの方法で実施する方向にあり、論述式および口頭試問を維持することに変わりはなさそうである。ここには、「明晰ならざるもの、フランス語

にあらず」というように、フランスの揺るぎない教育哲学を感じる。

おわりに

　最後に、パンデミックが浮き彫りにしたフランスの教育行政の特質を3点挙げる。①当初より国民教育大臣の声明や記者会見において、常に社会的弱者への注意喚起がされ、障がい者、外国人、基礎疾患のある生徒と教職員への細心の配慮を保障するとされてきたこと。また休校中においては、課題はあるが生活困窮家庭への給食や朝食の整備、自宅にデジタル環境がない場合の対応（紙媒体の郵送や携帯による通信等）、放課後や休暇中の学童の継続・推進、エッセンシャルワーカーとしての教職員の抗原・PCR検査やワクチン接種を優先するという措置が取られてきた。遠隔デジタル教材は以前から充実しており、教師や保護者の活用に課題はあるものの、多くは国立の自前の教材作成であり学校のICT化における民間の教育産業化に歯止めをかけている点も評価できる。有事の時に備えた公的機関への備え（投資）が有効に機能した点は日本にも参考になる。

　②この1年半は、初期の休校を除いて、2020年9月より、高等保健委員会の議定書に準じて、義務教育段階は基本対面授業を重視し、休校を最小限に抑える方針[12]で中央政府の方針に地方・学校が従うという図式で進めてきた。これは、社会的弱者はもちろんのこと、学習権は、子どもの基本的な権利であるため、等しく教育機会の保障を公教育（契約私立学校含む）が担う、政治的優先事項、つまり財政支出への国民の支持もあるためであろう。

　③2020年10月2日に、大統領より『共和国諸原理の尊重の強化と分離主義との闘いに関する法』の作成が求められ、2021年2月12日に下院で可決された。教育の義務は、140年前の公教育成立以来、その選択肢の1つにホームスクールが含まれていたが、本法案の第21条でこれまでの申告制から、審査による許可制に変更するとされている。とりわけ保護者から、国際人権規約の宗教的・道徳的教育の確保の自由（社会権規約第13条）、並びに思想・良心の自由、信教の自由（自由権規約第18条）に反するとの反発が起きている。また許可制になると、これまでいじめなどを理由に不登校となっ

た子どもの選択肢がなくなる可能性もあり、複数の団体が学習権の保障の観点から法案に反対している。法案の目的は別のところにあるとも言えるが、この問題はコロナ禍の遠隔授業や休校中の学校と家庭の役割について、どこまで国家（行政）の介入を認めるか、その正当性を問う、人権問題として公教育の国民的議論を再燃させた内容である。

　以上の１年半の政策実態評価には、もう少し時間が必要である。この間のコロナ禍の学習への影響以上に心配なのは、子どもたちの社会化やコミュニケーション能力など心の発達への影響にある。子どもを取り巻く社会と家庭環境の差異が、子どもたちに少なくない影響を残すことになるだろう。より公正な社会を実現するために、有事に何ができるか各国で試されている。フランスの施策から共通して感じられるのは、アナログとデジタル、学校と家庭、教科間、教科教育と生徒指導、など別々に存在していたものを協働、連携、横断、協力、連帯などでつながりを模索することにある。学校、教職員、家庭、地域などが一緒に子どもの成長を支えるために、より密接に話し合いの時間と場所をつくることで、COVID-19による一斉休校によって分断されそうになった社会関係を取り戻す糸口が見いだせるのではないだろうか。フランスの特長でもある国営企業（郵便局、テレビ、ラジオ等）と、国家公務員であるCNEDの教師による遠隔教材の作成、地方公務員である地域の余暇活動の維持・普及など、コロナ禍の有事に活かされた点も忘れてはならない。何よりも教師の専門性としてのエッセンシャルワーカーという社会的地位の再評価に気づいた国民は多く、教師の社会的地位が下落しているなか、国民的討論を通じて教師の再評価を試みようとする国民教育省の次期大統領選挙（2022年４月）に向けた動向に期待したいところである（CSEN 2020）。

1　https://solidarites-sante.gouv.fr/grands-dossiers/vaccin-covid-19/article/le-tableau-de-bord-de-la-vaccination（2021年9月20日 閲覧)21年11月2日現在では、18歳以上の88%が2回接種を完了している。

2　2020年10月2日、大統領より『共和国諸原理尊重の強化と分離主義との闘いに関する法』が提案され、教育委員会の審査基準が問題とされた。最終的に「共和国諸原理の尊重に関する法」（2021年8月24日付、2021−1109号）の第5章49条

にて、ホームスクールの申請制から許可制による厳格な審査の導入が2022年度から実施されることになった。

3　例えば、Mons et Tricot(2020)、Desmurget(2019)に詳しい。日本でも、バトラー(2021)、佐藤(2021)などが参考になる。

4　DEPP, Note d'information, no. 20.42, Novembre 2020.

5　一貫して大臣の前向きな発言に反して、全国精神障がい者の保護者と盟友連合（UNAPEI）の調査からも68％が不十分と判断し、91％が教師教育が不十分としている。https://www.unapei.org/wp-content/uploads/2021/08/2021 0820_CP_Jaipasecole.pdf (2021年9月20日閲覧)Le Parisienの新聞報道では、コロナ禍においては、補助支援員(AESH)との連携など人手不足が深刻とされている（2021年8月24日付）。補助支援員なくして障がい児童生徒を受入れることを躊躇う教師が多いからでもある。UNAPEIは、2016年の35万人の障がい児童生徒のうち約12,000人が受入れ困難だったとしている。先のUNAPEIのHPには740名の子どもの証言が紹介されている。

6　DEPP(2021)Evaluations 2021 Repères CP,CE1, Premiers résultats version 15/11/2021.Documents de travail no.2021-E06. DEPP(2021) Evaluations de début de sixième 2021, Premiers résultats version 15/11/21. Documents de travail no.2021-E07.

7　ユネスコによれば、197か国中57か国が日本同様にワクチン接種に対する優先順位を与えていない。ドイツやスペインのように高齢者に次ぐ順位ではなくても教育従事者は優先的に接種できた欧州諸国が多い。(2021年9月20日閲覧) https://en.unesco.org/covid19/educationresponse/teacher-vaccination

8　例えば、Le monde紙の2021年11月23日版では、2020年度には初等と中等合わせて1,648人が辞職している。10年前の560人と比べて急増していることがわかる。COVID-19以前から指摘される教職の社会的地位の低下、労働環境が背景にあるが、コロナ禍、十分な改善がみられなければさらに深刻な事態が予想されるだろう。

9　特設サイトhttps://educational-policy.hus.osaka-u.ac.jp/covid-19/index. htmlの「フランスにおける対応の特質」の項を参照。

10　LCI（報道番組）Audrey Le Guellec記者の取材より。

11　国民教育省デジタル教育全国大会報告書（20年11月4-5日）。国立教育研究所(IFE)の報告書も参考になる。(Fenoglio 2021)。

12　ユネスコによると、2020年3月からの1年間で、フランスは10週間で、日本の11週間、スペインの15週間、ドイツの28週間と比べ休校日数が最も少ない。また日本ではほとんど話題とならなかったものの、2020年6月30日付の国連人権理事会の総会報告書にて学習権の剥奪とならないよう注意勧告が出ている(Conseil des droits de l'homme 2020)。フランス政府の基礎学校段階の開校は、こうした国際機関の動向に沿ったものである。パンデミック宣言後3か月目の時点で、報告書では社会経済格差が拡大されないように、学校閉鎖の長期化を危惧し、デジタル教育の課題や不備について注意が促されたり、教師をはじめとする教職員の権利について言及している。そのためユネスコがいち早く、ホームページに世界の学校の休校日数を公表しているのもそうした注意喚起を目的としている（Unesco 2021)。

引用・参考文献

AFAE（2021）Ecole et crise sanitaire, *Administration & Education*, no.169

バトラー後藤裕子（2021）『デジタルで変わる子どもたち』筑摩書房

Conseil des droits de l'homme（2020）*Droit à l'éducation : effets de la pandémie de maladie à coronavirus sur le droit à l'éducation*, Assemblée générale, 44ᵉ session, 15 juin-3 juillet 2020, A/HRC/44/39, 22p.

CSEN（2020）*Quels professeurs au XXIᵉ siècle ?*, Rapport de synthèse, Grenelle de l'éducation, 1ᵉ décembre 2020, 120p.

DEPP（2021）*Repères et références statistiques sur les enseignements, la formation et la recherche* – MEN,DEPP, 422p.

Desmurget M.（2019）*La fabrique du crétin digital*, Seuil

Fenoglio P.（2021）Au cœur des inégalités numériques en éducation, les inégalités sociales, *Dossier de veille de l'IFE*, no.139, IFE, 22p.

IGESR（2020）*Les usages pédagogiques du numérique au service de la réussite des élèves*, 2020-133, Octobre 2020, 71p.

IPSOS（2020a）*Bilan de la continuité pédagogique et préparation de la rentrée*, Juillet 2020, 23p.

IPSOS（2020b）*Enquête auprès des personnels de l'éducation nationale et des parents d'élèves*, Novembre 2020, 34p.

MEN（2020）*Année scolaire 2020-2021 Réunis*, 102p.

MEN（2020）*Territoires numériques éducatifs 2020-2021*, 19p.

MEN（2020）*Vacances apprenantes*, Juin 2020, 13p.

MEN（2021）*Année scolaire 2021-2022 Réunis*, 48p.

MEN（2021）*Cadre sanitaire pour le fonctionnement des écoles et établissements scolaires année scolaire 2021-2022*, Juillet 2021, 10p.

MEN（2021）*Coronavirus COVID-19 Foire aux questions (FAQ)*, Mise à jour le 01/09/2021, 35p.

Mons N., Tricot A.（2020）*Numérique et apprentissages scolaires*, Cnam, Cnesco, Centre national d'étude des systèmes scolaires, Dossier de synthèse, 67p.

佐藤学（2021）『第四次産業革命と教育の未来』岩波書店

園山大祐、辻野けんま、有江ディアナ、中丸和（2021）「国際比較に見るCOVID-19対策が浮き彫りにした教育行政の特質と課題」日本教育行政学会年報、47号、25-45頁

Unesco（2021）*When shools shut*, Unesco, 102p.

Code de l'éducation, Dalloz, 2021

国民教育省ホームページ（https://www.education.gouv.fr）

【付記】本研究はJSPS科研費19H00618と19K21765の助成を受けたものです。

写真①身体的距離２メートル確保するために道具を使ってサッカーをする生徒たち
写真②③この１年半、大臣はしばしば現場を訪問し、生徒や保護者と直接対話がみられた
（出典：フランス国民教育省https://www.education.gouv.frの写真を元にイラスト化）

◆**第２部　コロナ禍のなかでの世界の教育**

5　**イギリス** ─────────────────────

社会経済的な格差是正を目指した
コロナ禍における学校の取り組み

国立教育政策研究所　**植田みどり**

はじめに

　本章では、イギリス[1]における学校教育の特徴を概観した上で、2020年３月から2021年９月までの経過を追いながら、最初の学校閉鎖から段階的に学校を再開し、様々な感染対策を行い、学校教育を機能させようとしているイギリスの取り組みについて取り上げる。

１．イギリスの学校教育の特徴

　イギリスでは、2020年３月18日に、国内の全ての学校[2]を閉鎖（school close）することを政府が発表した。これは前代未聞のことであった。なぜなら、イギリスではほぼ全ての学校経営に関する権限を学校が有し、自律的に学校経営を行っているからである。その学校経営の権限を持つのが、保護者代表や教職員代表等によって構成され、学校の最高意思決定機関である学校理事会（school governing body）である。さらに、2010年以降は、地方当局（Local Authority, LA）から離脱して、中央教育行政機関である教育省（Department for Education, DfE）と直接契約を結ぶ学校経営形態であるアカデミー（Academy）、及びアカデミーの連合体であるマルチアカデミートラスト（Multi Academy Trust, MAT）の拡充整備が推進されている。このような学校の自律性の拡大と地方当局の権限縮小という教育ガバナンス改革の中で、コロナ禍での学校の危機対応は行われた。

　イギリスでは1996年教育法[3]に基づいて、保護者が、居住する地域によっ

て設定されている学区域内にある複数の学校から自らの子女を通わせる学校を選択するか、学校に通学する以外の方法、すなわち、ホームエデュケーション等の方法を選択することが法的に保障されている。地方当局は、ホームエデュケーション等の場が児童生徒にとって安全であり、かつ福祉面において学習環境として適切であることを確認することが認められている。地方当局が不適切であると判断した場合には、学校への就学を促すことが可能となっている。コロナ禍においても地方当局は家庭学習の状況把握や支援を行った。

　イギリスでは1990年代後半から教育水準向上を図るために教員の労働環境整備を進め、教員以外の職の拡充整備や勤務体制の整備、教授活動時間の確保等の制度改革を積極的に行ってきている。特に、教員以外の職（補助教員（Teaching Assistant, TA）など）の拡充整備に取り組み、教員以外の職の人数が教職員数の約半数となっている[4]。このような教員以外の職の拡充整備により、特別支援教育への対応や貧困対策、家庭支援、福祉との連携等にも積極的に取り組むことができるような体制が整備されてきた。

２．コロナ禍の教育にどう取り組んだか

（１）中央政府主導で実施された学校閉鎖

　イギリスでは、2020年1月31日に初の感染者（2名）が確認された。2月10日に政府はコロナ感染症対応のために「2020年健康保護（コロナウイルス）規則（The Health Protection (Coronavirus) Regulation 2020)」を制定し、3月3日には、「コロナウイルスに対する行動計画（Coronavirus Action plan：A guide to what you can expect across the UK）」を発表し、国におけるコロナ感染症への対応を示した。当初は、集団免疫獲得の方向性で対策が講じられ、全国一斉のロックダウン等は想定されていなかったが、感染拡大を受けて、方向転換が図られた。そして、3月18日に、3月20日からのイギリス国内の全学校の閉鎖が発表された。3月23日からは外出制限等を含むロックダウンが全国規模で実施された。このような国が全国一律の対策を講じられる法的根拠となっているものが、「2020年コロナウ

イルス法（Corona Virus Act 2020)」（2020年３月25日制定、施行）及び
「2020年衛生保護（コロナウイルス制限）（イングランド）規則（The
Health Protection (Coronavirus, Restrictions) (England) Regulations
2020」（2020年３月26日制定、施行)[5]である。

　「2020年コロナウイルス法」は、政府が国内におけるコロナ感染症の影響
に対処できるようにすることを目的として制定されたものである。同法の第
37条及び附則第16編に「教育機関及び保育施設に対して、政府が一時的な
閉鎖を指示することを認める」と規定された。また、「2020年衛生保護（コ
ロナウイルス制限）（イングランド）規則」においても、外出制限、集会の
制限、施設の閉館、罰則等が規定された。

　学校閉鎖に当たっては、重要職種（critical worker：医療従事者、警察、
農家、食品小売業者、重要職種の児童生徒を担当する教職員など社会サービ
ス維持のために出勤が必要な職種）の児童生徒、及び保護が必要な児童生徒
（社会福祉の支援や教育、健康、保護計画下にある児童生徒）は学校閉鎖措
置の対象からは除外され、学校が受け入れた。

　その後イギリスでは感染状況の改善を受けて、2020年６月にまずは初等
学校第１学年、第６学年及び中等学校という形で段階的に学校が再開された。
11月から実施された２回目のロックダウンの時には学校閉鎖の措置はとら
れなかったが、2021年１月からの３回目のロックダウンでは、再度の学校
閉鎖の措置がとられた。そして同年３月から、政府が示したロードマップ
（2021年２月22日発表)[6]に基づいた段階的なロックダウンの解除に合わせ
て、第１弾の措置の一環として学校が再開された。そして同年７月のロック
ダウンの完全解除に合わせて、社会的距離を取るための校内での行動規制
（バブルシステム）の緩和、マスク着用の義務の撤廃、ワクチン接種が終了
した教職員及び中等学校の生徒が濃厚接触者に指定された際の自宅隔離の撤
廃などの措置がとられた。2021年11月現在も様々な感染対策を講じながら
学校が開校されているが、2021年９月以降、学校での感染が拡大し、若年
層の死亡者数も増加傾向にあることから専門家及び教育関係者から懸念が示
されている[7]。

　このような中央政府が主導で決定した学校閉鎖の一斉実施に対しては、学

校現場からの懸念や反発があった。2020年6月の第一弾の学校再開について、ジョンソン首相は社会経済的に不利益な家庭の児童生徒には、学校閉鎖のリスクが高いことを理由に早期の再開を決定したが、教職員、科学者、教員組合は時期尚早であり、学校現場や教職員の安全や健康の保証が十分でないとして早期の学校再開に不安を持っていた[8]。また2020年12月、変異株により感染が拡大していた地域では、学校閉鎖の措置をとることを希望する自治体や学校があった。例えば、ロンドン市内のグリニッジ区は感染状況の悪化に伴い、学校を閉鎖しオンライン教育へ切り替える措置をとろうとしたが、教育省はその措置を許可しなかった[9]ため、学校は開校状態を維持することとなった。「2020年コロナウイルス法」に基づく措置とはいえ、元々学校の閉鎖や開校については学校の権限であるので、この教育省の対応に対して、学校や自治体は不満を持った[10]。

　イギリスでは、3度のロックダウンの中で、2回の学校の閉鎖を行った。その影響について、学力や学校財政、教員養成、教職員のメンタルヘルスなど多様な側面について、全国教育研究所（National Foundation for Educational Research, NFER）、教育政策研究所（Education Policy Institute, EPI）、教育基金財団（Education Endowment Foundation, EEF）などが調査を行っている。例えば、初等学校1年生及び2年生の学力（読みと算数）を調査したところ、学力低下の傾向が見られ、かつ社会経済的に不利益な家庭の児童生徒ほど低下の度合いが大きいという結果が出された[11]。

（2）全国共通試験のペーパー試験中止で大混乱した学校

　学校閉鎖と同様に政府の決定が学校現場に大きな影響を与えたものが、中等教育終了一般資格試験（General Certificate of Secondary Education, GCSE）及びGCE・Aレベル資格試験（General Certificate of Education・Advanced Level）という全国共通試験におけるペーパー試験の中止である。2020年度、2021年度と2年にわたり実施が中止となった。ペーパー試験の中止の代替措置として、政府は当初、生徒が在籍する学校の教員の評価（teacher-assessed grade）に基づく結果をアルゴリズム[12]と統合して行うCAGs（centre-assessed grade）に基づいて成績判定を行うと発表した[13]。

そして2020年8月13日に結果が発表されたが、多くの生徒の結果が、教員の評価よりも下がり、小規模の独立学校に有利となるなど、不公平な結果となったため、生徒や教員、教育関係者が不服を申し立てることとなり、CAGsへの非難が高まった[14]。これを受けて政府は5日後の8月17日にCAGsを撤回し、教員の評価のみにすることが発表し、結果の修正などの対応策が示された[15]。

　2021年度は2020年度の取り組みを検証[16]した上で、教員の評価のみで実施された[17]。その結果は、全体的に成績が上昇する結果（例えば、Aレベル試験では最高点であるA*が14.3%（2020年度）→19.0%（2021年度））[18]となり、成績のインフレーションが起こっているという懸念が示された[19]。なお、2022年度はペーパー試験の実施を前提として、実施方法等が検討されている。何を持って公平で公正というかは難しいところであるが、今回のペーパー試験中止に伴う混乱により浮き彫りになった、当事者が納得できる公平で公正な試験の在り方について模索しながら、試験の準備に向けた検討が学校関係者も交えながら行われている。

（3）科学的知見とデータに裏付けされた学校での感染対策

　各学校は、児童生徒が安全で安心な学習環境で学習できる機会を保障するために、徹底した感染対策が求められている。教育省は、下記に示す保健や公衆衛生等の専門機関の助言や科学的なデータ、国家統計局（Office for National Statistics, ONS）のデータ、全国教育研究所、教育政策研究所などの研究データを基に学校での感染対策についてのガイドラインを作成している[20]。

- ・保健省（Department of Health and Social Care, DHSC）
- ・保健安全局（Health Safety Executive, HSE）[21]
- ・英国保健安全保障庁（UK Health Security Agency, UKHSA）[22]
- ・英国公衆衛生庁（Public Health England, PHE）[23]
- ・緊急時科学諮問グループ会合（Scientific Advisory Group on Emergencies ,SAGE）[24]
- ・合同バイオセキュリティセンター（Joint Biosecurity Centre）[25]

　学校は、ガイドライン等を参考にしながら、同時に地方当局や地方自治体の公衆衛生部局等の助言や支援を受けながら、児童生徒の学習機会の保障とウェルビーイングの充実を図るために学校での教育の継続的な提供、及び隔離時の家庭での学習機会の確保に取り組んでいる。

　学校を再開するにあたり、学校はリスクアセスメントを行った上で、感染対策の徹底を行うことが求められている[26]。当初は、マスク着用の義務化、行動規制（バブルシステム、同一集団での活動や動線の確保など）の徹底、検査キットによる感染者の判定及び隔離等への対応が行われていた。しかし、2021年7月のロックダウン措置の全面解除に伴い、規制措置は緩和された。2021年9月からの学校再開時においては、マスク着用の義務はなく、また校内での行動規制は撤廃され、集会や集団での給食の実施が可能となっている。また学校での感染拡大防止のために、無症状の段階での検査も重視している。検査キット（lateral flow device, LFD）を配布し、自宅で週2回（3〜4日間隔で）実施することが教職員及び中等学校の生徒には求められている。この段階で陽性と判定された後にPCR検査、結果に基づく隔離措置、濃厚接触者の確認等が取られるが、それらは全て自治体の国民保健サービス検査追跡システム（NHS Heath Test and Trace）において行われる仕組みである。また学校での換気も重視されており、政府は2021年9月から全校に酸素濃度計測器を配布するなど学校の環境整備に力を注いでいる。

（4）学習機会を保障するためのリモート学習

　2020年3月の閉鎖時においては、リモート学習の環境整備が急務であった。特に社会経済的に不利益な家庭への対応が重要であった。学校は各家庭の環境把握を行うと共に、全ての家庭において適切な環境となるような対応を行った。また政府は、貧困層の家庭へのタブレットやWifiなどの必要機器を配布するなどの対応を行った。

　またリモート学習では、保護者の役割が重要であることから、保護者向けにもガイドライン[27]を提供した。家庭でのリモート学習では、学年に応じ最低学習時間（初等学校の最初の段階であるキーステージ1（5〜7歳）では3時間。キーステージが上がるごとに1時間ずつ増加）が設定され、保護者

には、児童生徒の学習への参加状況や理解状況の確認や声かけが役割として
期待されている。

　しかし実際には、閉鎖期間中のリモート学習では、約半数の児童生徒しか
十分な学習ができていないなど、期待されたような実態でないことが明らか
となった[28]。また、社会経済的に不利益な家庭の児童生徒ほど、より十分な
家庭学習の機会が保障されていない実態も明らかとなった[29]。そのため、政
府は学校の一斉閉鎖には慎重な姿勢を取ることとなった。

　一方で、リモート学習自体は、学校再開後も濃厚接触者が自宅隔離時に自
宅学習する上で重要であるとして、各学校でのリモート学習の充実への取り
組みは重視している。そこで、教育省は取り組みを充実させるために、教材
開発やプラットフォームなどの整備に関する情報提供を行い、学校が円滑に
リモート学習を展開できるような支援を行っている[30]。また、優れた実践を
行うためのポイントについて、コンテンツの開発、情報機器の取り扱い、学
習意欲の喚起、特別支援教育への配慮などの視点を提示して情報提供を行っ
ている[31]。

（5）社会経済的な格差是正を目指す支援事業

　イギリスでは、学校の閉鎖時及び再開後において、児童生徒の学習機会の
保障やウェルビーイングの充実を図るために、社会経済的な格差への対応、
特別な教育的配慮が必要な児童生徒への対応、そして児童生徒及び教職員の
メンタルヘルスへの対応を重視している。

　特に社会経済的な格差への対応は、コロナ禍において特に重視され、様々
な対策が取られている。例えば、貧困層への無料給食サービスの拡充である。
給食費免除の対象者を拡大したり[32]、補助金の増額をしたりしている[33]。ま
た、無料給食の提供期間を夏休みや冬休み、イースター休暇等の休校期間に
も拡充するためのプログラムを国の予算で提供している[34]。

　また、コロナ禍では社会経済的に不利益な家庭の児童生徒ほど学習機会を
失うなど、その影響が大きいので、彼らへの学習支援が重要であるとして、
政府はそのような家庭の児童生徒を対象とした支援プログラムを提供してい
る。政府は2020年6月に、コロナ禍において児童生徒の学習機会の損失へ

の対応の特別予算として10億ポンドを計上し、そのうちの6億5000万ポンドを、キャッチアップ・プレミアム（Catch-up premium）として、学習機会を失った児童生徒に学習機会を提供するための予算として計上した[35]。その代表的な事業が全国個別指導プログラム（National Tutoring Programme, NTP）[36]である。これは、5歳から16歳の児童生徒を対象にしたもので、社会経済的に不利益な家庭の児童生徒を対象にした個別あるいは小グループの指導の担当者や学習メンターといった外部人材を学校が雇用できるプログラムである。2020年度から開始された。当初は学校外から個別指導者（Tuition partner）や学習メンター（Academic mentor）を雇用できることのみであったが、2年目の2021年度からは学校の裁量でより柔軟にプログラムを企画したり、学校の内外の人材を雇用できるようなプログラム（School-led tutoring）も加わり事業を拡大している。

　イギリスでは、基本的に児童生徒数に応じて学校予算が国から配分され、学校の裁量で執行される仕組みとなっている。そのため、各学校は学校での感染対策やリモート学習等の追加的な活動への経費を学校自身で捻出しなければならず、学校の財政が逼迫する事態を招いていた。そのため、政府はこのような児童生徒への支援や感染対策のための追加予算を学校に配分し、各学校での教育活動の維持を支援している。

（6）重要職種として働くための教職員への支援事業

　イギリスの教職員は、重要職種として位置付けられ、コロナ禍においても、児童生徒の学習機会の保障やウェルビーイングの充実のための重要な役割を担う存在となっている。

　持病がある教職員や妊娠中など配慮が必要な教職員[37]は自宅での勤務が認められている。また教職員が感染したり、濃厚接触者と判定され自宅待機となる場合もあり、コロナ禍において学校は、教員の雇用確保や配置に苦慮している[38]。イギリスの学校は日本と違い、各学校で教職員を雇用しているためこのような事態となる。そこで政府は追加的な予算を計上し、学校への支援を行っている。例えば、教職員の欠勤率が一定の基準（教員の欠勤率が20％以上、職員の欠勤率が10％を超える日が15日以上継続など）を超えた学

校に対して、教職員やボランティなどを臨時に雇用するための補助金をもうけている[39]。また教育省は政府のエージェンシー（Crown Commercial Service, CCS）などと連携して人材派遣等に関する支援も展開している[40]。

　教職員自身も、リモート学習への対応、児童生徒の学習支援やメンタルヘルスへの対応などにより勤務時間が増加し、また先の見えないあるいは未経験のことへの不安からストレスを感じている状況であった[41]。このような状況に対して、教育省は業務改善のために開発したツールキットを提供[42]するなどして学校の労働環境整備に努めている。

　またコロナ禍では、教職員の研修機会や新任教員の確保にも影響が出ていると指摘されている[43]。そこで、学校や地方自治体、研修や養成の提供機関が協力して、初任教員のための初任者キャリアフレームワーク（Early Career Framework, ECF）や教員研修プログラムである全国教員専門職資格（National Professional Qualification, NPQ）を活用した研修や養成の場及び機会の確保、リモート学習に対応するための教材開発及び教授能力の育成、メンタルヘルスへの理解やSTEM等の新しい教育課題に対応するための指導力の育成などが実施できるように、様々なプログラムを国が提供している[44]。

おわりに

　これまで述べてきたように、イギリスでは、3度のロックダウン、2度の学校の閉鎖を経験する中で、学校現場では教職員、保護者、児童生徒、そして学校教育に携わる行政関係者など多くの人たちが様々な困難に立ち向かいながら、児童生徒の学習機会の保障やウェルビーイングの充実に取り組んできた。そして、2021年9月からは、大幅に規制が解除された形で学校が再開されているイギリスでは、"リカバリー"をキーワードに、コロナ禍前の状況に戻すだけでなく、先を見据え、さらに進化した学校の在り方を模索する取り組みが行われている。

　このイギリスの取り組みの特徴を整理すると、1つめに、目的を明確にして重点化した予算が国によって投じられている事である。イギリスの取り組

みの目的は、児童生徒の学習機会の保障とウェルビーイングの充実である。そしてそのことは社会経済的に不利益な家庭の児童生徒ほど保障されていないことから、これらの児童生徒に対する取り組みに対して国は重点的に予算を配分している。例えば、前述したキャッチアッププレミアムの他にも、リカバリープレミアム（Recovery Premium、3億200万ポンド、児童生徒特別給付（Pupil Premium）[45]の対象となっている児童生徒を対象とした教育支援）、サマースクール（2億ポンド、夏季休暇中に提供される教育プログラム）、管理職育成研修（1億8400万ポンド）[46]などがある。

　このような社会経済的に不利益な家庭の児童生徒に対して重点的に予算配分した取り組みをする根拠は、様々な調査研究により、これらの児童生徒がそうでない児童生徒よりも学習機会を損失し、より不利益を被っており、そのことが将来における格差にも繋がるということが指摘されているからである[47]。

　2つめの特徴は、対策を検討するに当たって、多様な調査研究で取り組みを検証していることである。本稿でも引用した全国教育研究所、教育政策研究所などの研究機関や、国家統計局等が様々な調査研究を実施している。このほかにも、イギリスでの教育分野におけるエビデンスに基づく政策立案（Evidence-Based Policy Making, EBPM）の基幹組織の一つである教育基金財団では、様々な調査研究を分析し、効果的な事業に関する情報提供を行っている[48]。また教育省は、学校スナップショットパネル（School Snapshot Panel）を設置し、教職員の状況や意識等に関するデータを収集、蓄積、分析しオンライン上で提供している[49]。このような調査やデータに基づいて対応策の実施状況やその成果を検証した上で、次の対応策が議論され、実施されているのである。このように多様なエビデンスに基づく政策決定があることにより、課題がある所に重点化した対応策が国の責任において行えると言える。なお、教育水準局（Office for Standards in Education, Children's Services and Skills, Ofsted）[50]は、2021年秋から本格的に学校監査を再開しているが、2022年9月から2025年9月の間に全ての学校に対して学校監査を行い、コロナ禍での影響からの回復状況を確認すると発表[51]した。これにより、これまで実施されてきた事業が学校改善にどう寄与し

たのかを明らかにすることが期待されている。

　3 つめの特徴は、学校内での教職員同士、及び校長同士や学校間での連携協働的な関係に基づくネットワークによる支援や相談活動である。イギリスの学校は、学校経営において自律性を持つため、コロナ禍においても、日常的な学校経営上の運営責任を持つ校長が迅速かつ的確に判断して活動していくことが求められた。校長は、政府や教育省が提供するガイドラインを参考にしながら活動するが、判断に当たってのプレッシャーが大きかったと言われている。そのような校長にとって、近隣の校長同士や校長会等を介した校長同士のネットワークが支えになったと言われている[52]。また学校内においても同僚同士の連携協働関係を構築し、学び合い、支え合える相互支援的な関係が学校内にあることが教職員にとっても重要なことであったと言われている。さらに、地方当局が定期的な情報共有や相談の場を設定し、校長が孤立しないような支援を行うことも有益な支援であったと言われている[53]。

　イギリスでは、多様な調査研究やデータに基づく客観的な根拠に基づいて、社会経済的な格差を是正するための様々な支援事業が展開され、持続可能な"リカバリー"を実現しようとしている[54]。この社会経済的な格差は、コロナ禍において生じたものではなく、それまでの社会構造や教育改革の結果として醸成されてきたものであり、コロナ禍という状況の中でより鮮明に浮き彫りになったことであるといえる。そしてコロナ禍での危機的状況は、社会経済的格差是正に向き合うことの重要性を社会や行政機関、そして学校に突きつけているといえる。イギリスでは様々な支援事業を展開しながらも、現状では必ずしも必要な人に十分な支援が行き届いていないことや、学校現場の負担、財政的な負担の増加、そして教職員や児童生徒への感染の拡大など、課題は山積しているところである。

　しかし、学校が児童生徒の学習機会の保障やウェルビーイングの充実を図ることにより、すべての児童生徒の安全で安心した学びと成長を守ることや、感染対策やワクチン接種の普及なども含めた家庭支援や地域の拠点としての学校への期待は大きい。このような学校への期待に応えるためにも、学校がそれらの機能を十分に発揮できるような人的、財的、そして物的な面において学校の教育環境を整備していくことが重要である。

1　本稿で言うイギリスはイングランドを指す。
2　本稿で言う学校とは、初等及び中等教育の公費で維持されている学校（Maintained school）を指す。
3　1996年教育法（The Education Act 1996）において「義務教育年齢に該当する全ての児童生徒に対して、学校への規則的出席またはその他の方法により、その年齢、能力及び適正に応じて、または教育の特別なニーズがある場合にはそれに応じた効果的なフルタイムの教育を受けさせることは親の義務である」（第7条）と規定されている。
4　2021年6月現在、教職員において、教員は48％で、教員以外の職員は52％である。（DfE, School Workforce in England 2020/21, June 2021）
5　これらは、「1984年公衆衛生（疾病管理）法」（Public Health (Control of Disease) Act 1984）を根拠に制定されたものである。同法において、「感染症から生じる脅威に対して住民を保護する法的根拠を提供し、自発的な協力が得られない場合に、人、物及び施設に政府が制限を課すことを認める」（第2A部　公衆衛生の保護）及び「担当大臣に対して、感染拡大について、予防、保護、統制等のための規制を制定する権限を与える」（第45C）と規定されている。
6　https://www.gov.uk/government/publications/covid-19-response-spring-2021/covid-19-response-spring-2021-summary
7　TES, Supply cover falling short as teacher Covid rate doubles, p.16, 2021年10月29日
8　TES, How bubbles helped one school find its new normal, 2020年5月29日
9　DfE, The Coronavirus Act 2020 Royal London Borough of Greenwich Temporary Continuity Direction, 14 December 2020
10　BBC, Coronavirus : Greenwich council back down on school closure, 2020年12月15日、The Guardian, Heads angry after two council forced to back down over Covid school closure, 2020年12月15日など
11　EEF, Impact of school closures and subsequent support strategies on attainment and socio-emotional wellbeing in Key Stage 1 : Interim Paper 1, January 2021など
12　過去の試験結果等のデータを基に設定されている計算式に基づく算定方法である。複雑で理解が難しいため、中等学校長会（ASCL）では、マラソン大会が中止になったがメダルを出さなければいけない状況を例として提示し、その仕組みを研修会等で説明した。つまり、実際には知らないけれども、選手たちの過去の記録や実績等を基に順位を決めるというやり方であると説明された。（日本教育行政学会第56回大会国際シンポジウムフォローアップセミナー、2021年11月26日、Duncan Baldwin氏（Head, The Castle Rock School）の講演資料）
13　Press release Further details on exams and grades announced（2020年3月20日）
（https://www.gov.uk/government/news/further-details-on-exams-and-grades-announced）

14 例えば、BBC news, A-level and GCSE results: Call for urgent review into grading 'fiasco', (2020年8月15日)(https://www.bbc.com/news/uk-53826305)

15 DfE, News story : GCSE and A level students to receive centre assessment grades（2020年8月17日）(https://www.gov.uk/government/news/gcse-and-a-level-students-to-receive-centre-assessment-grades)

16 全国共通試験及び全国共通職業資格の管理及び認証を行う国の政府外公共機関（non-departmental organisation）の一つである試験資格委員会（The Office of Qualifications and Examinations Regulation, Ofqual）は、2020年度の試験の課題を分析し次の2つの報告書を2021年に発表した。
　・Ofqual, Research and Analysis : Evaluation of centre assessment grades and grading gaps in summer 2020
　・Ofqual, Research and Analysis: Grading gaps in summer 2020: who was affected by differences between centre assessment grades and calculated grades?

17 DfE, Press release: Teacher assessed grades for students（2021年2月25日）(https://www.gov.uk/government/news/teacher-assessed-grades-for-students)

18 https://www.gov.uk/government/publications/infographic-a-level-results-2021/infographics-for-a-level-results-2021

19 inews, A-levels and GCSEs 2021: Reversing grade inflation to pre-pandemic levels could take 'three to five years'（2021年8月11日）(https://inews.co.uk/news/education/a-levels-gcses-2021-reversing-grade-inflation-pandemic-levels-three-to-five-years-1146319)

20 教育省のHPにはコロナ感染症対策に関するガイドラインが示されている。ガイドラインは頻繁に改定されている。(https://www.gov.uk/government/collections/guidance-for-schools-coronavirus-covid-19)

21 職場における保健安全及び福祉を確保するとともに、労働活動から訪問者等を保護するために活動する機関

22 保健省のエージェンシーの1つ。健康に対する外的脅威への対応計画、対処法等に責任を持ち、全国及び地方、国際的に知的で科学的、機動的なリーダーシップを発揮する機関

23 2013年に、英国健康保護局（Health Protection Agency, HPA）など公衆衛生関連の機関を統合する形で設置された機関

24 緊急時に政府等に科学的な根拠に基づいた助言や諮問等を行う機関

25 国、地方自治体における意思決定に対して、客観的な根拠に基づいた分析、評価結果の情報やアドバイスを提供する機関

26 具体的な学校での取り組みについてのガイドも教育省のHPに整理されている。(https://www.gov.uk/government/publications/actions-for-schools-during-the-coronavirus-outbreak/covid-19-schools-operational-guidance)

27 DfE, Guidance Supporting your children's remote education during coronavirus（COVID-19）(https://www.gov.uk/guidance/supporting-your-childrens-education-during-coronavirus-covid-19)

28 NFER, Pupil engagement in remote learning, June 2020
29 NFER, Home learning during Covid-19, July 2020
30 DfE, Get help with remote education（https://get-help-with-remote-education.education.gov.uk/）
31 DfE, Remote education good practice（https://www.gov.uk/government/publications/remote-education-good-practice/remote-education-good-practice）
32 これまで公的支援の対象外の者たちでも臨時的に支援の対象にするための予算を計上している（https://www.gov.uk/government/publications/covid-19-free-school-meals-guidance/guidance-for-the-temporary-extension-of-free-school-meals-eligibility-to-nrpf-groups）
33 一人あたり450ポンドの補助金が支給される。当初は2019年度から2年間というものであったが、2021年度も継続されることになった。（https://www.gov.uk/government/publications/free-school-meals-supplementary-grant-2020-to-2021/free-school-meals-supplementary-grant-2020-to-20219）
34 「Holiday activities and food programme」は2018年から実施されていた事業であるが、2020年11月にイギリス全土で実施することが発表された。2021年は2億2000万ポンドが計上されており、地方自治体が利用できる。（https://www.gov.uk/government/publications/holiday-activities-and-food-programme/holiday-activities-and-food-programme-2021）
35 https://www.gov.uk/government/publications/catch-up-premium-coronavirus-covid-19/catch-up-premium
36 https://www.gov.uk/government/publications/national-tutoring-programme-ntp/national-tutoring-programme-ntp
37 臓器移植やがん、呼吸器疾患等の病歴がある教員と、妊娠中、腎臓病、糖尿病、精神疾患などの病歴がある教員に公衆衛生局が区分し、認定する。
38 TES, To close or not to close? For schools, that is the question（2020年11月20日）
39 https://www.gov.uk/government/publications/coronavirus-covid-19-workforce-fund-for-schools/coronavirus-covid-19-workforce-fund-to-support-schools-with-costs-of-staff-absences-from-1-november-2020-to-31-december-2020
40 https://www.gov.uk/guidance/deal-for-schools-hiring-supply-teachers-and-agency-workers
41 NFER, Job satisfaction and workload of teachers and senior leaders, June 2020
42 https://www.gov.uk/guidance/school-workload-reduction-toolkit
43 NFER, The Impact of Covid-19 on Initial Teacher Training, Implications for Teacher Supply in England, September 2020
44 DfE, Education Recovery: Support for early years settings, schools and providers of 16-19 education, June 2021
45 社会経済的に不利益な状況におかれた児童生徒の教育達成を向上し、同学年集団

との格差を減らすことを目的として学校に配分される追加予算である。

46　DfE, June 2021前掲書

47　TES, Facing a catch-21 situation（2021年3月5日）

48　https://educationendowmentfoundation.org.uk/guidance-for-teachers/covid-19-resources#nav-covid-19-support-guide-for-schools 1

49　https://www.gov.uk/government/publications/school-snapshot-panel-covid-19

50　学校等の教育機関の監査と、就学前教育機関等の監査及び認証を行う、国の政府外公共機関の一つである。

51　Ofsted, Press release: Ofsted accelerates inspections for schools and further education providers（2021年11月16日）（https://www.gov.uk/government/news/ofsted-accelerates-inspections-for-schools-and-further-education-providers）

52　NFER, June 2020 前掲書

53　Duncan Baldwin氏へのヒアリング（2021年11月24日メールにてヒアリング）

54　DfE, Evidence Summary, July 2021には、対策を検討するに当たって活用された様々な調査研究の情報が整理されている。具体的な教育政策研究所（EPI）、全国教育研究所（NFER）、教育基金財団（EEF）等の調査研究については参考文献を参照。

【URL最終閲覧日2021年12月4日】

引用・参考文献

・芦田淳、「【イギリス】コロナウイルス関連規則の制定－活動制限（ロックダウン）の概要－」、『外国の立法』No284-2、2020年8月

・芦田淳「【イギリス】コロナウイルス法の制定」、『外国の立法』No.284-1、2020年7月

・芦田淳「【イギリス】新型コロナウイルス対策のための規則の制定等」、『外国の立法』No.283-1、2020年4月

・田中亮佑、「英国における緊急事態法制と軍隊の国内動員」、『NIDSコメンタリー』第122号、2020年6月11日

・The Children's Society, Life on Hold : Children's Well-being and COVID-19, July 2020

・The Children's Society, The Good Childhood Report 2021, 2021

・EEF, Impact of school closures and subsequent support strategies on attainment and socio-emotional wellbeing in Key Stage 1: Interim Paper1, January 2021

・EPI, Education recovery and resilience in England, May 2021

・EPI, School attendance and lost schooling across England since full

reopening, December 2020
・EPI, Education policy responses across the UK to the pandemic, October 2020
・EPI, Assessing Covid-19 cost pressures on England's schools. December 2020
・EPI, COVID-related teacher and pupil absences in England over 2020 autumn term, January 2021
・DfE, School attendance, August 2020
・DfE, Free school meals supplementary grant, February 2021
・DfE, Understanding Progress in the 2020/21 academic year : Interim findings, January 2021
・DfE, Understanding Progress in the 2020/21 academic year : Initial findings from the spring term, June 2021
・DfE, Understanding Progress in the 2020/21 academic year : Complete findings from the Autumn term, June 2021,
・DfE, Evidence Summary, February 2021、DfE, Evidence Summary July 2021
・DfE, COVID-19 School Snapshot Panel, September 2021
・DfE, Education Recovery, June 2021
・DfE, School and Trust Governance during the Coronavirus (COVID-19) pandemic, July 2021
・House of Commons, Coronavirus: lessons: learned to date, September 2021
・NFER, Recovery during a pandemic : the ongoing impacts of Covid-19 on school serving deprived communities, September 2021
・NFER, Key findings from the Wave 1 survey, July 2020
・NFER, The challenges facing school and pupils in September 2020, September 2020
・NFER, Home learning during Covid-19, July 2020
・NFER, Pupil engagement in remote learning, June 2020
・NFER, The implications of Covid-19 on the school funding landscape, December 2020
・NFER, The Impact of Covid-19 on Initial Teacher Training, September 2020
・NFER, Recovery during a pandemic: the ongoing impacts of Covid-19 on schools serving deprived communities, September 2021
・Ofqual, Learning during the pandemic : the context for assessments in summer 2021, July 2021
・Ofqual, RESEARCH AND ANALYSIS: An evaluation of centre assessment grades from summer 2020, August 2021
・Ofqual, RESEARCH AND ANALYSIS: Grading gaps in summer 2020: who was affected by differences between centre assessment grades and calculated grades?, July 2021
・ONS, COVID-19 Schools Infection Survey, England : Round 6, June 2021

6　シンガポール

新型コロナウイルス禍で
変わらぬものと変わりゆくもの

昭和女子大学人間社会学部　シム チュン・キャット

はじめに　ゼロコロナからコロナとの共生へ

　シンガポールでは、2021年10月１日になって新型コロナウイルス（以下、COVID-19）禍による累計死亡者数が初めて100人超の３ケタに乗った（同日における日本の累計死亡者数は17,600人を超えていた）。その背景には、それまでCOVID-19禍対策の「優等生」とされてきたシンガポールが同年の８月中旬から「ゼロコロナ」から「コロナとの共生」へと徐々に方向転換を図ったためである。したがって、８月中旬以降の死亡者数の上昇と感染者数の急増はある程度想定内の展開だともいえる。

　国民の不安を和らげるべく、シンガポールのリー・シェンロン首相が同年の10月９日に行ったテレビ中継の演説の一部を以下に訳出する。

　　　「ここ数週間の感染者数の急増で、皆さんの不安は理解できます…
　　　ただワクチン接種率が世界トップレベルである我が国において
　　　感染者の98％は無症状か軽症であり、言い換えれば、私たちにとって
　　　COVID-19禍はもはや危険な疾病ではなくなりました…一方で、
　　　まさにシンガポールが『ゼロコロナ』政策を取ってきたために、
　　　COVID-19禍に対する私たちの免疫力は非常に低く、
　　　今後しばらくの間に感染者と死者がもっと増えていくことを
　　　心しておかなければなりません…とはいえ、
　　　パンデミック前も毎年4000人が肺炎で死亡していました…
　　　さらに、シンガポールはいつまでも閉鎖を続けるわけにはいきません…

　規制を強化するたびに、ビジネスは継続不可能に、労働者は失業に、
そして子どもたちはまともな幼年時代と学校生活を
奪われることになります…私たちはCOVID-19禍と共生しながら、
世界と再びつながらなければなりません…」

　国民へのリー首相による切実な呼びかけからもわかるように、200年以上
も世界の中継貿易港として栄えてきた無資源小国のシンガポールにとって、
ヒト・モノ・カネの流れを取り込んでこそ富を生み出すことができ、逆に言
えば、その流れを停滞させることは自らの首を絞めることにもなりうる。ま
た、リー首相の演説にもあった通り、国にとって必要不可欠な「ビジネス」
と「労働」以外に、「子ども」も「学校」も極めて重要なキーワードとなる。
　そこで本章では、まず第一節で人的資源が唯一の成長動力とも言えるシン
ガポールの教育制度とその特徴を概観し、次いで第二節でCOVID-19禍へ
の対応がもたらす教育現場の変化を整理する。それらを踏まえて、続いて第
三節以下で教育における今後の展望と挑戦および日本への示唆を検討する。

1．変わらぬ教育制度とその特徴

　民間非営利国際NGOセーブ・ザ・チルドレンが発表したグローバル・チ
ャイルドフード・レポート2021によれば、子どもたちが健康と教育の面で
最も保護されている国別ランキングで、シンガポールは世界186か国中1位
であった（仏14位、日本21位、英28位、独31位、米43位）。この結果は何
も驚くべきことではない。医療が発達しているシンガポールにおいて、子ど
もたちの健康が守られているのはもちろんのこと、シム（2019a）でも詳し
く説明されているように、唯一の資源である人的資源を最大限に引き出すべ
く、教育の面でも、才能ある子どもには最良の教育機会を提供しつつ、低学
力の子どもに対する学習促進と支援体制が充実している。その成果もあって、
21世紀に入って国際学力調査として注目を集めているTIMSS（国際数学・
理科教育動向調査）とPISA（OECD生徒の学習到達度調査）で、シンガポ
ールが常に上位を占めてきたことは周知の通りである。

　ともかく「実験国家」「実験都市」ともよく呼ばれるシンガポールは、その経済的豊かさを背景に、国の未来を支える人材を育てるべきであるとして、教育に膨大な国家予算を投入し、独自の人材育成システムを築き上げてきた。以下では、日本を含む東アジアとも欧米とも異なる、同国の教育制度、とりわけCOVID-19と関連する5つの特徴について概説していく。

1-1. 義務教育は小学校まで

　世界トップレベルの学力を誇るシンガポールの義務教育は小学校までと知って驚かれることが多い。さらに言えば、シンガポールに義務教育が導入されたのはつい20年ほど前の2003年であったのである。シム（2009）でも指摘されたように、農漁業がほとんどなく、貿易港・商都として金融や貿易などを中心に発達してきたシンガポールでは、何らかの資格を取得せずにたとえ中卒のままで社会に出ては「どうにもならない」という認識が同国では広く共有されている。その背後には、中卒、ましてや小卒でもできるような単純労働が人口の4割をも占める外国籍居住者の多くに置き換わっている事情がある。そのために、義務教育がなかった2003年以前にも、ほぼすべての子どもが小中学校に通っていた。

　シムの前掲書にもある通り、そもそもシンガポールでそれまで義務教育でなかった小学校教育が2003年になってようやく義務化された経緯として、学習カリキュラムの内容が時代遅れになった私立宗教学校にナショナル・カリキュラムの要素を浸透させる目的があったとの見方が強い。小学校義務化にともない、宗教学校の児童でも国家統一試験である小学校修了試験を受けることになり、最低基準の学力確保が必須となったためである。ちなみに、私立宗教学校とはキリスト再臨派学校（1校）とイスラム宗教学校（4校）であり、これらの宗教学校に入学する児童の割合は同年齢層の1%にも満たない。

　なお、シンガポールにおける義務教育は就学義務、つまり学校に通わせる義務であるが、ホームスクーリングも認められてはいる。ただ、ホームスクーラーは15歳までに小学校修了試験で33パーセンタイル（下から33%）以上の成績を収めなければならない、などの条件が課されている。公的なデータはないものの、ホームスクーリングは非常に稀であり、最大の新聞「ザ・

ストレーツ・タイムズ」（The Straits Times）の2020年1月25日付の報道によれば、毎年ホームスクーリングを受けている同年齢層の児童は50名程度である一方で、これまで約半分のホームスクーラーが途中から通常の学校に戻っているとのことである。

1-2．私立宗教学校以外はすべて国公立学校

　シンガポールでは、上述した私立宗教学校を除けば、ほとんどすべての小・中・高校は国公立ないし学校の予算の大部分が教育省によって賄われている政府補助学校である。そのため、授業は教育省が定めるナショナル・カリキュラムに基づいて行われ、各教育段階の最終学年に児童生徒は全員国家統一試験を受けることになっている。

　なお同国では、中高一貫教育や芸術・スポーツなどの分野に特化した独立学校と呼ばれる種類の中等教育学校があり、その数は全体の中学校数の約1割強に相当する。これらの学校では授業料の額、生徒の入学基準、教員の採用と免職やカリキュラムの設定などに関して自由に裁量できることになっている。しかし裁量権が大きいとはいえ、独立学校の収入源の8割以上は国の補助金が占めており、また同国で必須となる二言語教育と国民教育の実施といった国の教育政策に準拠していなければならず、さらに主に前教育段階の国家統一試験の成績を入学基準としている点でも、他の学校と同じように教育省による管轄を強く受ける。

　加えて、シム（2019a）にもある通り、シンガポールでは国籍所持者に対して学校の学費は安く抑えられているうえ、家庭環境の厳しい子どもへの経済的支援措置も非常に充実している。例えば、低所得層の場合では、学費の全額免除と教科書や制服の無料配布だけでなく、通学定期支援や給付型奨学金なども与えられる。

　「下に手厚く」という原則で、学費の高い独立学校の場合でも、学費全額免除から33％免除までと世帯収入に応じて生徒への教育支援が細かく設定されており、「経済背景に関係なくすべての国民が最も良い教育機会を得られるよう貧窮な国民に経済的支援を提供する」との国の政策理念が実行に移されている。そして言うまでもなく、ほぼすべての学校が国公立学校であることも、また教育省が掲げる「すべての学校は良い学校」（Every School a

Good School）の方針も、学校間での施設設備面の格差是正に寄与していると考えられる。

1-3.　習熟度別学習の徹底

シンガポールの教育のもう一つの大きな特徴は、なんといっても小学校という早期から子どもを学力別に振り分ける複線型の習熟度別学習制度であろう。シム（2019a）に詳細が記されている通り、同国では能力と努力によって小学校から大学までの教育課程が異なり、学力層ごとに適した学習コースと進学先が用意されている。ただ、その教育制度に袋小路はなく、「敗者」には何回も復活戦が与えられる（シム 2009）。

さらに、教育省の資料では大学進学率（国内の全日制のみ）が40％弱となっているものの、国勢調査2020のデータを見ると、25〜44歳の年齢層における大卒者の割合が5割を超えていることから、数年働いた後にリカレント教育を受けるなり留学するなりなどして、多種多様なルートで最終的に大卒の資格を取得するシンガポール人が多いことが考えられる。

1-4.　校長の高い裁量権と教職の高い社会的評価

各国の中学校校長と教員を対象としたOECD国際教員指導環境調査（TALIS 2018）の結果を示す表1から、教員の採用や解雇と停職について、学校のほとんどが国公立であるシンガポールの校長裁量権が、参加国平均値よりやや低いものの、日本の場合よりははるかに高いことがわかる。

表1　校長のリーダーシップの責務について　　　　　　　　　　　　（％）

	以下の仕事の遂行について自身が重要な責任を持つと回答した校長の割合			
	教員の採用	教員の解雇・停職	生徒の入学許可	学校内の予算配分
シンガポール	50.5	48.4	88.7	95.2
日本	13.7	9.0	46.1	58.1
参加国平均	69.1	60.4	72.7	61.5

出典：OECD国際教員指導環境調査（TALIS 2018）をもとに筆者が作成

一方、生徒の入学許可と学校内の予算配分に関しては、シンガポールでは校長の判断によって決定されることが多いことも表から明らかである。同国

では、学校教育の各段階の「出口」には全国共通試験があり、よって教育の質と効果をチェックすることができるため、学校の運営と管理に関しては校長の権限と裁量権が広く認められているのである。このことは、例えば学力面において条件に満たない生徒を入学させたり、または学校内の学級編成を自由にしたりチームティーチングを導入したり、あるいは適宜な予算をつけて学校独自の学習プログラムや部活動を強化したりすることが可能であり、学校運営におけるフレキシビリティが非常に高いことを意味する。

　また同調査より、教職に対する社会的評価もシンガポールでは非常に高いことが表2からわかる。この結果は、タイプの異なる高校に勤める教師を対象としたシム（2014）の比較調査において「教師は社会の人々から尊敬されている仕事である」と思うシンガポール教師の割合（73～88%）が日本の割合（40～43%）の倍くらい高かった結果にほぼ一致する。教職への高い評価は、その仕事と専門性への信頼性も高いことを意味するといえよう。

表2　校長・教員が実感する教職の社会的評価　　　　　　　　　　（%）

	「教職は社会的に高く評価されていると思う」と答えた校長・教員の割合	
	校長の回答に基づく	教員の回答に基づく
シンガポール	98.4	72.0
日本	45.4	34.4
参加国平均	44.1	32.4

出典：OECD国際教員指導環境調査（TALIS 2018）をもとに筆者が作成

1-5. ICT教育も世界トップレベル

　1993年にアメリカで創刊され、日本でも発行されているWIRED（ワイアード）という雑誌が、巻頭特集「未来の学校 -『教育』は終わった、『学び』が始まる」でICT（情報通信技術）教育の最前線をゆくシンガポールの「フューチャースクール」を大きく紹介したのは今から10年前の2012年のことであった。

　シンガポールは1990年代からICT産業を国の基幹産業の一つと位置づけ、教育分野においてもICTの活用を、教育省と情報通信省の主導で1997年よ

り強く推進してきた。その狙いとして、児童生徒に対する学習指導の面だけでなく、教員の仕事の効率化と負担軽減も挙げられる。四半世紀前から教育現場へのICT導入が本格化した同国では、低所得層へのパソコン配布や購入支援に加え、学校では紙の教科書を全く使わない授業も展開されてきた。

その成果は、表3に示すTALIS 2018の調査結果からも読み取れる。表から、シンガポールにおいて学校のICTインフラ整備が進んでおり、指導のためのICT利用の公的研修を受けたと答える教員の割合が非常に高いことがわかる。ただ他国と同じくシンガポールでも、研修を受けたからといって、指導のためにICT利用が必ずしもできるとは限らないことも表から看取される。無論、国によっては「指導」や「ICT利用」の定義と内容に違いがあると考えられるとはいえ、それでもICT教育の環境整備、推進と活用においてシンガポールの学校が世界のトップレベルにあることは間違いない。

表3　学校のICTインフラ整備および教員のICT能力向上と活用　　　　(%)

	校長の回答に基づく		教員の回答に基づく	
	指導のためのデジタル技術が不足	インターネット接続環境が不十分	指導のためのICT利用の公的研修を受けた	指導のためのICT利用ができる
シンガポール	1.6	2.1	88.2	60.5
日本	34.0	27.0	60.2	28.0
参加国平均	28.1	22.9	60.3	49.1

出典：OECD国際教員指導環境調査（TALIS 2018）をもとに筆者が作成

さらに、PISA-2018調査の報告書によれば、効果的なオンライン学習サポートのある学校で学んでいる生徒の割合が参加国平均で約5割、日本では3割以下であったのに対して、シンガポールにおいてはその割合が9割であるという（OECD 2020、pp.196-197）。

そして、PISA-2018とTALISが行われた3年後にCOVID-19禍が世界中に広がり、各国の教育現場は混乱に陥ってしまったのである。

２．変わりゆく教育現場とその課題

　前節で述べた背景と特徴に加え、2002年から2003年にかけて流行した SARS（重症急性呼吸器症候群）による影響で学校閉鎖を経験したシンガポールでは、COVID-19禍が2020年1月にこの国へやって来たとき、学校現場ではすでに準備が始まっていた。

　SARS以降、一斉休校をせざるを得ないような事態がまた発生することに備えて、もともとICT教育に力を入れていた同国の学校は、ネットを利用した学習形態であるeラーニングをより充実させたうえで、年一回以上の全校自宅学習日や自宅教育活動を実施してきた。

　さらに2018年からは、教育省の主導で開発され、全国の学校に導入された「生徒学習スペース（Student Learning Space、SLS）」というオンライン学習プラットフォームの活用も進められてきた。シンガポールでは、それまでに長年民間企業による幾つかの有料「学習管理システム（Learning Management System、LMS）」のプラットフォームを全国の学校で使用してきたが、経費の削減と何よりもシステム統括の必要性から、最終的に教育省製のSLSに切り替えた経緯がある。もっとも、校長の裁量権の高さから、とりわけ独立学校を中心に、学校によっては独自に違うシステムを使っている場合もある。

　SLSでもLMSでも、前節で述べた習熟度別学習制度の下では、学力の異なる子どもはそれぞれ自宅あるいは校内の所定場所から自分のペースと力に適した学習プログラム、クイズや宿題などを受けることになり、教員も常に彼らの学習進度をモニターすることができる。

　以上、シンガポールにおけるCOVID-19禍が発生する前のICT教育のあり方を簡単に紹介した。だが、一斉休校をせざるを得ない有事に対する「学校教育のレジリエンス」が強そうなシンガポールでも、COVID-19禍の影響によって課題が幾つか浮かび上がった。

　以下では、教育省が打ち出してきた政策、教育省が運営するオンライン教育ニュースサイト「SCHOOLBAG」、新聞社の報道および筆者のインフォーマントである小学校教員F先生（教職歴20年：教諭5年、学科主任合計9

年、その間教育省本部教材開発課勤務6年）の話を中心に、COVID-19禍がもたらす教育の課題とそれをめぐる学校の動きを整理しておく。

2-1．COVID-19禍に対応した学校運営と学習活動

　シンガポールでは、2020年1月の上旬より中国からの旅行者にCOVID-19感染と疑われる症例が次々と報告され、最初の感染症例が確認された1月23日の前日には、COVID-19禍に関する緊急対応策を担う多省庁タスクフォースがすでに立ち上げられた。副首相を顧問とし、当時の保健相と国家開発相を共同議長とするこのタスクフォースの他のメンバー省庁は情報通信省、通算産業省、環境水資源省（2020年7月より持続可能性・環境省に改名）、全国労働組合会議、教育省、人材開発省、社会・家族開発省および交通省であった。学校運営と学習活動を含む政策は基本的にこの多省庁タスクフォースによって決定される。

図1　2020年度におけるスクールカレンダーの変更

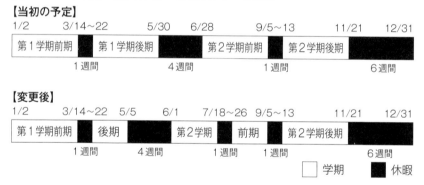

　図1からわかるように、四季のないシンガポールのスクールカレンダーは、本来なら1月から始まり、ひと学期に1週間の休暇をはさんで前後期それぞれ10週間ずつ、休日と長期休みのスクールホリデーが1年間で合わせて約12週間と予定されていた。それがCOVID-19禍の影響でスクールカレンダーが変更され、学期が短縮ないし延長となったり、学期間休暇が前倒しされたり、追加休暇が設けられたりした。なお、各教育段階において、低学年の学期末試験が中止になったり、最終学年の修了試験については時期の延期や

試験問題範囲の変更などの配慮も行われたりした。

　また、COVID-19の感染状況が悪化するとすべての学校が完全な自宅学習になったり、改善すれば分散登校になったり（例えば、重要な卒業修了試験を控えている最終学年だけは毎日の登校が許可され、その他の学年は週ごとの自宅学習と登校を繰り返す）、状況が落ち着いたら全児童生徒の登校が再開されたりしていた。

　以上の措置により、学校の規模、学年、クラスや学校内感染状況などによる差はあるものの、例えば小中学校では例年なら年間登校日数の200日が平均約150日になったという報告もある。ちなみに、2020年度の経験を踏まえて必要な改善が図られたため、2021年度におけるスクールカレンダーは例年通りに戻ったが、COVID-19の感染状況によっては学校における上述の諸措置が柔軟に講じられていた。

2-2.　教職員、部活動顧問および保護者への配慮と支援

　シンガポールでは2020年12月の下旬から医療関係者を皮切りに、空港・港湾関連、公共交通関連など感染リスクの高い職業に就いている者へのCOVID-19ワクチン接種が本格化した。2021年1月下旬からは70歳以上の高齢者のワクチン接種を実施し始め、そして3月の上旬から15万人の教職員を対象とした接種を開始した。このことから、教員が必要不可欠なエッセンシャルサービスを提供する重要な専門職と位置づけられていることがわかる。

　オンライン教育ニュースサイト「SCHOOLBAG」2020年4月28日付の記事にも取り上げられている通り、同年4月8日から5月4日までの最初の全国一斉休校期間が始まる前に、学校はすでに2月から準備を整え始め、児童生徒は事前に教科書と必要な学習資料を自宅に持って帰ることもできた。なお、シンガポールではもともと小学校から教科担任制が採用されていることもあり、さらに前述した「生徒学習スペース」というオンライン学習プラットフォームでは教員同士による意見交換や指導教材の共有などもできるため、仕事負担の軽減につながったと、同記事のインタビューに応じた教員もインフォーマントのF先生も口をそろえて述べた。一斉休校への対応について、17年前のSARS発生当時と今とを比較して、「ワークシートの提供から

授業の提供へ」と評する同記事のタイトルにも頷けよう。

　また先述した通り、シンガポールにおける全国一斉休校は前記の多省庁タスクフォースによる決定であり、どこかの国のように首相「自らの責任で」決断が下されることはない。

　一方、COVID-19禍の影響で学校内外の課外活動が中止ないし大きく制限される中、部活動顧問への雇用面での支援体制も設けられた。シンガポールの学校では、諸々の部活動やサークル活動はExtra-Curricular Activities（ECA）ではなく、つまり学習課程における「エキストラ」の課外活動という位置づけではなく、Co-Curricular Activities（CCA）、すなわち共同カリキュラム活動という名目で、教育の一環として重要な位置を占めている。CCAへの参加は小学校では強く推奨され、中等教育では義務である。そのため、CCAの顧問はその競技や分野のプロが務める場合がほとんどであり、各学校はそれぞれのニーズに合わせて教育省が管理する人材登録バンクからコーチやインストラクターを選考し契約を結ぶことになっている。COVID-19禍の中でCCAが中止や制限されても、これら顧問に対して雇用の保障、契約期間の延長や給料の一部支給が実施されたわけである。

　家庭や保護者に対する学校の支援としては、F先生の話によれば、とりわけ自宅学習期間中において、両親ともエッセンシャルサービスに従事している子どもや自宅にオンライン学習の環境が充分に整っていないという子どもは、少数でありながら、登校して学校で授業を受けることも認められる。さらに、COVID-19発生後の多くの時期においてテレワークが「デフォルト（基本的な状態）」となっているシンガポールでは、在宅勤務の親とパソコンを共有できない子どもやそもそもそれらの機器がない家庭の子どもは、学校から無料でパソコン、タブレットやネット接続機器の貸し出しもできる。「ザ・ストレーツ・タイムズ」2020年4月18日付の記事によると、全国で12,500台のパソコンもしくはタブレットおよび1,200台のネット接続機器が小中高生に貸し出されたという。

　またシム（2019b）にもある通り、学校給食制度のない同国では、低所得層の児童生徒にだけ学校の食堂で食べ物を買うための電子マネーが、全児童生徒用のスマートカードに定期的にチャージされる。COVID-19下では、

これらの子どもは登校できなくても地下鉄駅などでスマートカードのチャージができ、学校外でも食事ができることになっている。

　さらに、シム（2017）でも詳しく説明されているように、シンガポールでは低所得層だけを対象に、児童生徒に月謝の安い補習塾を実施したり、学外教育活動を提供したり、保護者へのサポートを進めたりするなどの事業を展開する半官半民の民族ごとの自助団体もある。COVID-19による影響を緩和すべく、これら自助団体もオンラインの補習塾の導入を通じて児童生徒への学習支援や生活困窮家庭への経済支援を打ち出している。

2-3．浮き彫りになった主な課題

　以上、COVID-19禍をめぐる学校の対応と取り組みを概観してきたが、ICT教育を推し進めてきたシンガポールといえども、以下の課題も残されている。

①家庭間格差

　シム（2019a/b）でも指摘された通り、習熟度別学習を徹底させているシンガポールでは、学力格差はそもそもの前提になっており、そのために特に低学力児童と生徒への学習促進と支援が積極的に行われてきた。

　しかしながら、これまで述べてきたように、ICT教育環境が多くの国より整備されている同国では、デジタルディバイド、つまりICT技術と機器を活用できる者とできない者との間に生じる格差よりも、家庭内での利用環境および保護者による監督とサポートによる格差が大きな課題になっている。このことについてF先生は次のように具体的に語ってくれた。

　「親が家にいない子は学校に来ているので、対面で指導はできますが、

親がいても、例えばベッドの上で寝ながら授業を受けたり、

あるいは姿勢が悪かったりする子がいます。授業では、

画面に顔出しをすることが必須なので、すぐわかります。

そういうときは、直接親に電話をかけて指導してもらいますが、

ただテレワークで忙しい親や無関心な親もいるので、困る場合もあります。

逆に、子どものログインアカウントを使って学習の進捗状況を

チェックする親もいるのにね…あと、可哀そうなことに、

　自分の部屋がなく、リビングやキッチンで授業を受ける子もいますね。
　　勉強が好きでできる子は、オンラインでも対面でも
　どのような環境でも真面目に学習に取り組んでいて、というか、
　　オンライン学習プラットフォームで自分のペースで学べたり
　反復学習したりもできるので、学習効果が逆にアップしますね。
　　一方で、勉強がもともと好きでない子はゲームばかり
　　　やっていたりしているようですね。
COVID-19の影響で学力格差が広がるのではないかと心配しています…」

　F先生による以上の話から、パソコンやネット接続機器などのハードウェアさえあれば、オンライン授業がうまくいくとも限らないことがわかる。

②教員間格差

　先の表3で見た通り、指導のためのICT利用の公的研修を受け、また指導のためのICT利用ができるシンガポール教員の割合は国際的に見ても高い水準にある。そのうえ、オンライン学習プラットフォームを通じて教員同士による意見交換や指導教材の共有もできるものの、F先生が以下に話すように、教員間格差も存在しているようである。

　　「教職課程や研修などでほとんどの教員はICT活用の
　　手法を身につけているので、オンライン授業のための
　Zoomの使い方などは簡単ですが、いかに多彩なオンライン機能を
　　活かして、工夫して子どもを授業の内容に引きつけ、
　　　エンゲージするかは教員によって差が出ますね…」

　F先生の以上の発言から、ハードウェアがあってソフトウェアも用意してあれば、オンライン授業が効果的に行われるとは限らないこともうかがえる。

③学校間格差

　さらに、シンガポールの学校における校長の裁量権が非常に高いことから（表1）、施設設備面の差は小さいものの、校長の対応によっては学校間格差も現れているとF先生は以下のように話す。

「自宅学習期間中に、私の学校では毎朝ブレックファーストセッションと
いうZoomでのクラス交流集会があり、また週に必ず数回は
リアルタイムのZoom授業を行って、子どもたちの様子を観察したり、
落ち込んでいる子や元気のない子がいたらケアをしてあげたりしていますが、
別の学校に勤めている友達の教員の話によると、
その学校ではリアルタイムのZoom授業をまったく行わないそうです…
校長の教育観と実行力によって差はありますね…」

　以上から、学校によってニーズが違う可能性があるとはいえ、子どもに対
する心のケア、すなわちハートウェア（Heartware）のメインテナンスと
改善もかなり異なることがわかる。

3．今後の展望と挑戦

　COVID-19によって、教育は変化に迅速に対応する変革力が社会全体で
求められている。ポジティブに考えれば、さまざまなリスクや不測の事態が
生じうる現代社会において、COVID-19が教育に与えた影響から新たな可
能性を見出すことにもつながる。今後COVID-19の新しい変異株が出現し
ないとも限らず、COVID-19との共生を模索し始めたシンガポールは「学
校教育のレジリエンス」を増強すべく、以下の方針がすでに決まっている。

3-1．自宅学習日の拡大と常設化

　2020年6月25日に当時の教育相オン・イェクン氏は、毎年開催される、
校長と教員を対象とするスクールズ・ワークプランセミナーにおいて「パン
デミックのあるなしに関係なく、月に数回の自宅学習日の実施は学校のルー
ティンになるだろう」というビデオメッセージを送った。自宅学習を通じて、
子どもはより自主性のある自律的学びができ、重要な「生涯学習力」を身に
つけられるというのが最大の理由である。SARS以降、全校自宅学習日や自
宅教育活動が年1回以上実施されてきたシンガポールでは、COVID-19に
よる影響を受けて、その頻度がさらに増加し、質量ともパワーアップしてい

きそうである。

3-2．ブレンディッドラーニングの活用と定着化

　COVID-19以降、シンガポールでよく目にすることになった「ブレンディッドラーニング（Blended Learning）」とは、その名の通り複数の学習スタイルを「ブレンド」しながら学んでいく学習方法である。その目的は端的に言えば、今後の月に数回の自宅学習日を通じて、対面型授業とオンライン授業とを組み合わせ、さらにオンライン学習プラットフォームを活用しつつ、子どもが自由に学習方法や目標を設定でき、自ら学んでいく姿勢を育むことである。ただ、先述したセミナーでオン教育相が強調したように、ブレンディッドラーニングを推し進めていくためには、前節で述べた格差課題を克服することも含め、さらなる「デジタルインクルージョン」を実現していくことは不可欠である。

3-3．eスポーツの導入と実用化

　COVID-19下で、学校における共同カリキュラム活動CCAがなかなか実施できない中、広がりつつあるのがeスポーツの導入であるとF先生は話してくれた。eスポーツの推進を通じて、CCA担当の外部顧問の雇用を保障できるだけでなく、たとえオンラインでも子どもが自らの将来や可能性を発見したり、学校や教室を超えたつながりを持つことによって社会性を鍛えたりする、というCCA本来の目標に達成することができれば、学校におけるeスポーツの展開も新たな挑戦としての位置づけにあるという。

　つまるところ、オン教育相が前記のセミナーで語った言葉を借りれば「ポストCOVID-19では、教育は変わるのではなく、もっと良くなる」という目標が定められているのである。

おわりに－日本が目指すべき方向－

　COVID-19の拡大を受け、日本は文部科学省が推進する「GIGAスクール構想」を大幅に前倒しし、2021年12月現在、ほとんどの初等中等教育機関で端末や設備などのハードウェアの整備が完了しているようである。ちな

みに、「GIGA」とは「Global and Innovation Gateway for All（すべての児童生徒のための世界につながる革新的な扉)」の略である。

　ただ、世界につながる革新的な扉を開くためには、端末の配布とネット環境の整備だけでは不十分であることは、ICT教育の推進に四半世紀以上の歴史を刻んできたシンガポールの取り組みからも明らかである。子どもの意欲を高め、ICTを活かした授業を展開するには、子どもだけでなく教員同士の学び合いをも可能にするオンライン学習プラットフォームの導入と活用、そして何よりも教育の前線に立つ教員自身がICT教育の効果と可能性を信じ、授業、ひいては教育の再設計を目指す使命感を持つことが重要なのである。

　言い換えれば、「GIGAスクール構想」によって整備されたハードウェアが宝の持ち腐れにならないように、学習プラットフォームのコンテンツ、つまりソフトウェアの充実、および教員のモチベーション、すなわちハートウェアの醸成も必須である。そのためには、教員への研修はもちろんのこと、教員同士の相互交流と情報交換の促進を図ることも不可欠となろう。「すべての児童生徒のための世界につながる革新的な扉」を開く前に、まず教員のための世界につながる進歩的な扉を開発することが先決となるはずである。そうすることによって、ICTを駆使できる教員への社会的評価を高めることにもつながると期待されよう。

　さらに、ICT教育推進において世界トップレベルのシンガポールですら、家庭間・教員間・学校間の格差課題が見出されたことを踏まえ、ICT教育の普及に出遅れた日本が、これらの課題にも直面することはもとより、シンガポールにはほとんどない公私立学校間の格差に加え、国土がシンガポールの何倍も広いだけに、地域間格差も解決しなければならない喫緊の課題となろう。そして、それぞれの地域の課題とニーズに応えられるICT教育をより確かなものにしていくためには、シンガポール以上に、日本の学校においても現場の事情を最も把握しているはずの校長の裁量権を拡大することも検討されるべきである。

　シンガポール教育省の本部を訪ねると、「私たちの国の未来を形づくる（Moulding the Future of Our Nation)」という標語が大きく刻まれた石碑が入口に建っている。人間と社会の未来においてリスクがますます多様化、

複雑化、国際化、巨大化することが予測される中、ICTが大きな役割を果たしていくことは間違いない。そうである以上、好むと好まざるとにかかわらず、「学校教育のレジリエンス」を高める意味でも、不測の事態に備えつつ未来を形づくる重要な一翼を担う教育のあり方と価値観の再構築はもはや時を待てない。

引用文献

・OECD（2020）"PISA 2018 Results（Volume V）：Effective Policies, Successful Schools" OECD Publishing: Paris.
・シム チュン・キャット（2009）『シンガポールの教育とメリトクラシーに関する比較社会的研究 ‐ 選抜度の低い学校が果たす教育的・社会的機能と役割』東洋館出版社。
・シム・チュン・キャット（2014）「日本とシンガポールにおける高校教師の仕事の違い」樋田大二郎・苅谷剛彦・堀 健志・大多和直樹 編著『現代高校生の学習と進路 ‐ 高校の「常識」はどう変わってきたか？』学事出版：pp.98-108。
・シム チュン・キャット（2017）「学力格差是正策に向けたシンガポールの取り組み ‐ 民族による方針と課題の違い ‐ 」『比較教育学研究』第54号：pp.161-173。
・シム チュン・キャット（2019a）「シンガポール ‐ 落ちこぼれをつくらない都市国家の教育戦略」ハヤシザキカズヒコ・園山大祐・シム チュン・キャット編『世界のしんどい学校』明石書店：pp.32-47。
・シム チュン・キャット（2019b）「シンガポール ‐ 世界トップレベルの学力を誇るシンガポールのしんどい学校」ハヤシザキカズヒコ・園山大祐・シム チュン・キャット編『世界のしんどい学校』明石書店：pp.144-168。

◆ **第2部　コロナ禍のなかでの世界の教育**

7　ブラジル

対面授業再開までの長い道のり

愛知教育大学教育学部　**二井紀美子**

はじめに

　2020年2月26日、ブラジル国内で新型コロナウイルス（COVID-19）の感染者が初めて確認され、3月17日には国内最初の死亡者が出た。2021年11月末時点で、人口2億1390万のブラジルのCOVID-19の感染者数は2100万人に上り、死亡者数はアメリカ合衆国に次いで世界で二番目に多い61万人に達している。

　「南米のトランプ」とも呼ばれるブラジルのボルソナロ大統領は、COVID-19を「ただの風邪」と軽視する発言や、ロックダウンやマスク着用やワクチン接種といったさまざまな感染対策に対する否定的行動で耳目を集め続けており、日本でも報道される機会が多い。しかし、ブラジルは、連邦、州（26州と1連邦区）、市（ムニシピオ、5570自治体）の3層の行政構造のもとで地方分権を進める連邦共和制国家であり、大統領の行動や発言とは異なり、各州では独自に感染対策基準を設定し、対策を行ってきた。

　ところで、ブラジルはとにかく法律の多い国である。ブラジル教育行政研究所所長でブラジル教育法協会会長（当時）のジョアン・R・M・アルヴェス氏は、ブラジルにはあらゆる分野で過剰なまでの法律を制定する伝統があると指摘し、その多すぎる法に対する憤りを露わにしている[1]。氏によればブラジルの教育に関する法の正確な調査はないけれども、100を超える連邦法があり、27州（連邦区含む）では各州で平均40の州法があり、さらに5570ある市では各市平均20の法律があるとして、合計、11万2000を超える教育法があると推定している。さらに、法律に加えて、法令、決議、審議

書、規範的条例、条例、意見書などがある。2018年の教育省の範囲内だけをみても、教育大臣の名のもとに出された省令は1437、事務局長名で1851、高等教育監督規制局長官名で929、その他基礎教育事務局、高等教育事務局、国立教育研究所等などすべての部局発令のものを合わせると、少なくとも5800もの法規があったという。連邦レベルの教育法規のたった１年分で5800なのだから、いかにブラジルの法規が多いのかが分かるだろう。

　したがって、コロナ禍においてどのような対策をするのかも、連邦レベルの全体の方針を踏まえながら、州や市は独自に数えきれないほどの法令・条例などを発表し対応を進めてきた。本章では、ブラジルの学校教育制度を確認した上で、コロナ禍のなかで政府・州・市・学校はどう取り組んだか、そして特に対面授業の中止や再開をめぐりどのような課題が浮上したのかを見ていく。なお高等教育については取り上げず、中等教育段階までを検討する。

１．ブラジル学校教育制度の特徴

　現行のブラジルの学校教育制度は、保育所（３年：０歳から３歳）、幼稚園（２年：４歳・５歳）、小学校（５年：６歳から10歳）、中学校（４年：11歳から14歳）、高校（３年：15歳から17歳）である[2]。またこれらをすべてまとめて基礎教育（Educação Básica）と呼ぶ。

　実際の在籍者数を見ておこう。2020年の学校基本統計（Censo Escolar 2020-INEP）によると、０歳から３歳の保育所は市立244万人（67％）、私立121万人（33％）、４歳から５歳の幼稚園は市立400万人（77％）、私立112万人（22％）、小学校は市立1008万人（68％）、私立281万人（19％）、州立189万人（13％）と、市立が全体の７割程度を占めている。一方、中学校は市立513万人（43％）、州立494万人（42％）、私立183万人（15％）、高校は州立635万人（84％）、私立93万人（12％）、連邦立23万人（３％）、市立４万人（0.5％）と、年齢が上がるにつれ、州立学校の在籍者が増える。

　ブラジルの義務教育年限は、1961年の法律4013号で初等教育の最初の４年間と定めれられたが、1971年に７歳から14歳までに変更され、2001年に６歳からの９年間に延長された。そして、2009年の憲法修正第59号と

2013年の法律12796号により、4歳から17歳までの14年間の基礎教育が義務付けられた。ブラジルは就学義務の国であり、学校に在籍しないホームスクーリングは認められていない。また、初等教育と中等教育を適正な年齢で（学齢どおりに）修了できなかった人々が初等教育・中等教育を受ける機会も保障されており、そのような学齢超過者のための青年・成人教育（EJA）が公教育の中で無償で提供されている。青年・成人教育は普通課程のおよそ半分の期間で修了できるカリキュラムで昼間コースのほかに夜間コースがあり、遠隔教育を利用した授業など多様な授業形式で、大学の教員養成においても特別支援教育と同様に学生は青年・成人教育を専門で学ぶ。

　教育行政の仕組みも簡単に触れておきたい。教育を担当する機関は、連邦レベルでは教育省（MEC）と国家教育評議会（CNE）であり、州レベルでは州教育局（SEE）、州教育評議会（CEE）、地域教育事務所（DRE）などであり、市レベルでは市教育局（SME）と市教育評議会（CME）である。

　国家教育基本法（LDB、法律第9394号）第8条から第20条で、連邦、州、市の果たすべき役割が規定されている。連邦は、高等教育機関の認証や監督、評価のほか、基礎教育に関しては国家教育計画（PNE）の作成や情報収集、州や市への技術的・財政的支援の提供などの責任を負っている。また、連邦の管理する教育システム（学校ネットワーク）には、全ての学校種の連邦立（国立）の教育機関と私立高等教育機関が含まれる。

　州は、市と協力して、主に初等教育・中等教育に関して、教育政策および教育計画を作成、実行するとともに、学校や課程の承認、認定、監督、評価を行う。優先的に中等教育を提供するが、州立の幼児・初等・高等教育機関もある。州の管理する教育システムには全ての学校種の州立教育機関と私立の初等・中等教育機関と市立の高等教育機関が含まれる。

　市は、幼児教育を提供する。また連邦や州の教育政策および計画と統合した市の教育システムを組織し、優先的に初等教育を提供するが、市立の中等教育や高等教育機関もある。市の管理する教育システムには、市立初等・中等・幼児教育機関と私立幼児教育機関が含まれる。さらに市は、市独自の教育システムを組織するか、州の教育システムと統合するか選択することができる。統合した場合、市立学校は州の教育システムに加入することとなる。

　また、遠隔教育について、ブラジルではコロナ禍以前より積極的に取り組んできた。公権力はすべての段階や種類の教育において、遠隔教育プログラムの開発と提供を奨励するものとされ（LDB第80条）、特に高等教育や中等教育における導入が進められてきた。一方、初等教育においては対面式で行われ、遠隔教育は学習を補完するもの、もしくは緊急事態において使用するものとされている（LDB第32条Ⅳ項４号）。この「緊急事態」がまさにCOVID-19によってもたらされたのであった。

２．ブラジルにおけるCOVID-19に対する中央政府の対応

2-1．保健省および連邦政府の初動対応

　ボルソナロ大統領の感染症を軽視する発言や行動がメディアで報道されるので、ブラジル政府はCOVID-19対策に熱心ではないようなイメージを持っている読者もいるかもしれない。しかし、2019年12月31日に中国湖北省武漢市での肺炎の発生がWHOに通知されてからのブラジル政府の対応は早かった。

　保健省健康監視事務局（SVS/MS）は、2020年１月３日に国内で感染の疑われる症例があったことから、WHO国際保健規則の国家連絡窓口（NFP）をアクティブ化し、リスク評価を経てこの事象は１月10日に監視委員会の対象に含まれた[3]。そして１月22日に、この段階ではブラジル国内での感染者はまだ確認されていなかったが、COVID-19に対して国家として迅速に対応をできるように、保健省はCOVID-19緊急運用センター（COE/COVID-19）を設置した。COVID-19緊急運用センターは公衆衛生上の緊急事態に対応する専門家で構成されており、保健省内の関係部局のほか、汎米保健機構（PAHO/WHO）、国家衛生監督庁、国立エヴァンドロ・シャーガス研究所（IEC）などの代表者が含まれた[4]。１月27日に保健省緊急運用センターは新型コロナウイルスによるヒト感染の国家緊急時対応計画[5]を発表し、１月28日に各州に対して緊急時対応計画を更新するように要請した[6]。この国家緊急時対応計画において、州や市の保健局や公的または民間の医療サービス、企業などがそれぞれ緊急事態対策を立てることや、州の緊

急時対応計画を病院ケアネットワークの組織と連携して作成し公表すること
などが求められた。

　保健省だけでなく、各分野にわたって感染防止対策を協議するために、連
邦政府は1月30日に行政令第10211号により省庁間執行グループ（GEI-
ESPII）を起動させた。GEI-ESPIIは、調整を取り仕切る保健省のほか、大
統領府官房庁、法務省、国防省、農務省、地域開発省、大統領府制度安全保
障局、国家衛生監督庁の各代表者で構成された。

　2020年1月30日のWHOの緊急事態宣言を受け、2月3日にブラジルは
保健省令第188号により公衆衛生上の緊急事態を宣言した。このように保健
省を中心にブラジル政府はCOVID-19に対応するための体制を迅速に整え
ていった。保健省の対応の早さの背景には、ブラジルではデング熱やジカ熱、
シャーガス病など様々な感染症がこれまでも大流行しており、保健省を中心
に感染症拡大予防のための緊急対応をしてきた経験があったからかもしれな
い。

2-2.　教育省の対応

　一方、教育省の動きは、決して早かったとは言いがたいようだ。州や市が
必要としたガイドラインや資金援助の決定は遅く、地方からの批判も多かっ
た[7]。しかし、法整備など着実に取り組んでいった。

　教育省はまず2020年3月11日付教育省令第329号により教育省緊急運用
委員会（COE/MEC）を設立した。教育省の緊急運用委員会は、連邦、州
および連邦区、市が連携して教育分野におけるパンデミックの影響を軽減す
るための施策について議論する組織で、メンバーは教育省、国立教育開発基
金（FNDE）、連邦大学病院ネットワーク（EBSERH）、国立教育研究所
（Inep）、州教育長官による全国教育長官評議会（Consed）、全国の市教育
局の代表で構成される市教育長全国連合会（Undime）、技術職業教育連邦
ネットワーク全国会議（Conif）、全国連邦高等教育機関代表協会
（Andifes）、国家教育評議会（CNE）の担当者で構成された。

　教育省緊急運用委員会の2020年活動報告書によると、教育省は基礎教育
分野に関しては22の活動に取り組んだ。その内容は、緊急時対応のための
法規範整備とガイドラインの作成、デジタル環境整備、デジタル教材開発、

COVID-19対応関連のための資金提供、教員研修など多岐にわたるが、中でも法規定の整備やガイドラインの作成は、2020年3月18日に国家教育評議会がCOVID-19の蔓延予防のためにあらゆる教育段階の教育活動を再編成する必要があると表明した通り、パンデミックの影響を最小限に抑えるために学校が柔軟に対応していく上で欠かせないものであった。法整備をして、1996年の国家教育基本法で定められた最低年間授業日数200日間の義務の免除（暫定法第934号、2020年4月1日付）や、「公的災害」と定められた状況下で採用される例外的な教育基準の確立（法律第14040号、2020年8月18日付）などが行われた。国家教育評議会も、それらの法に則り、意見書を通して、学年暦の再編成と年間の最低授業時間数を守るために非対面の活動を授業時間数に入れて計算することを認め（CNE/CP意見書第4号、2020年4月28日付）、パンデミックの状況の中で対面授業・非対面授業を実施するための教育ガイドライン（CNE/CP意見書第11号、2020年7月7日付）などを示した。

3．パンデミック宣言後、学校はどう取り組んだか
　　―サンパウロ州の場合

3-1．サンパウロ州政府のパンデミック対応

　サンパウロ州では、2020年1月29日付発表のサンパウロ州保健長官決議第13号により、サンパウロ州公衆衛生緊急運用センター（COE-SP）が設立された。緊急運用センターの構成員には、州や市の保健局などの行政担当者のほか、国家衛生監督庁サンパウロ事務所などの連邦機関や、後にCOVID-19ワクチン製造の拠点となるブタンタン研究所や感染症専門のエミリオ・リバス感染症研究病院やサンパウロ大学医学部病院など医療関係からの担当者も含まれていた。州知事は同センターの設立と同時に州内の全645市が共に行動する州緊急時対応計画の作成を発表した[8]。

　州は、2020年3月から続く外出自粛・営業規制を継続しながらも、2020年6月1日から感染警戒レベルに基づく経済再開計画（「サンパウロ計画」）を導入した。サンパウロ計画は、州内17地域における医療機関の収容能力

（ICU病床占有率、人口10万人当たりICU病床数）と感染拡大状況（感染者数、入院者数、死亡者数）のデータを用いて、各地域の感染警戒レベルを5段階（フェーズ）で示し、段階ごとに営業時間などの営業制限を定めたものである。州立学校の対面授業の再開については、サンパウロ計画のフェーズと関連させた。例えば、対面授業の一部実施が認められるようになってからも、対面授業を再開できる学校は、28日間連続でフェーズ3（黄色）と判定された地域の学校でなければならず、さらに教室定員の35％（9年生は20％）まで対面参加者数を制限しなければならないといったルールであった。

3-2.　州教育庁・州立学校のコロナ禍の対応

　サンパウロ州知事が最初に休校措置を発表したのは、2020年3月13日だった。16日から23日までにすべての公立学校の休校を決定し、私立学校にも同様に23日から休校するように要請した[9]。学校閉鎖・再開の基準は、感染状況（感染者数、ベッドの占有率、死者数など）に応じて決められた。学校が閉鎖される3月23日をもって、州立学校の教員は4月（1週間）、7月（2週間）、10月（1週間）の休みを前倒して取得し、学校は4月27日から再開することとなった[10]。3月25日からは対面授業が禁止されている期間に限り、低所得世帯および最低所得世帯の生徒73万人に食料購入費として一人55レアルを支給する「お家でごはん」プログラム（Merenda em Casaプログラム）を実施した。4月3日には、デジタル教育コンテンツの作成や授業のライブ配信などのオンライン教育の拠点としてサンパウロ教育メディアセンターを開設した。4月27日から、同センターを通したオンラインのライブ授業やオンデマンド授業、また州政府は契約したテレビ局（TV Cultura）のデジタルチャンネルでの放送で授業を再開させた。また自宅学習用の数学とポルトガル語の学習教材や漫画、家族向けのガイドブックなどの印刷物のキットを配布した[11]。

　その後も対面授業の禁止が続いたが、州知事は9月8日からようやく定員の35％までに制限した対面授業を許可した。パンデミックの結果として、初等・中等教育の生徒の75％が悲しみや不安、または怒りを感じていることや、教員の55％が感情的・心理的サポートを受けたいという各種調査結

果があったことから、９月には生徒と教員向けの相談対応のためにカウンセラーが1000人雇用された[12]。10月には、生徒50万人と教員25万人に無料インターネットのためのSIMカードを配布した。11月３日からは、中等教育（高校）と青年・成人教育については、通常の対面授業を再開することが許可された。

　2021年の新学期は、開始直前まで先が見えないものであった。なぜならば、対面授業を少しでも進めたい州政府と安全を優先したい教員組合との間で裁判となったからである。サンパウロ州政府は、私立学校は2021年２月１日以降に、州立学校は２月８日に、市立学校は２月15日から、出席生徒数を定員の35％までに制限する条件で対面授業を再開する計画を立てた。州教育局は可能な限り速やかに対面に戻ることを求めていた。長期にわたる在宅学習で、子どもたちの発達を心配する声も世論として浮上していたからである。一方、教員組合は、従来から健康上の不安からワクチン接種が終わるまでは対面授業はできないと主張していた。2021年１月下旬のサンパウロの新規感染者数は連日１万人を超え、１日当たりの死亡者も300人以上と増加傾向にあり、なおかつワクチン接種は進んでいなかったからである。

　そこで、2021年度新学期の対面授業復帰を決めた州政府に対し、公立学校教員組合はこの学校再開計画の差し止めを求めて裁判を起こした。裁判の結果、新学期開始予定日直前の１月28日にサンパウロ州地裁が州内の学校の対面授業再開を差し止める決定を下した。少なくとも教職員へのワクチン接種が終わるまでは対面授業を待つようにという理由であった。ところが、その翌１月29日に今度はサンパウロ州政府が控訴した結果、前日の決定が覆され、当初の予定通りに対面授業が再開される運びとなった。最終的に、新学期は、生徒の入れ替わり制で、定員の35％までしか対面授業では受け入れることはできない条件で、全ての教育段階で対面授業が許可された。

　しかしその後再びパンデミックが広がり、３月15日にサンパウロ計画の中で最も厳しい緊急フェーズに突入し、州立学校では、再び対面授業は中止となった。学校は、低所得世帯の生徒たちに給食を提供し、デジタル教材を利用できない生徒のための印刷資料を配布するためだけに開かれた。緊急フェーズは４月19日まで延長されたが、その後は感染状況が改善されたこと

から、定員の35％までという条件で再び対面授業が許可された。8月には、生徒間の最小距離を1.5メートルから1メートルに短縮した。さらに10月18日からは州立学校で定員通りの100％対面授業が義務化された。さらに11月3日からは生徒間の距離を維持するルールもなくなっている。

3-3. 教師と生徒はどう過ごしたのか

対面授業が中止されていた間、子どもたちは家にいて、勉強、テレビ、ゲーム、SNSなどをしてすごすことが多かったようだ[13]。治安の問題から、ブラジルでは通常でも子供だけで遊びに出かけることはあまりない。サンパウロに住む教育関係の仕事に就く筆者の友人は特に他の子どもとほとんど交わることがないまま1年を過ごしてきた幼児の発達への影響を心配していた。一方、高校生になると、コロナ禍で失業した親の代わりに働き始めねばならなくなった生徒もおり、このような生徒たちが中途退学の危機にあることがニュースになった[14]。また、州政府が州立学校の生徒たちの学習評価を行ったところ、2021年時点の10歳の生徒は8歳の時よりも成績が悪くなっており、初等教育の初期にパンデミックで算数の学習が失われた場合、取り戻すのに11年かかると推定された[15]。

コロナ禍で大きな負担を背負わされたのは生徒だけでなく、教師も同様であった。新しい遠隔教育を使った働き方に適応しなければならず、戸惑いや負担を感じた教員の話は筆者が電話インタビューをした教員に共通するものであった。

4. COVID-19が浮き彫りにしたこと

4-1. 長期の学校閉鎖にみる地域差

ブラジルの学年暦は、通常は2月に始まり12月に終わるところが多いが学校によって差がある。国立教育研究所（INEP）が2021年2月から5月にかけて学校基本調査の補足として全国の基礎教育段階の公立・私立学校を対象に実施したパンデミックへの対応調査の結果[16]によると、2020年の新学期の開始月は、1月が公立学校10％、私立学校36％、2月が公立78％で私立62％、3月公立10％で私立1％、4月以降が公立1％で私立は0.1％であ

った。そして2020年3月から全国の学校は休校となった。

　OECD調査によると、ブラジルは2020年に最も長期にわたり学校を閉鎖して対面授業を停止した国であり、対面授業の完全停止日数はOECD平均では幼稚園44日、小学校59日、中学校65日、高校70日であったのに対し、ブラジルはすべての学校種で178日間であった[17]。

　先のINEPの調査では、対面授業停止日数は、公立（連邦・州・市立）学校で287日であったのに対し、私立学校は248日と、私立学校のほうが1ヶ月以上も短かった。また、2020年度内に対面授業に戻らなかった学校は、連邦立98.4％、州立85.9％、市立97.5％、私立70.9％と、公立よりも私立の方が少なかった。さらに、この学校閉鎖中に非対面式授業を実施した期間は、公立学校で244日、私立学校で232日であった。

　その後2021年は対面授業を再開した州と、対面授業と遠隔授業のハイブリッド型を貫く州や対面授業を一部の生徒にしか許可していない州などさまざまである。また、生徒同士の距離をあけるなどのルールを順守するためには一部遠隔授業を継続せざるを得ない学校もあり、同じ州立学校でも差がみられた。

　2021年10月14日に報道された現地ニュースG1の調べによると、全ての生徒にすでに対面授業を承認している州が9州、対面授業の再開日を決定している州が4州、今後ハイブリッド型授業を継続する州が11州、5年生・9年生・高校3年生だけに対面授業を認めたり、高校3年生と青年・成人教育課程の生徒だけに認めるといった一部の生徒のみに対面授業の復帰を承認する州が2州となっている[18]。

　また対面授業を全面的に再開すると州政府が決めても、実行できない学校もある。例えばサンパウロ州では、州全体で対面授業に戻ると決められたのにも関わらず、一部の学校は遠隔授業を継続しなければならなかった。次節で述べる教室の広さの問題もあったが、他にも学校清掃の請負企業の人員不足により、清掃が不十分で州の衛生プロトコルで求められる基準を満たさないからという理由もあった[19]。

4-2. 学校施設の格差－公立と私立の違い明確に

　サンパウロ州の場合、学校施設が授業再開に必要な衛生基準を満たせるか

否かで、公立と私立との差が浮き彫りとなった。サンパウロ州は2021年の第2学期について、10月18日から対面授業を定員100％でつまり全生徒に対して行うことを必須とした。しかし、学校の衛生基準では机と机の間を1メートル空けなければならなかったため、教室が狭くて屋外スペースにも余裕の無い州立学校の76％で完全対面授業の再開は見送られ、人数を制限したローテーション型の授業をせざるを得なかった。一方、私立学校は、教室面積が広くて、間隔を空けるという衛生基準を満たすことができたところが多く、対面授業への早期復帰が進んだ。学校施設の違いが対面授業への復帰に直結しただけに、コロナ禍において公立学校と私立学校の教育の差がさらに大きく開くと懸念されている[20]。

　ブラジルでは、これまでも公立と私立の教育格差が大きな問題とされてきた。それが明確に表れているとされるのが、公立大学（特に名門大学と言われる大学）の公立高校出身者の少なさであり、2012年にはついにすべての公立大学に公立学校出身者のための特別枠を設ける法律第12711号が制定された[21]。しかし、いまだに基礎教育における公立と私立の格差は大きくは改善されていない。そこにこのコロナ禍である。高い授業料を支払うことのできる私学在籍者の家庭と、給食の補助を受ける低所得世帯の公立校在籍者の家庭では、デジタルデバイスや通信網といったデジタル教育環境も大きく異なる。どれだけ優れたデジタル教育コンテンツを州が用意してもそれを利用できなければ意味を持たない。

　さらに視点を全国レベルに向けると、公立・私立以外の格差も存在する。調査機関Datafolhaが2021年8月から9月にかけて全国の公立学校の生徒1846人を対象に行った調査[22]は、人種間・地域間格差を浮き彫りにした。同調査によると2021年9月時点で白人生徒の72％は対面授業が再開しているが、黒人生徒は61％だけであった。経済的な指標で比べると、社会経済的地位の高いグループの73％は対面授業が再開し、低いグループはわずか41％であった。さらに、ブラジル全体を5つの地域に分けて比べてみると、白人率の高い南部では90％が対面授業に復帰していたが、黒人率の高い北東部では40％しか復帰できていなかった。また、小都市の遅れも目立った。人口50万人以上の市では72％が対面授業に戻ったが、人口5万人未満の市

では55％に過ぎなかった。このように、パンデミックによる対面授業の中止と再開は、ブラジル国内の公立・私立の差、人種の差、地域の差、そしてすべての根源的な格差として貧富の差を浮き彫りにした。

4-3. 教師はエッセンシャルワーカーか？

　ブラジルでは、大統領も署名した法律第13979号（2020年2月6日付）でエッセンシャルワーカーを定義したが、教員はその中に含まれなかった。COVID-19のワクチン接種が現実となってくると、リベイロ教育大臣や政府のもとには、様々な関係団体から、学校関係者へのワクチンの優先接種を求めて正式な要請が集まった[23]。リベイロ教育大臣も、基礎教育（特に初等教育1～2年生に重点を置いて）の教員、専門家、生徒をワクチン接種の優先グループに含めるように、2020年10月21日付で大統領府官房庁に公式書簡で要請した[24]。その結果、12月16日に発表された最初の全国ワクチン接種計画では、優先グループに教師が含まれた[25]。2021年2月15日の全国ワクチン接種計画第5版では、全部で27ある優先グループの19番目に基礎教育の教職員が、20番目に高等教育の教職員がリストアップされた。ただし、同じ基礎教育の教員でも学校段階によって優先順位は異なり、優先順位の高い方から、保育所、幼稚園、初等教育、中等教育、職業教育、青年・成人教育の順番とされた。しかし、実際のワクチン接種の優先ルールについては州や市によって異なる。例えば、サンパウロ州では、2021年4月12日から47歳以上の教育専門家（教員、学校長など）の、中でも基礎教育の専門家を優先して摂取することとなった[26]。なぜ47歳以上としたのか理由は分からなかったが、職業と年齢の2要素で優先順位が決まっている点がユニークであった。また、サンタカタリーナ州では、0歳から3歳を担当する保育士よりも特別支援教育で働く教員やアシスタントを最優先にする、初等教育の教員も担当する学年で優先順位を変えるなどのルールが、州保健局と州内の市教育長連合会、私立学校協会などの合同協議の上で決められた[27]。

　このように、ブラジルでは教師がエッセンシャルワーカーの定義には含まれないものの、ワクチンの優先接種が認められた。そして、同じ教員の中でも優先順位がつけられたのだが、その基準も地域によって違っていた。

おわりに―ブラジルから得られる示唆

　ブラジルは、パンデミックをなんとか忌避すべく、早期から対策を取ってきた。しかし、パンデミックは拡大し、2020年3月16日から9月24日までの間に、6歳以下の子どもの少なくとも1万2211人が両親のどちらかをCOVID-19により失った[28]。長期にわたる対面授業の中止は、子どもたちの発達にどのような影響を与えるのか。COVID-19によって家族を失い、親の仕事を失った子どもたちをどう社会は支えていけるのか。

　確かに行政の取り組みはまだ足りないことも多いだろう。遠隔授業のためにした取り組みでも、実際にはSIMカードを配布されても使えるデバイスがない、使えるデバイスがあっても1台しかないので兄弟が同時に授業を受けることができない、配布されたSIMカードでは動画もまともに見られない、そんな声を現地の友人からも耳にした。

　ただ、ブラジルの行政が情報を積極的に開示する姿勢は評価できるのではないだろうか。冒頭に述べた通り、ブラジルは法規範の多い国であり、コロナ禍においても多くの法的文書が発表されたのだが、その法的文書の多くは、インターネット上で公開されており、誰でも見ることができる。いつどこでどのような決定がなされたのかが、文書として公式に保存され容易に利用できる形で開示されていることの意義は大きい。また感染状況やワクチンなどの最新情報はもちろん、現時点での学校情報や国が行った学校のCOVID-19の影響調査などの情報もWeb上で誰でも見やすい形で提示されている。さらに、フェイクニュースに騙されないように、行政が情報を検証してSNSで注意喚起をしている[29]。正しい情報をいち早く入手し、それぞれの人がそれぞれの立場で自由に意見を言うことのできる社会、それこそが未曽有の危機に立ち向かう最大の武器なのかもしれない。

【注】URLはすべて2021年12月3日最終確認

1　Alves, J. R. M. (2018) A "fúria legislativa" brasileira e seus reflexos na educação. *Carta Mensal Educacional*. Publicação mensal do Instituto de Pesquisas e Administração da Educação. ano 25 -n° 220.

2　ブラジルでは実際には小学校と中学校をまとめて初等教育（Ensino Fundamental）と呼び、前期（anos iniciais：第1学年から第5学年）と、後期（anos finais：第6学年から第9学年）に分けている。なお、Ensino Fundamentalは「基礎教育」と訳されることもあるが、保・幼・小・中・高全体を指すEducação Básica（基礎教育）と混同してしまうため、本稿では「初等教育」と訳す。

3　Croda, J. H. R.,& Garcia, L. P. (2021) Resposta imediata da Vigilância em Saúde à epidemia da COVID-19. *Epidemiologia e Serviços de Saúde* 29 (1), e2020002. <https://doi.org/10.5123/S1679-49742020000100021>

4　Governo do Brasil (2020) Governo brasileiro poderá responder de forma unificada e imediata à possível entrada do coronavírus no país. 2020-01-23. <https://www.gov.br/pt-br/noticias/saude-e-vigilancia-sanitaria/2020/01/governo-brasileiro-podera-responder-de-forma-unificada-e-imediata-a-possivel-entrada-do-coronavirus-no-pais>

5　Centro de Operações de Emergências em Saúde Pública (COE-COVID-19) (2020) Plano de Contingência Nacional para Infecção Humana pelo novo Coronavírus COVID-19. <https://portalarquivos2.saude.gov.br/images/pdf/2020/fevereiro/13/plano-contingencia-coronavirus-COVID19.pdf>

6　Governo do Brasil (2020) Brasil monitora situação do coronavírus; não há casos confirmados no país. 2020-01-28. <https://www.gov.br/pt-br/noticias/saude-e-vigilancia-sanitaria/2020/01/brasil-monitora-situacao-do-coronavirus-nao-ha-casos-confirmados-no-pais>

7　Saldanã, P. (2020) Weintraub acumula polêmicas, e MEC segue ausente nas ações relacionadas ao coronavírus. *Folha de São Paulo*, 2020-05-28. <https://www1.folha.uol.com.br/educacao/2020/05/weintraub-acumula-polemicas-e-mec-segue-ausente-nas-acoes-relacionadas-ao-coronavirus.shtml>

8　Governo do Estado de São Paulo (2020) Governo de SP apresenta plano de ação para coronavírus. 2020-01-31. <https://www.saopaulo.sp.gov.br/spnoticias/governo-de-sp-apresenta-plano-de-acao-para-coronavirus/>

9　Munhoz, F. (2020) Aulas serão suspensas em escolas estaduais e municipais de SP por coronavírus. *Folha de São Paulo*, 2020-03-13.<https://agora.folha.uol.com.br/sao-paulo/2020/03/escolas-de-sao-paulo-terao-aulas-suspensas-por-conta-do-coronavirus.shtml>

10　Governo do Estado de São Paulo (2021) Saiba quais as medidas do

Governo de SP para o combate ao coronavírus. 2021-07-21. <https://www.saopaulo.sp.gov.br/spnoticias/saiba-quais-as-medidas-do-governo-de-sp-para-o-combate-ao-coronavirus-2/>

11 Governo do Estado de São Paulo（2020）Governo de SP entrega 3,5 milhões de kits com material para período de aulas em casa. 2020-04-16. <https://www.saopaulo.sp.gov.br/ultimas-noticias/entrega-kits-com-material-periodo-aulas-em-casa/>

12 Governo do Estado de São Paulo（2020）Governo de SP contrata psicólogos para atender professores e estudantes. 2020-09-02.<https://www.saopaulo.sp.gov.br/noticias-coronavirus/governo-de-sp-contrata-psicologos-para-atender-professores-e-estudantes/>

13 例えばパラー州の6年生のある生徒の一日については、田村徳子「コロナ禍におけるブラジルの学校教育」『日本比較教育学研究』62号、2021年、123-125ページ参照。

14 Lüder, A. & Ritto, C.（2021）Estudantes de SP que começaram a trabalhar durante a pandemia não conseguem voltar à escola. *G1*, 2021-11-07. <https://g1.globo.com/sp/sao-paulo/noticia/2021/11/07/estudantes-de-sp-que-comecaram-a-trabalhar-durante-a-pandemia-nao-conseguem-voltar-a-escola.ghtml>

15 Prado, C.（2021）O impacto da pandemia nos profissionais de educação. *Fundação 1° de Maio*, 2021-08-06. <https://www.fundacao1demaio.org.br/artigo/o-impacto-da-pandemia-nos-profissionais-de-educacao/>

16 Instituto Nacional de Estudos e Pesquisas Educacionais Anísio Teixeira（2021）*Resultados do Questionário Resposta Educacional à Pandemia de Covid-19 no Brasil.* <https://download.inep.gov.br/censo_escolar/resultados/2020/apresentacao_pesquisa_covid19_censo_escolar_2020.pdf>

17 OECD（2021）*The State of Global Education:18 Months into the Pandemic.* OECD Publishing,Paris, p.40. <https://doi.org/10.1787/1a23bb23-en 4>

18 G1（2021）Nove estados liberam retorno das aulas presenciais para todos os alunos; veja situação pelo país. *G1*, 2021-10-14. <https://g1.globo.com/educacao/volta-as-aulas/noticia/2021/10/14/estados-liberam-retorno-das-aulas-presenciais-para-todos-os-alunos-veja-situacao-pelo-pais.ghtml>

19 Bom Dia SP（2021）Escolas estaduais de SP e Guarulhos estão fechadas por falta de limpeza na semana do retorno presencial obrigatório dos alunos. *G1*, 2021-10-22. <https://g1.globo.com/sp/sao-paulo/noticia/2021/10/22/escolas-estaduais-de-sp-e-guarulhos-estao-fechadas-por-falta-de-limpeza-na-semana-do-retorno-presencial-obrigatorio-dos-alunos.ghtml>

20 Palhares, I.（2021）Alunos negros e pobres são os mais afetados com

escolas que ainda não reabriram. *Folha de São Paulo*, 2021-10-21. <https://www1.folha.uol.com.br/educacao/2021/10/retorno-obrigatorio-das-aulas-presenciais-em-sp-reforca-disparidades-entre-redes-publica-e-privada.shtml>

21 山口 アンナ 真美「ブラジルの公立大学における"クォータ制"の導入に関する一考察」『国際教育』19号、日本国際教育学会、2013年、91-101ページ。

22 注20と同じ。

23 例えば、2020年9月16日に市教育長全国連合会（Undime）は教育大臣に学校コミュニティのワクチン優先接種を要請した（Undimeホームページ記事<http://undime.org.br/noticia/16-09-2020-15-08-undime-solicita-ao-mec-que-comunidade-escolar-seja-prioridade-na-vacina-da-covid-19>。さらに具体的な優先接種スケジュールが立たない中、対面授業再開を前に2021年2月4日にも、全国カトリック教育協会（Anec）やブラジル大学学長評議会（Crub）などいくつもの教育関係団体が政府に公式書簡を送り教師のワクチン優先接種を要請した（コヘイオブラジリエンセ新聞報道<https://www.correiobraziliense.com.br/euestudante/educacao-basica/2021/02/4907602-vacina-ministro-da-saude-estuda-por-professores-na-lista-de-prioridade.html>）。

24 Ministério da Educação（2021）Profissionais de Educação estão no grupo prioritário de vacinação contra a COVID-19 . 2021-03-04. <https://www.gov.br/mec/pt-br/assuntos/noticias/profissionais-de-educacao-estao-no-grupo-prioritario-de-vacinacao-contra-a-covid-19>

25 Ministério da Saúde（2020）Plano Nacional de Operacionalização da Vacinação contra a COVID-19. 2020-12-16. <https://sbim.org.br/images/files/notas-tecnicas/1-edicao-plano-operacionalizacao-vacinacao-covid19.pdf>

26 Machado, L., & Figueiredo, P.（2021）SP anuncia vacinação contra Covid-19 de professores e policiais a partir de abril. *G1*, 2021-03-24. <https://g1.globo.com/sp/sao-paulo/noticia/2021/03/24/sp-anuncia-vacinacao-contra-COVID-19-de-professores-e-policiais.ghtml>

27 Governo do Estado de Santa Catarina（2021）Vacinação dos profissionais da Educação: tudo o que você precisa saber. 2021-05-25. <https://www.sc.gov.br/noticias/temas/educacao-noticias/vacinacao-dos-profissionais-da-educacao-tudo-o-que-voce-precisa-saber>

28 Campos, A. C.（2021）Covid-19 deixou 12 mil órfãos de até 6 anos no país, mostram cartórios. *Agência Brasil*, 2021-10-19. <https://agenciabrasil.ebc.com.br/saude/noticia/2021-10/covid-19-deixou-12-mil-orfaos-de-ate-6-anos-no-pais-mostram-cartorios>

29 サンパウロ州政府の「Sem fake news（フェイクニュースなし）」<https://www.saopaulo.sp.gov.br/coronavirus/sem-fake-news/>や、保健省「Fake News（フェイクニュース）」<https://antigo.saude.gov.br/fakenews/>など。

◆第2部　コロナ禍のなかでの世界の教育

8　日本

コロナ禍で明らかとなった 教育制度の特質

大阪大学大学院人間科学研究科　**中丸和**

1．日本の義務教育制度及び感染症対策に関わる制度

　本章では、日本の教育行政における新型コロナウイルス感染症への対応について述べていく。具体的には主に文科省通知や新聞報道等を手がかりに時系列に整理し、その特徴について明らかにする。そのために、まず本節においては日本における対応の特徴を検討する前提として、日本の義務教育や感染症対策に関わる基本的な法制度を確認していこう。

　日本では、小・中学校、義務教育学校前・後期課程、特別支援学校小・中学部にあたる6歳から15歳の子が義務教育の対象であり、就学義務を親に課している。また、義務教育における修了の認定や評価については、学校教育法施行規則第57条で「各学年の課程の修了又は卒業を認めるに当たっては、児童の平素の成績を評価して、これを定めなければならない。」と規定されているように、制度上は課程主義をとっている。しかしながら、実際には原級留置はほとんど行われないなど、一定の年齢に達すれば自動的に義務教育は終了とみなされる年齢主義や、所定の教育課程をその能力に応じて、一定年限の間、履修すればよいとする履修主義がとられている[1]。学校への「出席」を基本としており、ホームエデュケーションは認められていない。

　また、都道府県及び市町村教育委員会は、学校運営についての広い権限や裁量をもつが、国による指導・助言・援助や一定の条件下での是正要求及び指示を受けうる[2]。なお、感染症を含む学校保健に関する諸法令については、中嶋（2020）[3]が詳しい。学校保健に関わる基本的法令として、学校保健安全法が存在する。学校保健安全法第20条において学校の全部又は一部の臨

時休業を行う権限は学校設置者にあるとされており、市町村立の公立学校では、基本的に市町村教育委員会が自らの判断で学校を臨時休業する権限がある。一方で、学校における感染症対策に影響を与えうる法律として2012年に制定された新型インフルエンザ等対策特別措置法がある。そこでは対策は都道府県単位で行われるため、国が市町村に対して直接に特定の措置を要請することはなく、都道府県本部長による区域内の市町村に対する総合調整及び指示を通じて必要な措置を実施する仕組み[4]となっている。このように感染症対策としての学校の休業等は地方の教育委員会に裁量権が認められている。加えて、地方教育行政の組織及び運営に関する法律57条や学校保健安全法施行令５条では教育委員会と保健・衛生管理の専門機関たる保健所との連携について定められており、学校保健・衛生管理に関しては保健所の協力や助言を得ることが重要となっている[5]。

２．コロナ禍の教育にどう取り組んだか

2-1．コロナ禍の教育に対する対応の変遷

　続いて、コロナ禍における教育に対し日本の教育行政や学校現場はどのような対応をしてきたのかを概観したい。日本における対応として、最も議論を呼び、また実際に子どもたちや子どものいる家庭等に最も影響を与えたといえるものは全国一斉休校だろう。ここでは教育、特に義務教育段階の学校教育におけるコロナ禍への対応について、①一斉休校前、②一斉休校中、③学校再開後の３つの時期に分けて、その変遷を示す。

①一斉休校前の対応

　全国一斉休校に関する要請が2020年２月28日になされる前の教育行政の対応として、文科省の通知文書を参考にすると主に２つの通知が出されている。まず、日本国内でも数名から十数名の感染者が発生し始めていた中、2020年２月18日付で文科省は、「児童生徒等に新型コロナウイルス感染症が発生した場合の対応について」という通知を出した。これは、児童生徒等に新型コロナウイルス感染症が発生した場合の「当面の間の対応についてま

とめたもの」とされ、発生情報の学校との共有の必要性や出席停止の措置及び臨時休業の判断方法、地域住民や保護者への情報提供の必要性について提示されている。出席停止の措置及び臨時休業の判断については、学校保健安全法等を参考に、感染が確認された児童生徒の校長による出席停止措置をとること、都道府県等が必要であると判断した場合は学校設置者に対して臨時休業を要請できること、その要請がなくとも学校設置者は必要な臨時休業措置を実施可能なことが確認されている。また、臨時休業を実施する場合は「休業等に伴う学習面への影響等を十分に考慮し、必要に応じて都道府県等と相談の上、判断することが重要である」ことが強調されていた[6]。続く2020年2月25日には「児童生徒等に新型コロナウイルス感染症が発生した場合の対応について（第二報）」が通知され、第一報の内容に加えて、濃厚接触者となった児童生徒も出席停止措置をとることや教職員の感染対策、臨時休業や出席停止の指示等を行う場合の配慮事項について提示されている。臨時休業や出席停止の指示等を行う場合の配慮事項には、次のようなことも示されている。

　　臨時休業や出席停止の指示等の判断を行うに当たっては、臨時休業・出席停止等の期間中の児童生徒等の監督者の確保や、給食のキャンセルに係る対応等の保護者の追加的な負担等に留意し、都道府県等の衛生部局ほか首長部局とも十分に相談の上、臨時休業や出席停止等の規模や期間等も含め、保護者の負担を極力軽減できるような方法を検討すること[7]。

　以上のように、全国一斉休校の要請が首相よりなされる以前では、学校に感染者が出ていない場合の積極的な臨時休業措置も可能とされつつも、休業等に伴う子どもの学習への影響や保護者の負担を考慮してその規模や期間は極力小さい・短いものであることが求められている。加えて、臨時休業については主として学校設置者が判断するという原則が確認されており、その上で、判断を行う際には必要に応じて都道府県等の衛生部局や首長部局との相談が必要であるとされていた。しかしながら、第二報の通知が出された 3 日後には、第二報までの法律に基づく出席停止及び学校の臨時休業の措置に関

する方針を無視した、超法規的な全国一斉休校の要請がなされることになるのである。

②一斉休校中の対応

　2020年2月27日、新型コロナウイルス感染症対策本部において安倍首相より3月2日から春休みまで小学校、中学校、高等学校及び特別支援学校における全国一斉の臨時休業を要請する方針が示された。これを受け、2月28日には文科省より春季休業開始日までの休校を求める通知が出された。この要請及び通知をきっかけに各地の学校では休校の準備がなされ、3月4日時点では全国の約99%の学校[8]が休校状態となった。この首相による全国一斉休校要請に関しては、その法的根拠や感染症対策としての合理的正当性のなさ[9]が指摘されており、多くの批判が根強く存在している。また、感染者数の地域ごとのばらつきが大きく、当時感染者数がゼロの地域も存在していた中での、突如とした首相による全国一斉休校要請は、前項でみたような法制度をもとにした感染症対策の方針を大きく転換させるものであった。本来であれば、地域や学校ごとの感染状況に応じて各学校設置者が保健所等の専門機関と相談し対応を検討するという原則を首相の一斉休校要請は「台無し」[10]にしたのである。実際に、一斉休校が感染拡大を抑制したとする結果は得られなかったとする研究[11]も存在する一方で、急遽休校対応を迫られた学校現場には不要な混乱をもたらした。

　3月2日からの休校要請によって多くの学校が休校となった後、春季休業終了とともに再開された学校もあった。しかしながら、4月7日から一部地域に、そして4月16日からは全国に緊急事態宣言が出されたことを受け、再度休校となる学校も多く出た。4月10日時点では約4割の学校が新学期を開始していた[12]にもかかわらず、全国へ緊急事態宣言が出された後の4月22日時点では、約95%が休校[13]状態であった。このように、3月からの休校と学校再開、その後のさらなる休校とこの時期の学校現場では特に混乱した状況となっていたことが伺える。

　休校中は、子どもたちの健康状態や学習習慣の乱れ、「学習の遅れ」などを懸念する声が広がり、各学校はその対応に追われることとなった。日本で

は学校教育におけるICTの活用状況が芳しくない[14]こともあり、多くは教科書や紙の教材を活用した課題が学校から子どもたちへ課され、学習動画の活用や同時双方向型オンライン指導は過半数以上の学校では行われなかった[15]。また、各学校や家庭・児童生徒の実態を踏まえた積極的なICTの活用や児童生徒による学習状況の違いに対応した学習の支援、指導計画等を踏まえた適切な教材等の提供が課題であったと学校設置者には感じられていた[16]。このように、休校中のICTの活用が課題であったと感じられていた一方で、文科省は休校中の学習をサポートするために、3月2日に「子供の学び応援サイト[17]」を公開した。これは、家庭でできるオンライン学習コンテンツを集約したもので、学年ごとや教科ごと、教科書出版社ごとなどで整理されたページとなっている。コンテンツには、印刷して使用できる学習用ドリルのほか、学習の補助となる動画などがあり、基本的に無料でアクセスできる。これまで各学校や教育委員会に動画などのオンライン学習コンテンツが蓄積されてきたわけではないため、休校を受けて積極的に作成に乗り出した教育委員会による動画が少しずつアップされていったほかは、民間企業や教員養成大学によって作成されたコンテンツがほとんどであった。以上のように休校により子どもたちの学びの保障のための場が学校から家庭へと移されることによって、家庭の社会経済的状況による子どもの教育機会の差が生まれた。さらに、休校中の対応には地域差・学校差も見られ[18]、平時以上に子どもたちの生まれた家庭や地域による教育格差の拡大が生じた可能性がある[19]。

　休校期間中は「学習の遅れ」への対処に加えて、「子どもの居場所の確保」も問題となった。出勤を要されるとも要されないともかかわらず、保護者の仕事中に子どもを保護する大人が不在になってしまうという問題や、たとえ保護者が子どもと過ごせる環境となったとしても昼食の準備の必要性が生じるなど保護者への負担の過重などが課題となったのである。「子どもの居場所の確保」のために、文科省は学校の一斉休校を要請する一方で、令和2年2月27日付で厚労省からは放課後児童クラブについては感染の予防に留意した上で原則として開所し、開所時間については、長期休暇などにおける開所時間に準じた取扱いとする[20]対応が要請された。そのため、例えば放課後児童クラブでの児童受け入れを行った福岡市では、臨時休校が決まった2月

28日以降、新たに約1千人が入会した[21]という。このような放課後児童クラブなどの子どもの居場所ニーズの高まりに対し、文科省は人的体制の確保のために教職員が放課後児童クラブ等の業務に関わることが業務負担を考慮することは必要であるものの可能であることや、密を避けたスペースの確保のために教室等の学校施設の活用を推進する必要性を示した[22]。また、学校においても子どもの居場所の確保に関する取り組みが、保護者が仕事を休むことが困難な児童生徒等を対象に、教室などを活用して多く実施されていた[23]。日中の子どもの居場所としての学校が休業になったことで、子どもが日中過ごす場所に加えて昼食をどのように確保・提供するかも問題であった。というのも、休校によって学校給食が休止され、基本的に家庭で子どもの昼食の準備をしなくてはならなかったのである。文科省は休校中の学校給食費の保護者への返還等を行なって保護者の負担にならないように求めた[24]ものの、給食が唯一のしっかりとした食事となっていた子どもなどにとっては給食の提供がされないことは大きな問題となり、また家庭で昼食準備をするということ自体が保護者たちの負担となった。一部自治体では、教職員が児童生徒の自宅に弁当を配達したり、居場所提供として登校した児童生徒に向けて昼食を提供したりする対応がとられた[25]。以上のように、休校によって子どもの居場所不足や昼食提供による家庭の負担増という課題が生じ、それへの対応が求められた。これは裏を返せば、学校が学習という側面のみならず、子どもたちへの食事提供という福祉的機能や「託児所」としての機能においていかに大きな役割を果たしていたのかが明らかになったと言える。

③学校再開後の対応

　全国に緊急事態宣言が出された後の4月22日時点では多くの学校が休校状態となっていたが、その後地域によっては徐々に分散登校の実施や全面的な学校再開が行われていった。5月26日には緊急事態宣言の全面解除がなされ、ほとんどの学校が再開している状況となった。具体的には6月1日時点では約98%の学校が再開しており、その内約30%が分散登校、約20%が短縮授業を行なっていた[26]。休校期間中、子どもの学習保障や健康管理のための対応に追われた学校であったが、学校再開後も「学習の遅れ」を取り戻

すための対応に迫られていた。文部科学省の調査では、公立学校の設置者の約95％が夏季休業期間を短縮する予定であると回答[27]しており、休校による不足分の授業時数確保が目指されていたことがわかる。また文科省は、「登校日の設定、分散登校の実施、時間割編成の工夫、長期休業期間の見直し、土曜日の活用、学校行事の重点化や準備時間の縮減等により、学校における指導を充実」させてもなお、当初予定していた指導を今年度中に終了できない場合の特例的な対応として、「教育課程の編成見直し」と「学びの重点化」による学習の保障を提案した[28]。「教育課程の編成見直し」とは、令和3年度又は令和4年度までの教育課程を見通して検討を行い、学習指導要領において指導する学年が規定されている内容を含め、次学年又は次々学年に移して教育課程を編成するものである。また、「学びの重点化」は、授業を協働学習など学校でしかできない学習活動に重点化し、限られた授業時数の中で効果的に指導を行おうとするものである。日本では、学校教育法施行規則第51条及び別表第1、学校教育法施行規則第73条及び別表第2において、小中学校の標準授業時数が定められている。この授業時数を下回ることについては、下回ったことのみで上記規則に反するものとなるわけではない[29]とされているものの、「授業時数を下回った場合その確保に努力することは当然である」とされている。また、休校中には学校から子どもたちに多くの課題が出されたり、地域によっては学習用動画の配信などが行われたりしたが、「家庭学習で行った学習内容を授業で取り扱わないことは可能であるが、学校が臨時休業となっている又は児童生徒が出席停止となっている状態で、家庭学習を授業そのものと認めるものではないので、その学習時間を授業時数としてカウントすることはない。[30]」とされ、各学校では休校期間中に失われた授業時数の確保に奔走することとなった。このような授業時数を取り戻そうとする動きは他国ではほとんど見られず、日本の特徴と言えよう。また、教職員は休校中でも基本的には勤務することとされた[31]にもかかわらず、学校再開後の土曜日や長期休暇も授業実施のために出勤せざるを得なくなったことは、ただでさえ緊急時でイレギュラーな対応を迫られたことに重ねて教員の負担を増大させたことは間違いない。

　2020年6月以降、地域全体での一斉休校に対しては慎重な姿勢が取られ

るようになる。本格的に学校再開がなされた後、日本での新型コロナウイルス感染症への感染者数は一旦減少したものの、特に８月や11月にかけて増加した。さらに2021年１月８日には大幅な感染拡大を受けて１都３県への緊急事態宣言を発令、13日にはその対象地域を11都道府県に拡大した[32]。これに対し文科省は、一斉休校の要請は行わず、むしろ１都３県などの学校設置者に対して、緊急事態宣言が出ても一斉休校を回避するよう要請を行なった[33]。その理由として、「現時点においては、児童生徒の発症や重症の割合は低く、また学校から地域へ感染が広がっている状況ではないこと[34]」などがあげられている。一方、学校内で感染者が発生した場合の対応として、これまで「感染者が判明した時点で直ちに臨時休業」とされていたものが、「学校の全部または一部の臨時休業を行う必要があるかどうかについては、設置者が保健所の調査や学校医の助言等を踏まえて検討し判断」することへの修正がなされた[35]。また、児童生徒の出欠の取り扱いについては、感染者や濃厚接触者などのほか、感染不安を理由に休ませたい場合も合理的な理由があると校長が判断すれば指導要録上「出席停止・忌引き等の日数」として記録し欠席とはしないことができるとされている[36]。このように、緊急事態宣言が出ても一斉休校を回避する方針となったが、このことは同時に教員が緊急事態宣言下でも学校に通勤することが求められていることを意味する。また、教職員の休暇制度については、感染不安等を理由とした特別休暇制度への言及は乏しい[37]。このような勤務条件にもかかわらず、教員によるワクチンの優先接種[38]や通勤拒否、PCR検査の実施を求める声は当初はほとんど見られなかった[39]。一方で、福岡市など保育士や教職員なども市の独自優先接種者とする措置を行った自治体も存在した[40]。

　2020年６月の学校再開以降、感染者の増加が見られたり緊急事態宣言が出されたりしている中でも一斉休校はなるべく避け、多くの学校が登校を伴う形で学校運営を継続してきている。しかしながら、学校での子どもたちの活動は感染症対策のために様々な制限が課されている。例えば、子どもたちは給食を「黙食」することが求められ、友達とおしゃべりを楽しみながら昼食を楽しむ様子は見られなくなった[41]。また、これまで日本では学校における様々な行事等を特別活動という教育活動の一環として重視してきたが、そ

れらも修学旅行をはじめとして多くの制限を受けている。例えば、公益財団法人修学旅行協会が行ったアンケート調査では、実施状況について答えた中学校のうち、「中止」は51.5%、「変更」は47.2%、「変更なく計画通り実施」は1.4%だった[42]。また、広島市においては、2年生のうちに修学旅行ができたのは63校のうち16校だけであり、行き先も例年の行き先となっていた関西を避け、九州や中四国といった近県や広島県内に切り替えている[43]。

　学びの継続と感染症対策が同時に求められる中で、感染症流行による制限を最小限にするための方策としてICTの活用が大きく注目された。教育現場にICT利用を推進する事業として、GIGAスクール構想には令和2年度補正予算として2,292億円が組まれた。GIGAスクール構想における整備を加速することで、ICTの活用により全ての子どもたちの学びを保障できる環境を早急に実現することが目指された[44]。学校におけるICTの活用については、日本PTA全国協議会によってICTの整備のほか、教師のICTを活用した指導力の向上と教員の指導体制確保のための少人数学級を求める要望書も文科大臣に提出されている[45]。補正予算のうち、その多くが「1人1台端末」整備の前倒しや学校のネットワーク環境の整備に対するものとなっている[46]。このハード面の整備については、全自治体等の97.6%が令和2年度内に納品を完了する見込み[47]とされており、2020年8月時点では納品が完了している自治体が全国の2%ほどしかなかった[48]ことを踏まえると、急速に整備は進んだことがわかる。また、全国の公立の小学校等の96.1%、中学校等の96.5%が、「全学年」または「一部の学年」で端末の利活用を開始した[49]と報告されており、学校における端末利用についても前進がみられる。加えて、学びの保障オンライン学習システム（MEXCBT）の開発が緊急時における「学びの保障」の観点から文科省において進行している[50]。これは、児童生徒が学校や家庭において、国や地方自治体等の公的機関等が作成した問題を活用し、学習やアセスメントができるCBT（Computer Based Testing）システムであり、今後も教育環境の一層のデジタル化推進が予想される。一方で、端末は準備されても使用制限が多く使いづらいといった声もまだまだあるなど、実際の運用面においては多くの課題が残されている。

2-2.　自治体独自の取り組み

　ここまでは、主として日本全体で見られたコロナ禍の教育への対応について見てきた。特に首相による全国一斉休校要請に対してはほとんどの自治体がその要請に従う結果となったが、その中でも独自路線をとる自治体はいくつか存在した。例えば、感染者がゼロであった島根県は3月4日時点で休校しておらず、つくば市では仕事を休めない保護者を考慮して休校を4日遅らせるといった対応を行なった[51]。また、2020年6月前後の学校再開以降は国の方針とは異なる独自の取り組みを行う自治体が目立つようになっていった。ここではその中でも福岡市のICT活用に関して取り上げたい。福岡市では、2020年12月3日教育委員会が新型コロナウイルスの感染拡大で登校が不安となり自宅からオンライン授業を受けた児童生徒について、出席扱いにするよう全市立学校に通知した[52]。自宅におけるICTを活用した学習活動を行った場合に指導要録上出席とする取り扱いは、不登校児童生徒においてはこれまでも一定の条件の下で可能とされてきた[53]。また、国としてGIGAスクール構想を推進し、教育におけるICT活用のための整備をコロナ禍で一気に進めることで、緊急時においても自宅等で学びをとめない環境の構築を目指している。しかしながら、自宅でのICTを活用した学習活動に関わる出欠の取り扱いについて文科省は、「家庭学習で行った学習内容を授業で取り扱わないことは可能である」としつつも、学校が臨時休校となっている又は児童生徒が出席停止となっている場合は出席とみなされない[54]としている。また、学校再開後に感染不安を理由に欠席する児童生徒については、指導要録上は一定の条件下において「出席停止・忌引き等の日数」として記録して欠席とはしないこととなっている。上記不登校児童生徒が自宅等でICTを活用した学習活動を行なった場合に出席とみなす取り扱いを、コロナの感染不安によるものに対しても適用するかについて文科省は、「通知に基づく取扱いは、家庭にひきこもりがちな義務教育段階の不登校児童生徒に対する支援の充実を図り、学校への復帰や社会的な自立を目指すものであることから、不登校児童生徒に限り、上記の通知に示す一定の要件の下で適用されることに留意してください。このため、感染不安を理由に学校を欠席する児童生徒について、たとえICT等を活用した学習を行った場合であっても、ただちに出

席扱いとすることは適切ではありません。[55]」との見解を示した。以上のように、新型コロナウイルス感染症流行下において、学校外での自宅等で学校によって提供されるICTを活用した学習活動を授業時数とみなしたり、その活動によって出席の取り扱いを行なったりすることは文科省においては少なくとも不登校児童生徒以外には想定されてこなかった[56]。このような中、福岡市は感染不安を理由にICTを活用して自宅での学習活動を実施した際にも出席の取り扱いとするとしたのである。福岡市では実際に、感染不安で学校にいけない子どもたちとも双方向のオンライン授業を実施しており、2021年8月30日には感染不安から登校をためらいオンライン授業を申し込んだ児童・生徒が過去最多の約2,200人に上ったという。また福岡市教育長は記者会見において「第4波と比べて3倍以上がコロナ不安から登校を控えており、急激な増え方だ。基礎疾患や不安などがある場合、躊躇なくオンライン授業を申し込んでください」[57]と発言しており、オンライン授業とその出席取り扱いに積極的な姿勢がうかがえる。福岡市立学校では2020年12月より1人1台のタブレット端末を使った授業がスタートしていたが、上記通知を不登校児童生徒だけでなく、感染不安にまで踏み込んだ事例としては初の試みであった。しかしながら、この福岡市の事例は、オンライン授業の出欠取り扱いにおいて"先進的"にみえる一方で、取り扱いの対象として感染不安を理由にいけない子どもに限定しており、これまでも不登校であった子どもたちは対象外となるなど、ICTの活用によってさらなる包摂が広がっていく可能性は乏しいようにも考えられる。

3．コロナ禍の教育で浮き彫りになったもの

　最後に、日本におけるコロナ禍の教育行政の対応について、いくつか特徴をまとめておく。まず、休校決定は体系化された法制度を超えた首相の一声によって行われ、加えてその要請に約99％もの自治体が従ったことから、地方の裁量権があるとされながらも、実際には中央集権的な性質が日本の教育行政に見られることが顕在化することとなった。さらに、この首相による一斉休校要請は、専門家会議への打診がなかったとされるとともに、各自治

体と専門機関たる保健所との連携を無力化するものでもあった。専門家のエビデンスに基づいた施策決定がなされず、政治的判断によって学校現場へ大きな混乱をもたらすことになったのである。また一斉休校によって、子どもの学習機会だけでなく、「子どもの居場所」や食事（昼食）の確保が大きな問題となった。このことは、学校が学習の場としてのみならず、「託児所」としての社会的機能や福祉的機能をいかに果たしてきていたのかが浮き彫りになった。一方で、そのような重要な機能を果たす学校を支える教員については、エッセンシャルワーカーとしての認識が薄く、他国に比べてもワクチンの優先接種やPCR検査の実施を求める声が上がりづらい状況となっていた。加えて教員は、新型コロナウイルス感染症対策のために一層多忙化が叫ばれ、感染症流行時でも勤務が求められているにもかかわらず、通勤拒否といった教員自身による運動は発生がほとんどなく、コロナ禍における教育行政はアクターとして大きな役割を果たすことはなかった。コロナ禍には少人数学級（35人学級）の導入が決まり、教員不足が今後さらに問題になっていくと考えられるが、コロナ禍の対応でより顕在化した教員の労働条件の実態はさらに教員不足を加速するものにつながりうるだろう。教員は休校中も学校再開後も「学習の遅れ」への対応に奔走することとなったが、特に学校再開後の土曜日や長期休暇を利用した授業時数の回復への取り組みは他国では見られず、ここには特に就学義務があり、制度的には修得主義をとるものの、実際は年齢主義・履修主義をとる日本の特徴がよく現れている。また、福岡市の事例では、ICTの活用によって学校に集まることを前提としない就学のあり方に関する模索の萌芽が見られる一方で、不登校児童生徒は対象としないなど、既存の学校の枠組みを大きく転換する動きまでには至っていない。コロナ禍においては日本の教育行政における様々な課題が浮き彫りになったとともに、社会において学校が果たしてきた役割の大きさもまた再認識された。ICTの活用をはじめとしてコロナ禍で課題となり変容が求められたことについて、緊急時の応急的な対処としてのみ実施するのではなく、既存の教育行政や学校のあり方を見直すきっかけにしていくことが重要であろう。

1　文部科学省「3　義務教育制度の改革の方向」https://www.mext.go.jp/b_menu/shingi/chukyo/chukyo0/toushin/05082301/005.htm, 2021年3月25日最終閲覧（以下、URLは一部個別に記載しているものを除き、すべて2022年1月30日最終閲覧。）

2　地方教育行政の組織及び運営に関する法律第48条、第49条、第50条

3　中嶋哲彦「教育の地方自治と全国一斉休校―指示・要請・指導助言―」日本教育行政学会第55回大会課題研究I　配布資料より

4　中嶋哲彦、前掲

5　髙橋哲（2020）「新型コロナウイルス臨時休業措置の教育法的検討（一）―問題の起源としての首相『要請』―」『季刊教育法』第205号、pp.4〜11. に詳しい。

6　文部科学省「児童生徒等に新型コロナウイルス感染症が発生した場合の対応について（2月18日時点）」（令和2年2月18日付通知）, https://www.mext.go.jp/content/20200218-mxt_kouhou02-000004520_3.pdf

7　文部科学省「児童生徒等に新型コロナウイルス感染症が発生した場合の対応について（第二報）」（令和2年2月25日付通知）, https://www.mext.go.jp/content/20200225-mxt_kouhou02-000004520_01.pdf

8　文部科学省「新型コロナウイルス感染症対策のための小・中・高等学校等における臨時休業の状況について（令和2年3月4日（水）8時時点・暫定集計）」https://www.mext.go.jp/content/20200304-mxt_kouhou02-000004520_1.pdf

9　髙橋（2020、前掲）や、中嶋哲彦（2021）「地方自治と全国一斉休校―指示・要請・指導助言」『日本教育行政学会年報』第47号、pp.190-193.に詳しい。また、新型コロナウイルス感染症対策として対策本部の下に専門家会議が設置されていたが、首相による全国一斉休校の要請についてはその専門家会議への打診さえなかったとされる。東京新聞「「一斉休校」首相決断の舞台裏　官邸は文科省の代案を突っぱねた」（2020年7月21日）、https://www.tokyo-np.co.jp/article/43734

10　髙橋（2020、前掲）、p.9

11　Kentaro Fukumoto, Charles T. McClean, & Kuninori Nakagawa (2021) No causal effect of school closures in Japan on the spread of COVID-19 in spring 2020. *Nature Medicine*.

12　文部科学省「新型コロナウイルス感染症対策に関する学校の新学期開始状況等について」https://www.mext.go.jp/content/20200413-mxt_kouhou01-000006421_1.pdf

13　文部科学省「新型コロナウイルス感染症対策のための学校における臨時休業の実施状況について」https://www.mext.go.jp/content/20200424-mxt_kouhou01-000004520_8.pdf

14　児童生徒に課題や学級での活動にICT（情報通信技術）を活用させることを「しばしば」又は「いつも」行うと回答した教員の割合は参加国平均（中学校）では51.3%であるのに対し、日本では17.9%（中学校）、24.4%（小学校）となっており、平均を大きく下回っている。（国立教育政策研究所「TALIS2018報告書-学び続ける教員と校長-の要約」https://www.nier.go.jp/kokusai/talis/pdf/talis2018_summary.pdf

15 学校によるICT利用は乏しかった一方で、NPO等が休校中に子どもたちの学習機会や居場所を提供しようと奔走し、困窮家庭へのタブレット配布やICTを利用した学習の場、居場所の提供といった実践が多く生まれたのもまた事実である。例えば、筆者が所属するNPO法人ROJE（日本教育再興連盟）では休校時から現在に至るまで、オンラインを通した学習支援や被災地への教育支援活動を行っている（伊藤駿ほか（2020）「コロナ禍における子ども支援活動の試み―接触／非接触のハイブリッドシステムの構築に向けて―」『子ども・子育て支援研究センター年報』、pp.25-32）。

16 文部科学省「新型コロナウイルス感染症の影響を踏まえた公立学校における学習指導等に関する状況について」, https://www.mext.go.jp/content/20200717-mxt_kouhou01-000004520_1.pdf.

17 文部科学省「子供の学び応援サイト」https://www.mext.go.jp/a_menu/ikusei/gakusyushien/index_00001.htm

18 中村高康・松岡亮二・苅谷剛彦（2021）「コロナ休校時における教育委員会の対応 ― 地域差と階層差に注目して」https://www.mext.go.jp/content/20210713-mxt_syoto02-000016589_16.pdf. 教育委員会の対応には地域差があり、そこには当該地域の大卒比率（＝社会経済的地位）が関連している可能性が指摘されている。

19 前馬優策「コロナショックで広がる教育格差」赤坂真二編（2020）『ポスト・コロナショックの学校で教師が考えておきたいこと』東洋館出版社。や毎日新聞「教育格差は広がった？一斉休校で見えた「生まれ」の違いとは」（2021年3月6日）https://mainichi.jp/articles/20210306/k00/00m/040/001000c. など一斉休校によって教育機会の格差が生じる可能性が多く指摘されている。

20 厚生労働省「新型コロナウイルス感染症防止のための学校の臨時休業に関連しての医療機関、社会福祉施設等の対応について」（令和2年2月28日事務連絡）、https://www.mhlw.go.jp/content/11920000/000601983.pdf

21 日本経済新聞「親は安心、学童は感染防止に不安も　一斉休校初日」（2020年3月2日付）、https://www.nikkei.com/article/DGXMZO56282830S0A300C2CC1000/

22 文部科学省「新型コロナウイルス感染症防止のための小学校等の臨時休業に関連した放課後児童クラブ等の活用による子どもの居場所の確保について（依頼）」（令和2年3月2日付）、https://www.mext.go.jp/content/20200303-mxt_kouhou01-000004520_01.pdf

23 文部科学省「新型コロナウイルス感染症対策のための学校の臨時休業に関連した公立学校における学習指導等の取組状況について（令和2年4月16日時点）」、https://www.mext.go.jp/content/20200421-mxt_kouhou01-000006590_1.pdf. 学校設置者のうち、63%が学校における子供の居場所の確保に関する取り組みを「実施している」または「今後実施する予定」と回答しており、そのうちの多くが教室を活用している。また、居場所の確保に関する取り組みを行なっている学校設置者において昼食の提供を行っているのは、わずか4%にすぎない。

24 文部科学省「臨時休業に伴う学校給食休止への対応について」（令和2年3月10日

付事務連絡）、https://www.mext.go.jp/content/202000310-mxt_kouhou01-000004520_1.pdf

25 文部科学省「臨時休業等に伴い学校に登校できない児童生徒の食に関する指導等について」（令和2年5月13日付）、https://www.mext.go.jp/content/20200514-mxt_kouhou01-000004520_3.pdf

26 文部科学省「新型コロナウイルス感染症に関する学校の再開状況について」https://www.mext.go.jp/content/20200603-mxt_kouhou01-000004520_4.pdf

27 文部科学省「新型コロナウイルス感染症の影響を踏まえた公立学校における学習指導等に関する状況について」, https://www.mext.go.jp/content/20200717-mxt_kouhou01-000004520_1.pdf, p.5

28 文部科学省「「学びの保障」総合対策パッケージ」https://www.mext.go.jp/content/20200605-mxt_syoto01-000007688_1.pdf、文部科学省「学校の授業における学習活動の重点化に係る留意事項等について（通知）」https://www.mext.go.jp/content/20200605-mxt_kouhou01-000004520_1.pdf

29 文部科学省「小学校学習指導要領（平成29年告示）解説（総則編）」https://www.mext.go.jp/component/a_menu/education/micro_detail/__icsFiles/afieldfile/2019/03/18/1387017_001.pdf, p.60及び、文部科学省「中学校学習指導要領（平成29年告示）解説（総則編）」https://www.mext.go.jp/component/a_menu/education/micro_detail/__icsFiles/afieldfile/2019/03/18/1387018_001.pdf, p.61

30 文部科学省「指導要録・学習評価等に関することQ&A」https://www.mext.go.jp/a_menu/coronavirus/mext_00041.html

31 文部科学省「教育活動の実施等に関するQ&A（学校設置者・学校関係者の皆様へ）」、https://www.mext.go.jp/a_menu/coronavirus/mext_00037.html#q1-2

32 日本経済新聞「緊急事態宣言、11都府県へ対象拡大　今夕決定へ」（2021年1月13日）https://www.nikkei.com/article/DGXZQOFS12CXI0S1A110C2000000/

33 教育新聞「【緊急事態宣言】一斉休校「回避が適切」文科相が理由説明」（2021年1月5日）
https://www.kyobun.co.jp/news/20210105_06/

34 萩生田光一文部科学大臣臨時記者会見録（令和3年1月5日）https://www.mext.go.jp/b_menu/daijin/detail/mext_00125.html

35 文部科学省「学校における新型コロナウイルス感染症に関する衛生管理マニュアル～「学校の新しい生活様式」～」（2020.12.3 ver.5）https://www.mext.go.jp/content/20201203-mxt_kouhou01-000004520_01.pdf

36 文部科学省「新型コロナウイルス感染症に対応した持続的な学校運営のためのガイドライン」（2021年2月19日改訂）https://www.mext.go.jp/content/20210219-mxt_kouhou01-000004520-03.pdf

37 基礎疾患のある教職員については、COVID-19新型コロナウイルス感染症に関わる症状がある場合に出勤停止となる基準が一般より厳しいものとなっている。

38 ユネスコは教師へのワクチン優先接種を求める声明を出している。

39 大阪日日新聞「教職員らに優先接種　自民市議団申し入れ」（2021年9月2日）、https://www.nnn.co.jp/dainichi/news/210902/20210902030.html.［最終閲覧2021年11月22日］このような報道に見られるように、自民市議団の申し入れなども一部行われていたが、要望書提出は2021年8月31日付であり、この時点で日本のワクチンの1回以上接種完了者は人口の半数を超えている。

40 福岡市「福岡市における新型コロナウイルスワクチンの接種について」、https://www.city.fukuoka.lg.jp/hofuku/coronavaccine/wakutin.html. また、久留米市では全教職員に無料でPCR検査を実施する試みが見られたほか、山形県では市民団体によって全教員へのPCR検査を求める要望書の提出が行われた事例も存在する。西日本新聞「福岡・久留米市内の全教職員に無料でPCR検査実施へ」（2020年11月24日）、https://www.nishinippon.co.jp/item/n/667194/。 毎日新聞「「全教員にPCR検査を」市民団体が県に要請書　山形」（2020年9月11日）、https://mainichi.jp/articles/20200911/k00/00m/040/103000c。

41 中国新聞デジタル「楽しい給食、今は黙食　広島県の学校が感染対策、会話我慢や挙手でお代わり」（2021年9月10日）、https://www.chugoku-np.co.jp/local/news/article.php?comment_id=791368&comment_sub_id=0&category_id=112

42 公益財団法人日本修学旅行協会「教育旅行年報「データブック2021」」

43 中国新聞デジタル「修学旅行「マジで県内？」　広島市の中3、宮島や平和公園へ」（2021年11月1日）、https://www.chugoku-np.co.jp/local/news/article.php?comment_id=805572&comment_sub_id=0&category_id=112

44 「令和2年度文部科学省補正予算」https://www.mext.go.jp/content/20200407-mxt_kaikesou01-10001477_00-1.pdf

45 日本PTA全国協議会「学校におけるICTを活用した教育の推進に関する要望書」http://nippon-pta.or.jp/news/apleht0000001jpf-att/21032500_nipponpta_ictedu.pdf

46 「令和2年度文部科学関係補正予算　事業別資料集」https://www.mext.go.jp/content/20200413-mxt_kaikesou01-10001477_00-2.pdf

47 文部科学省「GIGAスクール構想の実現に向けたICT環境整備の進捗状況について（速報値）」https://www.mext.go.jp/content/20210315-mxt_jogai01-000009827_001.pdf

48 文部科学省「GIGAスクール構想の実現に向けた調達等に関する状況（8月末時点）について（確定値）」https://www.mext.go.jp/content/20201030-mxt_jogai01-000009827_001.pdf

49 文部科学省「GIGAスクール構想に関する各種調査の結果（令和3年8月）」、https://www.mext.go.jp/content/20210827-mxt_jogai01-000017383_10.pdf

50 文部科学省「学びの保障オンライン学習システム（MEXCBT）について」、https://www.mext.go.jp/a_menu/shotou/zyouhou/mext_00001.html

51 末冨芳「ポスト・コロナショックにおける地方自治体の動き」赤坂真二編（2020）『ポスト・コロナショックの学校で教師が考えておきたいこと』東洋館出版社、pp.60-65。

52　西日本新聞「オンライン授業も「出席」に　福岡市教委が通知」（2020年12月4日）、https://www.nishinippon.co.jp/item/n/670249/。福岡市教育委員会「緊急事態措置の解除等に伴う市立学校の対応について」、https://www.city.fukuoka.lg.jp/kyoiku-iinkai/k-seisaku/ed/kinkyu-kaijo-20210928_2.html。

53　文部科学省「不登校児童生徒への支援の在り方について（通知）」（令和元年10月25日付け元文科初第698 号）、https://www.mext.go.jp/a_menu/shotou/seitoshidou/1422155.htm

54　文部科学省「指導要録・学習評価等に関することQ＆A」、https://www.mext.go.jp/a_menu/coronavirus/mext_00041.html

55　文部科学省「教育活動の実施等に関するQ＆A（学校設置者・学校関係者の皆様へ）」、https://www.mext.go.jp/a_menu/coronavirus/mext_00034.html

56　なお、令和3年1月26日にまとめられた、中央教育審議会「「令和の日本型学校教育」の構築を目指して～全ての子供たちの可能性を引き出す、個別最適な学びと、協働的な学びの実現～（答申）」を受け、2月19日に文科省は「感染症や災害の発生等の非常時にやむを得ず学校に登校できない児童生徒の学習指導について（通知）」を出し、非常時に臨時休業又は出席停止等によりやむを得ず学校に登校できない児童生徒に対する自宅等でのオンラインを活用した学習指導に関して指導要録上の取り扱いの更新を行なった。その中で、オンラインを活用した学習の指導（オンラインを活用した特例の授業）を実施したと校長が認める場合には、指導要録の「指導に関する記録」の別記として、非常時にオンラインを活用して実施した特例の授業等の記録について学年ごとに作成することとされた。また、記録する事項としてはオンラインを活用した学習の指導の実施方法のほか、その実施日数と児童生徒が参加した日数等が挙げられている。

57　毎日新聞「福岡市の小中校、2200人がオンライン授業　感染拡大受け最多に」（2021年8月30日）、https://mainichi.jp/articles/20210830/k00/00m/040/221000c

◆第２部　コロナ禍のなかでの世界の教育

終章

コロナ禍に世界の学校は
どう向き合ったのか

大阪市立大学文学研究科　辻野けんま

１．グローバルなリスクとしてのコロナ禍

　2019年12月に世界の一地域で確認されたCOVID-19は、瞬く間に全世界へと拡がった。WHOによるパンデミック宣言が2020年３月11日に出されたが、イタリアやアメリカではすでに事態が深刻化し始めており、同月内にはイギリス、ロシア、ドイツ、ブラジル、フランス、トルコ、イラン、スペインなど、大陸をこえたパンデミックに突入していった。この未曾有の事態を招いたコロナ禍に、世界の教育がどう向き合ってきたのかを扱ったのが本書である。

　今回のコロナ禍は、人間の生命を脅かすリスクであると同時に、教育においては子どもの成長をいかに支えるのかをめぐる難題を突き付けるものでもあった。学校を閉じるべきか開くべきか。家庭で子どもの学習を誰が支えるのか。ICT機器やインターネット環境が整わない家庭をどう支援すべきか。そもそも学校の閉鎖や再開の決定は誰がおこなうのか。学校単位では対応しきれない問題を中央・地方の教育行政がどう役割分担しながら解決するのか。あるいは政治家が非常には教育の問題も決定するのか。これら多岐にわたる問題は、世界の国々が悩み、試行錯誤を続けてきたものでもある。

　他面、こと学校教育に関する限り、コロナ禍への対応は国によって少なからぬ違いも顕在化させた。たとえ感染リスクがあったとしても学校を開き続けるのか否かという切実な問題をつきつけた。学校という教育機関が子どもの発達へと向かう教育条理だけではなく、現代社会の労働や家庭生活のあり方とも密接不離の関係にあったことを人間社会に知らしめた。

　コロナ禍は短期間のうちに世界数百万人の命を奪い去った異次元のリスク

となり、あらゆる人間に「平等に」ふりかかる現代のリスク社会の脅威を象徴している[1]。人類の科学技術をもってしても有効な対応がいまだ確立されておらず、ようやくワクチン接種が一部の国で進んだかと思えば、ウイルス自体が「デルタ株」や「オミクロン株」と次々に変異し、人類を翻弄し続けている。

２．コロナ禍における世界の教育の苦悩

　コロナ禍は、多くの国で学校の閉鎖や再開をめぐって、中央・地方の政府・教育行政から学校に至るまでの葛藤をもたらした。甚大な犠牲につながったアメリカ（第１部第11章）やブラジル（第２部第７章）、イギリス（第２部第５章）、スウェーデン（第２部第３章）などにおいても、学校をめぐる対応は政府機関との関係においてぎりぎりの調整が図られていたことが、本書の各章から読み取れる。

　学校を閉鎖した場合に多くの国がとった方策は、従来の教室での授業を一定期間断念して遠隔教育へと切り替えようとするものだった。その実態は、インターネットを活用したオンライン双方向の授業からラジオやテレビを通じた代替的な学習までと、国によっても多様である。とくに第一波による学校閉鎖の際には、多くの国が遠隔教育に対応しきれず、学校も家庭も混乱に陥った。「静かに勉強できる場所はどこにあるの？」「兄弟が家にいるときはどうすれば良いの？」「パソコンがないとずっと携帯電話で勉強しないといけないの？」「お父さんかお母さんは家にいて勉強をみてくれないの？」（第１部第25章）というドイツの子どもの悩みは、世界の少なからぬ国々で共感されうるものだろう。

　一方、たとえばモンゴル（第１部第19章）では、中国と長く国境を接する地政学上の特質からも、WHOのパンデミック宣言よりもはるかに早い2020年１月の段階で教育のオンライン化が図られた。にもかかわらず、広大な国土に通信環境は行き届かず、親が車で受信可能エリアまではるばる移動し子どもが車中で学習する事態にもなった。

　他面、いくつかの国はそうした混乱を免れることができた。コロナ禍のは

るか以前から国の存亡をかけてICT化を進めてきたエストニアでは、学校閉鎖による遠隔教育へのシフトに際しても通常に近い教育内容が維持された（第1部第17章）。シンガポールでも、コロナ禍以前から年1回以上の全校自宅学習日がありデジタル化がスムーズに行われた（第2部第6章）。国家規模でのオンライン学習プラットフォームが迅速に構築され実際に活用された例としては、イラン（第1部第20章）や中国が挙げられる（第1部第6、7章）。

　学校制度が必ずしも十分普及している状況にはないケニアにおいても、コロナ禍で政府はネットワーク環境を整えタブレットやラジオ、ソーラー電池などを配布するとともに、教員を手厚く保護する政策がとられた（第1部第5章）。多様性の国とされるカナダでさえコロナ禍は人種差別や被害の偏在をもたらした（第1部第15章）。人種差別政策の歴史をもつ南アフリカでは緊急事態時でも多様性の余地を残すことが徹底されている（第1部第24章）。

　ドイツからは、1度目の学校閉鎖における混乱が2度目の学校閉鎖における秩序ある対応へと改善された様子が、2人の小学校教師によって述べられている（第1部第25章）。その背景には、学校レベルでの対応では困難なオンライン・プラットフォームの開発などを、国や地方の教育行政が主導して短期間で実現したことがあった。非常時にも教育制度内で役割を果たそうとする教育行政のあり方は、本書末尾の資料（表1、2）が示すように多くの国々で見られた（後述）。また、そもそも就学義務を課さず教育義務をとってきたフランスでは、オンライン教材が従来から充実しておりホームスクーリングでも活用されてきたこと等、義務教育制度の特質をも浮き彫りにさせることとなった（第2部第4章）。

　遠隔教育は、「1人1台端末」を配布すれば後は学校の対応、というほどに単純なものではない。授業という営みは、教師の創意工夫だけでなく既定の教育課程基準や教科書の内容、各教科の標準時数など、教師や学校の自助努力ではいかんともしがたい教育課程行政とも密接に連なる複合体である。だからこそ、中央・地方の教育行政がそれぞれに固有の役割を果たさなければ学校との連携は成り立たない。非常時における遠隔教育への転換や学校再開にともなう混乱は、日常は見えにくい制度上の構造を顕在化させた。この点、日本の教育行政はいびつな特質を浮き彫りにさせることとなった。

３．学校の閉鎖・再開の意思決定が顕在化させた教育行政の特質

　学校の閉鎖・再開をめぐる意思決定は、平時には見えにくい教育行政の特質を白日の下に晒すこととなった。ドイツのメルケル首相（当時）のテレビ演説は、民主主義国家が国民の自由を制約しなければならない苦悩を真摯にうったえ、多くの人びとの共感を呼んだ（第２部第１章）。一貫していたのは、学校に関する政策は既存の法秩序の下で各州の文部大臣による判断に委ねたことである。また、感染症対策全般において生物病理研究の専門機関であるロベルト・コッホ研究所の科学的知見を尊重した。

　こうした特徴は、フランス（第２部第４章）の国立感染症研究所（パスツール研究所）やスペイン（第２部第２章）の疫学国立センターなど他国にも通底している[2]。一方、日本では常設の専門機関がここまで前面に出ることがなく、専門家会議が設置されているものの補助的であり、政治主導が際立っている。2020年２月の首相の休校要請は、法秩序を遵守したものとも科学的知見を尊重したものとも言い難いものであった（第２部第８章）。

　本書末尾の資料として、フランス、スペイン、ドイツ、スウェーデン、イギリス（イングランド）、日本、シンガポール、アメリカ、ブラジルの９か国について、２種の比較表が掲載されている。コロナ禍で顕在化した各国の教育の特質について、平時には見えにくい教育行政のガバナンス構造やアクターの自律性に着目した。このうち表１では、次の12項目について各国の特質を一覧化している。①休校決定の機関、②COVID-19政策の主要アクター、③中央―地方関係（特に地方の裁量）、④教育行政の自律性、⑤学校の自律性、⑥教員の位置づけ、⑦義務教育制度（就学義務か教育義務か）、⑧ホームスクール（HS）の有無、⑨学校外の教育機会（家庭以外）、⑩政策に影響力をもつ教育行政「外」アクター、⑪社会的弱者への政策対応、⑫ICT化と課題、である。表２は以上を８項目に再編して「○…あてはまる」「×…あてはまらない」の傾向を可視化したものである[3]。

　諸外国において教師はエッセンシャルワーカーと位置付けられワクチン優先接種対象とされているのに対して、日本ではそのような対応がとられなかった。また、諸外国では中央政府と地方政府の役割分担がなされ、教育行政の一定

の自律性も明確であるのに対して、日本では役割分担や各機関の自律性という建前が崩れ上意下達の実体が明らかになった。諸外国における教師の出勤拒否が日本では見られず、教師がワクチン優先接種の要求もせず、いわば自己犠牲的に職務に邁進する状況さえある。教育政策上の意思決定において学校関係者（教職員、保護者、子ども）の参加は、日本では保障されず、それどころか教員がエッセンシャルワーカーとして手厚く政策対応されることもなかった。

　なお、諸外国において学校再開後に長期休暇を短縮したり休日を授業日に変更したりする政策はとられておらず、逆に休日の確保が政策課題とされている。これに対して日本では、授業時数の「回復」を図る必要から、学校行事等の中止やいわゆる受験教科への重点化が広くなされた。休校期間中の在宅学習も時数に算入されなかったために、再開後の学校生活は授業で埋め尽くされてしまった。教育課程行政が集権化されている日本では、この問題を本質的に解決しうる主体は国の文部科学省であったが英断はなされず、教育委員会も地方レベルでの調整を避けたため、学校レベルでの現場対応に実質丸投げ状態となった。

４．コロナ禍の教訓と教育への示唆

　グローバルなリスクとしてのコロナ禍が浮き彫りにした日本の教育行政のいびつな姿は、平時においては多くの人々に自明の前提として受入られてきたものでもある。他方で、日本では諸外国に比して感染者数や重症化率などが抑制されてきたのも事実である。諸外国のような罰則付きの強制措置はとられず、マスク着用や手洗い、うがい等はそもそもコロナ禍以前から定着している社会でもある。それでもなお、不要不急の外出を控え長期にわたる自主的な行動規制は、多くの人々にストレスをもたらした。

　このストレスは、とりわけ学校の閉鎖と再開に翻弄された教職員や家族、そして何よりも子どもたちを直撃した。突然の休校に困惑し学校の教職員が不満の矢面に立たされる状況も見られたが、そのとき学校自体もまた混乱の最中にあった。法的根拠や疫学的根拠を欠いた首相の休校要請、困窮する生活の中で長らく届かなかった給付金、全世帯２個配布という不合理なマスク…。中央のガバナンス構造や意思決定のいびつさには枚挙に暇がない。学校

の教職員からも保護者や市民からも共感を集めた校長の「提言書」（第1部第9章）に対し、「教育委員会の対応に懸念を生じさせ」たと訓告を決定する地方の教育行政のいびつな姿も浮き彫りになった。

　本書に所収された日本や諸外国の論稿は、コロナ禍というグローバルなリスクに向き合ってきた親や学校の教職員の声でもあり、そして研究者や海外の教育者たちの声でもある。本書冒頭に掲載された日本の親の悩み（第1部第1章）がマダガスカルの家族の悩み（第1部第2章）とも共鳴しうることは、グローバルなリスクに人類が向き合い続けていることの証左でもある。

　いま世界の人々が子どもの成長と幸せな家庭を切に願う中で、コロナ禍は「ワクチン外交」に象徴されるような問題の政治化・市場化・国家化を加速させてもいる。そうした中で、コロナ禍の教訓をいかに未来の教育へと生かすことができるのか。子どもを育てる保護者や教職員の自助や共助での対応には大きな限界がある。中央や地方の教育行政が公助への責任を果たし、上意下達から役割分担に基づく連携へと転換しない限り、このリスクはとうてい克服されないだろう。

1　ウルリッヒ・ベック（Ulrich Beck）は、貧困は階級的だが環境汚染は民主的であるとのレトリックから、富裕層さえ免れえない現代の「リスク社会（Risikogesellschaft）」を描きだした（Beck 1986＝東・伊藤訳1998）。コロナ禍が各国首脳や著名人まで容赦なく襲ったことは、この状況を端的に物語る。
2　園山・辻野・有江・中丸（2021）もあわせて参照されたい。また、各国の情報を補うため、本書の編者・園山が所属する大阪大学人間科学研究科教育制度学研究室の公式サイト内に特設サイト「コロナと教育（日欧比較）」（https://educational-policy.hus.osaka-u.ac.jp/covid-19/index.html）を立ち上げている。
3　ただし、表2の「⑧休日の維持」は、表1には含まれない独自項目となっている。

引用・参考文献

園山大祐・辻野けんま・有江ディアナ・中丸和（2021）「国際比較に見るCOVID-19対策が浮き彫りにした教育行政の特質と課題——フランス、スペイン、ドイツ、日本の義務教育に焦点をあてて——」『日本教育行政学会年報』47号、25〜45頁。
Ulrich Beck（1986）Risikogesellschaft; Auf dem Weg in eine andere Moderne, Suhrkamp, Frankfurt a. M.（ウルリヒ・ベック著／東廉・伊藤美登里訳（1998）『危険社会——新しい近代への道』法政大学出版局）

表1　9カ国の教育行政におけるCOVID-19禍への対応の比較

	日本	シンガポール	スペイン	ドイツ	スウェーデン
休校決定の機関	・原則として各教育委員会 ・2020年3月の休校要請は首相より	教育省大臣もメンバーである多省庁タスクフォース	・中央政府の警戒事態宣言発動（全域休校） ・自治州の教育行政（自治州の感染状況から長期休暇明けの始業日の調整等） ・学校（休校/学級閉鎖/小グループ閉鎖）	・州文部省（一部は自治体） ・KMK（常設文部大臣会議）	・コロナ禍以前は学級（学校）閉鎖等の法的根拠はなかった ・2020年3月に中央政府が一時的な学校閉鎖を命じるための法整備を行う ・現在は校長、自治体、中央政府が学校閉鎖を決定できる（学習権や保育を受ける権利の保障が必要なため、休校ではない）
COVID-19政策の主要アクター	首相 厚労省 専門家会議（首相の一斉休校要請については、専門家会議からの提言等はなされていなかったとされる） 文科省 各自治体（公立学校の臨時休業を判断する権限は基本的に市町村教育委員会） 保健所（学校の設置者は出席停止や学校の休業を行った際には保健所に連絡する必要がある［学校保健安全法第18条及び学校保健安全法施行令第5条］	首相、副首相および上記タスクフォースのメンバー省庁： ・保健省 ・財務省 ・通商産業省 ・国家開発省 ・情報通信省 ・持続可能性 ・環境省 ・全国労働組合会議 ・教育省 ・人材開発省 ・社会 ・家族開発省 ・交通省	閣僚会議/議会（政令法制定、警戒事態宣言発動・延長権限等） ・教育省、大学省及び自治州代表者会議 ・厚生省 ・疫学国立センター（疫学的観点から政策に影響力をもつ） ・臨時的な専門家会議（中央政府及び各自治州政府にそれぞれ設置、助言をする）	首相（ロックダウン） ロベルト・コッホ研究所（連邦保健省） 州教育省（教育政策） KMK （自治体）	・首相 ・議会 ・中央政府（教育省、学校教育庁、学校監査庁、公衆衛生庁、危機管理庁、食糧庁、中央学生委員会、労働環境庁） ・レギオン、レーン（県レベル） ・コミューン（市町村レベル） ・自立学校理事会 ・教員組合 ・国王 ・オンブズマン
中央―地方関係（特に地方の裁量）	地方教育委員会に大きな裁量権があるが、中央の影響を大きく受ける。2020年3月時の首相の一斉休校要請の際はほとんどの自治体がその要請に応じた。一方で、2020年4月以降の休校判断は各自治体の感染状況などを踏まえて、独自に行われている例も見られた。	都市国家であるゆえ、地方自治体は存在しない	・中央（全土の教育法制度全般の決定権） ・17の自治州と2の自治都市（中央の教育法・制度の基、独自の教育法を制定） ・自治体行政の教育課/部（執行、出席取扱い、地域内の他機関との連携の仲介役）	16の州に分権化 州が強い権限をもち自治体の権限は限定的	・危機管理庁が事前に「パンデミック計画」を策定 ・危機対応は現場主体で行う方針 ・全国の方針は公衆衛生庁が勧告 ・各地の方針はレーンの保健部局が決定 ・幼稚園、基礎学校、高校に関する決定は学校設置者（公立学校はコミューン、自立学校は学校理事会）が判断 ・各学校での対応は校長が決定 ・国からの補助金は包括配分され、地方税収の割合も大きいため、政策の独立性は高い。
教育行政の自律性	基本的に一般行政とは独立した教育委員会が存在している。総合教育会議において首長と教育委員会との協議の場が設けられている。感染症対策においては、休校の判断は各市町村教育委員会の判断とされる一方で、新型インフル等特別措置法では都道府県本部長による区域内の市町村に対する総合調整及び指示を通じて必要な措置を実施する仕組みとなっている。	学校長の裁量権は高いものの、教育行政は原則的に教育省の政策方針に基づく	・中央：教育省 ・自治州：教育当局の設置	一般行政の内部にありながら、多様なアクターの意思決定プロセスへの参加が制度化	・コミューン議会には教育委員会が、コミューンには教育部局が設置されていることが多い。教育行政は一般行政の内部にあるが、独立性は各自治体の組織構造によって若干異なる。 ・学校閉鎖は校長あるいは学校設置者（コミューンの教育部長）が決定することが一般的だが、その際には保健当局の勧告に従って判断する必要がある。

	フランス	イギリス (イングランド)	アメリカ	ブラジル
休校決定の機関	・連帯-保健省の決定を受けて国民教育大臣の省令発出 ・地方（大学区）教育委員会（地方・県・市）	・中央政府（「2020年コロナウイルス法」及び「2020年衛生保護（コロナウイルス制限）（イングランド」規則）」に基づいて）	・各学区教育委員会、教育長 ・州知事による一斉ロックダウンもあり得る	保健省の公衆衛生上の緊急事態宣言を受けて、州が行動規範を決定。その基準に従い、州立学校は州教育局・市立学校は市教育局が学校閉鎖を決定する。私立学校についても、州の基準に沿った対応を要請する。
COVID-19政策の主要アクター	大統領（首相） 地方、県知事、政令市 連帯・保健省、国民教育省・高等教育研究省 高等保健委員会 国立感染症研究所（パスツール研究所）	首相 保健省 教育省 緊急時科学諮問グループ会合（Scientific Advisory Group on Emergencies ,SAGE） 英国公衆衛生庁（Public Health England, PHE） 保健安全局（Health Safety Executive, HSE） 英国保健安全保障庁（UK Health Security Agency, UKHSA） 合同バイオセキュリティセンター（Joint Biosecurity Centre） 国家統計局（Office for National Statistics, ONS）	・連邦教育省 ・連邦保健省 ・州知事 ・学区教育委員会、教育長 ・地域保健機関 ・校長	・大統領 ・州政府 ・市 ・保健省・教育省ほか中央政府 ・Covid-19対策省庁間執行グループ（GEI-ESPII） ・保健省緊急運用センター（COE/Covid-19） ・教育省緊急運用委員会（COE/MEC） ・国家教育評議会（CNE） ・免疫生物学研究機関（連邦大学病院ネットワーク、ブタンタン研究所、国立研究所オズワルドクルス財団FIOCRUZなど） ・全国教育長官評議会など。
中央―地方関係（特に地方の裁量）	中央（国民教育省、高等教育-研究省） 中央教育審議会、教育高等審議会、労使同数行政委員会、国民教育地方審議会、専門職業諮問委員会、全国高校生活審議会など 地方教育委員会	中央政府（内閣府、保健省、教育省など） 地方（Public Health、Local Protection Teamなど） 学校は、中央政府のガイドライン及び助言、科学的なデータ等を基に、公衆衛生、保健、健康、福祉当局と連携しながら対応	連邦制をとり、教育に関する権限は州政府、および、その機関である学区に所在するため、学区レベル、学校レベルの自律性が相当に高い。	国家教育評議会（CNE）が全国の教育に関して、ガイドライン、方針を勧告。 州の行動規範に則り、幼児教育・初等教育（小・中学校）については市教育局が決定、中等教育については州教育局が決定する。 中央（大統領）と方針が違っても、地方（州知事）は独自に施策を決定・実施できる。 ワクチンについては、保健省が取りまとめて、州に分配。州内での分配方法は各州に委任。
教育行政の自律性	地方教育委員会、地方高校生活審議会、地方同数委員会、県国民教育委員会、県同数委員会など	中央は教育省。就学前及び保育機関も管轄 地方自治体においては、教育行政は、子供に関わる社会及び福祉サービス等と統合され、子供サービス担当長（Director of Childrens Services）の管轄下に置かれている。	学区という単位は、地方政府とは独立した機関であり、学区教育委員会は独立したものである。他方、都市部においては首長主導教育改革により、教育行政の自律性が相対的に弱まっている。	中央に教育省、州には州教育局、市には市教育局がある。全国の教育方針については、国家教育評議会（CNE）が勧告・決議し、具体的な施策等については、州教育評議会、市教育評議会の審議を経る。

表1　9カ国の教育行政におけるCOVID-19禍への対応の比較（続き）

	日本	シンガポール	スペイン	ドイツ	スウェーデン
学校の自律性	学級閉鎖等は校長判断。休校の長期化を受け、カリキュラムについて学びの重点化や次年度以降を踏まえたカリキュラムの見直し等が学校ごとに可能とされた。ただし、文科省は学習指導要領のカリキュラムをこなすようまずは努力することを求めた。	上記と同様	国及び自治州の教育関連法の下、独自性、自治を持つ。	部分的に保障（休校判断はできないが実例あり）。学級閉鎖は校長判断。	・校長には登校日の設定権限があり、休講、学級閉鎖あるいは学校閉鎖を裁量で決定できる。 ・自治体によっては、教育部長が学校閉鎖を決定する内規を設けているコミューンもある ・校長の決定に依らず、中央政府等が指定地域の学校に学校閉鎖を命じることができるようになった。 ・休講・学級（学校）閉鎖、オンライン授業に伴う学習権や保育を受ける権利の保障は校長および学校設置者の責任で行う。
教員の位置づけ	全国的なワクチン優先接種などはなし。（一部自治体ではあり）	エッセンシャルサービスを提供する専門職（ワクチン接種優先者）	エッセンシャルワーカー（ワクチン接種優先者）	エッセンシャルワーカー（ワクチン接種優先者）	エッセンシャルワーカー（ワクチン優先接種なし）
義務教育制度	就学義務	義務教育（就学義務）は小学校段階のみ	就学義務（10年間：初等教育6年、前期中等教育4年）	就学義務	就学義務
ホームスクール (HS) の有無	就学義務 不登校児童生徒についてはICT利用した家庭学習を出席とする 福岡市ではコロナ不安からオンライン授業を家庭で受けた場合も出席扱いとする通知が出された。	稀ではあるものの、教育省が定めた条件を満たせば可能	・就学義務 ・ホームスクーリングの禁止	就学義務 ホームスクーリングの禁止 強力な親の教育権	就学義務 ・高校および大学は全面オンライン授業に移行 ・基礎学校は高学年を中心に校長の判断でオンライン併用が認められる ・学校が指定する内容を家庭で学習することで出席とする ・学習権と保育を受ける権利を保障するため、学校はオンライン以外の対応も必要になる場合がある ・学校閉鎖期間の給食の提供は学校種や自治体によって異なる
学校外の教育機会（家庭以外）	学校休校中の子どもたちの居場所として、放課後児童クラブの利用者が増加した。 コロナ以前から教育支援を行ってきたNPOが、オンラインを通して居場所づくり等を積極的に行った。	・各学校が放課後の補習活動を実施 ・半官半民の自助団体が低社会経済階層の児童生徒のために月謝の安い補習塾と学外教育活動を提供・実施	・放課後の課外活動は各学校で実施 ・学校外では、民間の塾や習い事 ・NGOや市民団体による、学習支援、長期休暇の教育的・レジャー活動の実施（現在、一部オンライン）	・各種の地域クラブ（Verein） ・青少年援助施設（Jugendhilfe）	・基礎学校に併設された余暇クラブ ・自治体が運営する文化学校（音楽学校等を含む） ・地域の体育施設、レクリエーション施設

	フランス	イギリス（イングランド）	アメリカ	ブラジル
学校の自律性	校長の判断は学級閉鎖まで	学校経営に関わる権限と責任は学校に委譲され、自律的な学校経営を行う。その権限と責任の担い手としての学校理事会（school governing body）が学校の最高意思決定機関となっている 学校理事会は学校経営の方針や戦略を決定し、学校経営の責任を負うが、日常的な学校の経営は校長の管理下において行われている。	・校長には、学校運営に関する独立した権限が認められている。学区規模で締結される団体交渉協約に関しても、学校の組合代表との合意の元に独自ルールを採用することが許容されている。	休校や学校再開、授業形態（対面式など）については、州教育局・市教育局の方針に従う。しかし、実際には、一部の学校は、独自対応し、必ずしも州や市の決定に従っていない。
教員の位置づけ	エッセンシャルワーカー（ワクチン接種優先者）	エッセンシャルワーカー（critical workerという表現）として位置付けられている。ワクチン接種の優先順位は２番目に位置付けられた	エッセンシャルワーカーとして優先接種の対象。2021－2022年度の開始までに、ワクチン接種が義務づけられている。	エッセンシャルワーカーの定義には入らないが、ワクチン接種優先者。ただし、勤務する学校などによって優先される順番は異なる。また州によっても異なる。
義務教育制度	教育義務	教育義務	義務教育（原則として学校に通う義務）	就学義務
ホームスクール（HS）の有無	教育義務 ホームスクールは認められている（教育法典第３章第１節L131-2条）。3-6万人、0.4-0.8%ほど。	ホームエデュケーションは認められている	50州すべてにおいてホームスクーリングが法的に認められている。	就学義務 ホームスクーリングの禁止
学校外の教育機会（家庭以外）	国民教育・青少年・スポーツ大臣と地方自治体が管轄 学童・休暇中の林間学校（アニマトゥールが担当）	拡大学校サービス（extended service）により放課後活動や学童活動が提供されている	・連邦労働省管轄の職業訓練校 ・民間企業が主催するサマーキャンプ等	授業時間外の教育活動としては、外国語学習センター（CEL-Centro de Estudos de Linguas）や全科目の補習プログラム（Reforço）などが学校内で行われている。

表1　9カ国の教育行政におけるCOVID-19禍への対応の比較（続き）

	日本	シンガポール	スペイン	ドイツ	スウェーデン
政策に影響力をもつ教育行政「外」アクター	教職員組合、PTA全国協議会等あるが、大きな影響力はもたない。少人数学級実現に向けてはネット上の署名運動が盛んに行われた。	上記の多省庁タスクフォース	・労働組合/教職員労働組合（エッセンシャルワーカーとしての扱い等の要求） ・保護者団体・障がい者連合会・学生団体（学校・教育環境の安全の確保、教育の保障等の要求）	教員組合（GEW、ギムナジウム教員連盟など） 州父母協議会 州生徒会	教員組合、地方自治体組合（雇用者組合）、国王、メディア、オンブズマン、全国生徒会組合
社会的弱者への政策対応	厚労省を中心に配慮が呼び掛けられた。 家庭でケアが難しい場合等は、休校中も学校で預かりをおこなった。 休校中に給食の配布、食事券の配布を行った自治体もあった。また子ども食堂と連携して給食に使われなくなった食材の提供が行われた事例もある。	「下に手厚く」という方針で、経済的支援措置が充実： ・授業料の免除 ・給付型奨学金・助学金の提供 ・通学定期支援の提供 ・教科書と制服の無料配布 ・給食がないため、学校の食堂で使用する食費無料クーポンの配布	・低所得者層家庭への支援（インターネット環境を含む、デジタル教育向けデバイスの提供、給食・食堂の無償提供） ・奨学金給付の増額 ・特別支援教育の支援額増 ・学習支援が必要な生徒のための支援プログラム（Proa＋）の継続と予算の確保	特別支援学校の優先的対応 難民への教育支援	・学校閉鎖中の給食の配布 ・給食代相当の現金の振り込み ・学校閉鎖中の一部生徒の登校許可 ・奨学金の継続給付 ・失業者や一時帰休者の子息に対する保育・余暇クラブの継続利用措置 ・外国の背景を持つ生徒への対応が課題
ICT化と課題	コロナ以前はICT化は非常に遅れていたが、コロナ後急速に進んだ。ハード面での整備は進んだ一方で、具体的に授業で活用する方法や、ICTの利用ルール等において懸念が残されている。	・1990年代からICT教育を推進 ・2003年に発生したSARS以降、有事の休校に備えて、学校は年一回以上の在宅学習日や在宅教育活動を実施 ・教育省主導で開発された「Student Learning Space」というオンライン・プラットフォームが2018年から全国導入 ・デジタルデバイドよりも家庭の社会経済格差が課題	デジタル教育が遅れているため、デジタル強化プログラム（Programa Digital Educa）が急進している。 ・学校のデジタル環境の整備 ・良質なオンライン教育教材のプラットホーム化の構築 ・人材育成（教員研修等） ・職業訓練教育のデジタル化計画	ドイツ語圏内（スイス、オーストリア）では最も遅れている。教員もICT化へ対応しきれていないとされている。	以前よりデジタル教科書や教材の利用、LMSの利用やオンライン学習を積極的に進めてきたため、オンライン授業への全国的な移行に比較的スムースに対応できた

	フランス	イギリス (イングランド)	アメリカ	ブラジル
政策に影響力をもつ教育行政「外」アクター	高等教育審議会には以下の代表者が含まれる： 教職員組合 父母団体 学生-高校生代表 私立学校代表	校長会 (ASCL、NAHT)、教員組合 (NEU) は常に意見表明を行っている	教員組合 (NEA、AFTとその地方支部)、首長、裁判所、地方議会、市民団体、財団	全国教育長官評議会、全国市教育局長連合、全国連邦高等教育機関代表協会、技術職業教育連邦ネットワーク全国会議はCOE/MECのメンバーとして直接的に行政と連携している。各教員組合は意見表明や裁判で州政府と争うなど、間接的に影響している。
社会的弱者への政策対応	院内学級・障碍児支援への積極的な加配要員 郵送による紙媒体教材の提供	無料給食の拡大、休業期間中の無料給食の提供（政府予算） National Tutoring Programme（社会経済的に不利益な家庭の生徒への無料の指導支援、政府予算） 特別支援教育 (SEND) の維持のための予算計上 デジタル機器の貸し出し	・学校閉鎖時の給食の配布 ・障害を持つ子どもの優先的登校	・低所得者層家庭を対象とした、デジタル教育向けのデバイス、SIMカード提供、家庭への給食の配達、など。 ・インターネットを利用できない子ども向けに紙媒体教材の配布 ・福祉行政やNPOによる、外国人や、銀行口座を持っていない人、無資格滞在者を対象とした給付金受け取りに関する情報提供
ICT化と課題	不登校、院内学級、ホームスクーラーのために国立遠隔教育センター (CNED) ほか充実した教材プラットフォームがあるが、利用率は低かった。学校におけるICTの活用は遅れている	リモート学習の拡充 リモート学習に対応するためのICTに関する教員研修の拡充	・2020-2021年度の終わりに一斉にリモート学習に切り替える。 ・2021-2022年度は、対面とリモートの混合学習。 ・リモート担当の教員と、対面担当の教員の相互の情報交換の時間が勤務時間内に設定される。	コロナ以前から主に高校や大学においては遠隔教育の取組が盛んだった。初等教育についてはコロナ禍でICT化が進んだ。オンライン教材のプラットホームが構築された。デバイスの不足など利用環境に問題も多い。公立学校の教員はICT化への対応に大きな困難を伴った。

表2　COVID-19で顕在化した教育行政の特質

	日本	シンガポール	スペイン	ドイツ	スウェーデン
①義務教育制度の分類	就学義務	就学義務	就学義務	就学義務	就学義務
②教育行政の自律性	×*	△	○	○	○
③当事者の参加の保障	×	△	○	○	○
④休校決定の責任所在	×*	○	○	○	○
⑤専門機関のプレゼンス	×	○	○	○	○
⑥社会的弱者の優先対応	×	○	○	○	○
⑦教員＝エッセンシャルワーカー	×	○	○	○	○
⑧休日の維持	×	○	○	○	○

○…あてはまる、×…あてはまらない
※建前と実態の齟齬が大きい。（筆者作成）

	フランス	イギリス	アメリカ	ブラジル
①義務教育制度の分類	教育義務	教育義務	教育義務	就学義務
②教育行政の自律性	○	△	△	○
③当事者の参加の保障	○	○	○	△ 州市によって違う
④休校決定の責任所在	○	○	○	○
⑤専門機関のプレゼンス	○	○	○	○
⑥社会的弱者の優先対応	○	○	○	○
⑦教員＝エッセンシャルワーカー	○	○	○	○
⑧休日の維持	○	○	○	○

○…あてはまる、×…あてはまらない
※建前と実態の齟齬が大きい。（筆者作成）

あとがき

　本書を手に取っていただいたすべての人に感謝したい。ここでは本書刊行の経緯について説明したい。きっかけは、『学校を離れる若者たち』（ナカニシヤ出版）を執筆した研究仲間とのオンライン会合である。なかでもその仲間の一人である編者の辻野氏と2020年2月にドイツ調査を実施した。その後、園山は単独で3月にフランス調査を実施した。いずれも国際共同研究として2019年に開始した若者の離学問題に関する調査であった。帰国の数日後にパンデミック宣言が出され、日本国内でも移動への自粛規制が発せられた。その調査において、2つのことが印象に残っている。1つは、不登校経験者の受け皿として、セカンドチャンスとしての教育の場が多様化している点である。特に教師のあり方も様々であることや、他の専門家との協力が欠かせない点である[1]。日本に近いドイツのような就学義務を課す国でも、学校様式に変更が求められ、児童生徒のニーズに耳を傾けた対応をしようという努力がみられた。日本の2016年公布の教育機会確保法（正式名称：義務教育の段階における普通教育に相当する教育の機会の確保等に関する法律）によって認められた適応指導教室、フリースクールあるいは不登校特例校としての受け入れの場に近いが、欧州の場合は高等学校段階における職業訓練を見通した学びの保障という点が先進的な取り組みとして印象に残った。もう1つは、フランスの場合は、教師と生徒の協働的な学び舎としての学校は、1968年前後の大学紛争時から続く、近代学校批判、つまり教師と生徒（教える－教わる）の従属関係（いかに教えるからなぜ教えるかへ）を転換した生徒の主体性を基調としたカリキュラムづくりと教授法による教師と生徒の新しい非従属な協働性による自律的学校（学級）経営（la pédagogie autogérée）にある[2]。こうした学びは、子どもの自律を促進する教育方法として60年代の学生運動として盛んに提言されたものの、多くの学校では実現していない。フランスでも限られた学校と学級でしかみることがない。

　しかし、帰国後にパンデミックによって、欧州でも一斉休校が一時期実施されたり、その後も遠隔教育を余儀なくされている。そのような中で注目されたのは、児童生徒の自律的、主体的な学びである。フランスの学力調査や

教師・保護者のコメント（メディア報道）からは、明らかに学力の二分化の拡大傾向を予測する内容が示され、今後の対応が喫緊の課題とされている。ただ、その際に、上述した個別のニーズに対応してきた学校や教師の学級においてはオンライン授業や通信教育が役に立っていて、学びの継続性がみられる。他方、従属型の、従来の受動的な学びの学校様式を実施していた学校、特に小学校段階において、日頃からの教育方法の違いが、コロナ禍の遠隔教育において教師や保護者の負担として現れている。デジタル教育の使い方においても、そうした教師や保護者の関与の度合いが差異となっている。例えば、フランスでは、1980年代から電卓を使用することが認められていた。従って、どの計算式を使うか、それはなぜかという理由の解説こそが数学的な思考回路をみるために重要視されていて、自律した考え方を尊重してきた教授哲学がある。同じことがネット検索においても言える。児童生徒に自律的、主体的に調べさせ、たとえばウィキペディアと百科事典のどちらを引用するべきか、どこが異なるのか、正しいのはどちらなのかという児童生徒自身の論理的説明に学習価値がある。つまり、日頃から事典や文献を調べるか、ネット情報を基にするか、その両方の良いところを取り入れるのかなど、自由に判断させ、判断能力を鍛える授業を実践してきたために、遠隔教育への切り替えも、学習の観点としてそれほど抵抗なく児童生徒も保護者も教師も受け入れられたのではないだろうか。デジタル教育の場合、タブレットやネットは道具でしかなく、それをどう使うか、何のために使うのか、あるいは対面でしかできないアナログ教育との差別化が教育者には求められることを、改めてパンデミック宣言後の学校閉鎖が明らかにした。本来の学校や教師とは何か、生徒も保護者も、一般市民も問いなおすきっかけとなったのではないだろうか。より鮮明になったのは、遠隔教育実践における協働的な学びやデジタル教材の活用について、生徒・教師・保護者が十分に使いこなせていない場面を経験したことではないだろうか。

　もう一つは、学校は学習の場であると同時に、福祉の場でもあることの意味について世界が問いなおす機会となった。学習権の保障には、健全な育成環境が子どもを取り巻く環境に必要なのだが、あまりにも自明とされていた衣食住において、コロナはその家庭環境の格差を浮き彫りにしたとも言える。

このことについて、教職員は平時以上に神経を注ぐ必要に迫られたことも事実であろう。究極的には学校と教師の専門性（専門職としての教職観も含め）が問われている。学齢期の子どもを対象とする学校は、それを担う教師個人の職業は、エッセンシャル（不可欠・本質的）なものであることを社会は再認識し、尊重されるべきものである。そのため、多くの諸外国ではエッセンシャルワーカーとして教職員の労働環境にも注意が払われた。抗ウイルスマスクの配布、PCR検査やワクチン接種の優先、あるいは補正予算で賞与の対象とし、十分ではないかもしれないが、教職員の労働環境を含めた社会的評価を行った。

　日本をはじめ先進国では、ベテラン教職員の早期退職に拍車がかかっていないかや、あるいは若手教師（日本では2020年度の心の病を理由とした休職者数は５千人を超えた）やこれから教職を目指す高校生に対して、コロナ禍の教職員の様子がどう見えたのか心配である。そして、何よりも日本では学力以前の心のケアにおいて、さらなる（隠れ）不登校、児童生徒の自殺数（令和２年は499人）が増えないか、今後の対応がより重要であり、学校関係者だけでなく社会全体で見守る態勢が必要となる。

　日本でもようやく教育支援員の確保の見通しが付きそうである。小学校の５・６年生への「教科担任制」導入や、小学校の35人学級など、働き方改革の改善となる方向は評価できるが、その速度や予算規模は他の先進国と比べ、コロナ対策としても、見劣りする。

　2021年12月24日に文部科学省は、教員の時間外勤務が前年度比で減少したと発表したが、依然諸外国と比べて突出して高い。同省はICTの活用によって労働環境の改善ができるとするが、GIGAスクール構想およびコロナの影響でハード面は整備されたものの、ソフト面が追い付いていないため、かえって教師の負担は増えているとみる方が正しい。ソフト面に対する支援保障は無いに等しい。フランスのように、国立遠隔教育センターを設置し、各都道府県から教員を集めて教授法のシンクタンクとして位置付け、ソフト面の開発を急ぐべきである。「はしがき」にも書いたように、パンデミックによって教育産業の貿易が活発になる可能性が高まった。そのため教育の内容について自前で管理できること、デジタル教育のツールについても自前のプログラムを持つことは、今後の教育行政には死活問題である。民間の教科書

出版などと並行して国独自の教育内容と方法のモデル作りは、今後の自然災害なども総合的に予測しつつ構築することが肝要である。各教育委員会と学校の裁量の幅を残しつつ、緊急時および不登校生徒への平時からの活用の教材支援ツールとしてプラットフォームを完備しておくことが、シンガポールやエストニアなどのIT先進国から学べる点である。

こうした学校本来の意味、あるいは教師の専門性、ひいては保護者と子どもの責任（義務と権利）について、「コロナ禍に世界の学校はどう向き合ったのか」明らかにすることで改めて問う機会となった。各国の結果については、今後数年かけて、どのような変革（転換）がみられるのか注視したい。この間の休校によって生じた学習成果の格差拡大による課題は、コロナ以前から生じていた階層、ジェンダー、障害、言語マイノリティなどとの格差を乗り越える方法を世界規模で考えるチャンスと受け止めたい。

最後に、COVID-19は、出版業界にも深刻な打撃を与えているなか、本書出版を快諾いただいた東洋館出版社の社長錦織圭之介氏に感謝する。同社は、『初等教育資料』『教育社会学研究』をはじめ、多くの教育誌を手掛けており、本書もそうした現場の先生の眼にとまる本を目指し、ご快諾いただけたことを嬉しく思う。特に、編集部の杉森尚貴氏には企画段階からアイデアをいただき、最後まで丁寧な校正を心がけていただいたことに感謝申し上げる。

編者を代表して：園山大祐

1　園山大祐（2021）「フランスにおける中等教育の大衆化と多様な学習保障」横井敏郎、滝沢潤、佐藤智子編『公教育制度の変容と教育行政』福村出版、45-60頁。
2　園山大祐（2020）「外国の教育から学ぶ」中澤渉・野村晴夫編『学ぶ・教える』大阪大学出版会、112-119頁。

【謝辞】
　本研究は、日本学術振興会の科学研究費基盤研究（A）（19H00618）「中等教育の生徒が早期離学・中退・進路変更する要因と対策に関する国際比較研究」、挑戦的研究（萌芽）（19K21765）「日欧における不登校の復学に向けた政策比較研究」の成果の一部である。

執筆者一覧

編者 ―――――――――――――――――――――――――――――

園山 大祐（そのやま　だいすけ）
主要業績：園山大祐編『学校を離れる若者たち』ナカニシヤ出版、2021年。園山大祐編『フランスの高等教育と進路選択』明石書店、2021年。園山大祐編『フランスの社会階層と進路選択』勁草書房、2018年。

（大阪大学人間科学研究科、比較教育社会学）

（はしがき、第 2 部第 4 章、あとがき担当）

辻野 けんま（つじの　けんま）
主要業績：辻野けんま（2016）「ドイツの学校は国家とどう付き合ってきたか」末松裕基編著『現代の学校を読み解く――学校の現在地と教育の未来――』春風社、297～331頁。
Kemma Tsujino (2016), Professional Responsibilitiy of School Teachers in Public Education: An Analysis of German Educational Administration from a Japanese Perspective, in: *Journal of the International Society for Teacher Education*, Vol. 20, Issue. 1, pp.32-42.

（大阪市立大学文学研究科、教育経営学）

（第 1 部第25、26章、第 2 部第 1 章、終章担当）

執筆者（章順）―――――――――――――――――――――――――

布川 あゆみ（ふかわ　あゆみ）
（東京外国語大学アカデミック・サポート・センター）
（第 1 部第 1 章、第 2 部第 1 章担当）

ラスルナイヴ・アンドリアマナシナ・ルズニアイナ
(RASOLONAIVO Andriamanasina Rojoniaina)
（大阪大学大学院人間科学研究科、学生）
（第 1 部第 2 章担当）

アンドリアリニアイナ・ファナンテナナ・リアナスア
(ANDRIARINIAINA Fanantenana Rianasoa)
（大阪大学大学院人間科学研究科、学生）
（第 1 部第 2 章担当）

福田 紗耶香（ふくだ　さやか）
（九州大学大学院人間環境学府、学生）
（第 1 部第 3 章担当）

中田 麗子（なかた　れいこ）
（信州大学教育学研究科）
（第 1 部第 4 章担当）

小川 未空（おがわ　みく）
（大阪大学人間科学研究科）
（第 1 部第 5 章担当）

劉　宛玥（Liu Wanyue）
（大阪大学大学院人間科学研究科、学生）
（第 1 部第 6 章担当）

傅　悦（Fu Yue）
（大阪大学大学院人間科学研究科、学生）
（第 1 部第 7 章担当）

斎藤 里美（さいとう　さとみ）
（東洋大学文学部）
（第 1 部第 8 章担当）

久保　敬（くぼ　たかし）
（大阪市立木川南小学校、校長）
（第 1 部第 9 章担当）

池田 賢市（いけだ　けんいち）
（中央大学文学部）
（第 1 部第10章担当）

髙橋　哲（たかはし　さとし）
（埼玉大学教育学部）
（第 1 部第11章担当）

村山　哲（むらやま　さとし）
（新潟県妙高市立特別支援学校、教頭）
（第 1 部第12章担当）

江藤 真美子（えとう　まみこ）
（福岡市立小学校、養護教諭）
（第 1 部第13章担当）

小山 晶子（おやま　せいこ）　　　　　　（東海大学教養学部）　　　　　　　　（第1部第14章担当）

リアーネ・テイラー（Leanne TAYLOR）　（カナダ・ブロック大学）　　　　　　（第1部第15章担当）

西口 啓太（にしぐち　けいた）　　　　　（関西学院大学　ライティングセン　　（第1部第15章担当）
　　　　　　　　　　　　　　　　　　　　ター）

シューレ・ユルマズ・オズデン　　　　　（トルコ・サカリ大学教育学部）　　　（第1部第16章担当）
（Şule Yılmaz ÖZDEN）

ムスタファ・バイラクジ　　　　　　　　（トルコ・サカリ大学教育学部）　　　（第1部第16章担当）
（Mustafa BAYRAKCI）

ジャンス・バイラクジ　　　　　　　　　（トルコ・ユスキュダル大学社会学　　（第1部第16章担当）
（Cansu BAYRAKCI）　　　　　　　　　　　研究所）

丸山 英樹（まるやま　ひでき）　　　　　（上智大学総合グローバル学部）　　　（第1部第17章担当）

星野 　優（ほしの　ゆう）　　　　　　　（大阪大学大学院人間科学研究科、　　（第1部第18章担当）
　　　　　　　　　　　　　　　　　　　　修了生）

ハスバートル・アナラ　　　　　　　　　（大阪大学人間科学部、学生）　　　　（第1部第19章担当）
（KHASBAATAR Anar）

ハッサンレザ・ジーナバディ　　　　　　（イラン・カラズムニ大学）　　　　　（第1部第20章担当）
（Hassanreza ZEINABADI）

ジャーナ・ブルック　　　　　　　　　　（ロシア・チュメニ大学）　　　　　　（第1部第21章担当）
（Жанна БРУК）

田邊 　匠（たなべ　たくみ）　　　　　　（大阪大学大学院人間科学研究科、学生）（第1部第22章担当）

ウナ・カリッチ（Una KALJIC）　　　　　（大阪大学大学院人間科学研究科、学生）（第1部第23章担当）

坂口 真康（さかぐち　まさやす）　　　　（兵庫教育大学学校教育学部）　　　　（第1部第24章担当）

クラウディア・レネート　　　　　　　　（ドイツ・インズラーナー基礎学　　　（第1部第25章担当）
（Claudia RENNERT）　　　　　　　　　　　校、教諭）

ジルケ・バール（Silke BAHR）　　　　　（ドイツ・マリア・モンテッソリ基　　（第1部第25章担当）
　　　　　　　　　　　　　　　　　　　　礎学校、教諭）

ザビーネ・マイゼ（Sabine MEISE）　　　（ドイツ・教育研究者）　　　　　　　（第1部第25章担当）

森 　久佳（もり　ひさよし）　　　　　　（京都女子大学発達教育学部）　　　　（第1部第26章担当）

有江 ディアナ（ありえ　でぃあな）　　　（公益財団法人世界人権問題研究センター）（第2部第2章担当）

植田 みどり（うえだ　みどり）　　　　　（国立教育政策研究所）　　　　　　　（第2部第5章担当）

林 　寛平（はやし　かんぺい）　　　　　（信州大学教育学部）　　　　　　　　（第2部第3章担当）

田平 　修（たびら　しゅう）　　　　　　（大阪大学大学院人間科学研究科、学生）（第2部第3章担当）

シム　チュン・キャット（SIM Choon Kiat）（昭和女子大学人間社会学部）　　　　（第2部第6章担当）

二井 紀美子（にい　きみこ）　　　　　　（愛知教育大学教育学部）　　　　　　（第2部第7章担当）

中丸 　和（なかまる　なごみ）　　　　　（大阪大学大学院人間科学研究科、学生）（第2部第8章担当）

コロナ禍に世界の学校はどう向き合ったのか
―子ども・保護者・学校・教育行政に迫る―

2022（令和4）年2月22日　初版第1刷発行

編　著　者	園山大祐・辻野けんま	
発　行　者	錦織圭之介	
発　行　所	株式会社　東洋館出版社	

〒113-0021　東京都文京区本駒込5丁目16番7号
営業部　電話03-3823-9206／FAX03-3823-9208
編集部　電話03-3823-9207／FAX03-3823-9209
振　替　00180-7-96823
ＵＲＬ　https://www.toyokan.co.jp/

カバーデザイン　大河内真理子
編集担当　　　　杉森尚貴
本文デザイン・ＤＴＰ　株式会社明昌堂
印刷・製本　　　シナノ印刷株式会社

ISBN　978-4-491-04760-7
Printed in Japan